Rudi Baumann
Begrünte Architektur

W0343593

… rund ums Haus

Rudi Baumann

unter Mitarbeit von Karl Ludwig und Irmela Ebner-Baumann

Begrünte Architektur

Bauen und Gestalten mit Kletterpflanzen

Callwey München

FÜR MAREILE

CIP-Kurztitelaufnahme der Deutschen Bibliothek
Begrünte Architektur: Bauen u. Gestalten mit Kletterpflanzen / Rudi Baumann. Unter Mitarb. von Karl Ludwig u. Irmela Ebner-Baumann. – 2. Aufl. – München: Callwey, 1983.
(... rund ums Haus)
ISBN 3 7667 07663
NE: Baumann, Rudi (Bearb.)

2. korr. Auflage 1985
© 1983 by Verlag Georg D. W. Callwey, München
Alle Rechte vorbehalten, auch die des auszugsweisen Abdruckes, der photomechanischen Wiedergabe und der Übersetzung
Herstellung Heide Hohendahl
Schutzumschlagentwurf Baur + Belli Design, München, unter Verwendung der Abbildung 376
Satz, Montage und Druck Kastner & Callwey, München
Lithos Brend'amour, Simhart GmbH & Co., München
Bindung Grimm + Bleicher GmbH & Co. KG, München
Printed in Germany

Inhalt

Zum heutigen Städtebau

Die Verbesserung des Wohnumfeldes in den Innenstädten und den innenstadtnahen Wohngebieten kann zu den wichtigsten wohnungs- und städtebaupolitischen Aufgaben unserer Zeit gerechnet werden.

Im Zuge des modernen Städtebaus ist die Natur weit über das vertretbare Maß hinaus aus unseren Städten verdrängt worden. Besonders in den dicht besiedelten Innenstadtbereichen besteht ein bedenkliches Maß an Defiziten an Natur. Städte stellen eine Agglomeration toter Materialien wie Beton, Stahl, Glas, Asphalt usw. dar. Diese Materialien stehen in keinem ökologischen Kreislauf. Die verbliebenen Grünflächen sind zu klein und isoliert, als daß sie ökologisch bedeutsam sein könnten.

Die Unwirtlichkeit unserer heutigen Städte ist in starkem Maße auf nicht ausreichende Frei- und Grünräume zurückzuführen.

Ansprüche der Bauwirtschaft stehen häufig mit Ansprüchen der Bürger auf Erholungs-, Spiel- und Kommunikationsräume und auf ein gesundes Stadtklima im Interessenkonflikt, die Kräfteverhältnisse sind dabei meist ungleich verteilt.

Im Laufe der Entwicklung unserer Städte hat bei konkurrierenden Nutzungsansprüchen in der Regel immer der ökonomisch Stärkere gesiegt.

Innerstädtische Grünanlagen und stadtnahe Grünflächen mußten drastisch schrumpfen.

Die so nach vorwiegend ökonomischen Kriterien entwickelte Stadt steckt aber heute in einer tiefen Krise. Mit der Umwelt des Städters haben sich auch seine Lebensbedingungen grundlegend verändert und denaturiert.

Die ökologischen Gleichgewichte und Zusammenhänge in den städtischen Ballungsgebieten sind nachhaltig gestört. Die sozialen sind als Folge davon stark gefährdet.

Der Wunsch der Städter nach dem Einfamilienhaus im Grünen ist heute so groß wie nie zuvor. 1972 hegten 72% der Bundesbürger den Wunsch nach einem Leben im Grünen, 1979 waren es bereits 81%.

Als Folge davon versuchen viele Menschen, aus der Stadt auf das umliegende Land zu fliehen, was einen immensen Siedlungsdruck auf die Umgebung und starke ökologische Belastung aus massierter Naherholung nach sich zieht.

Mit der Unwirtlichkeit der Städte stieg der Baudruck auf die Stadtränder und stadtnahen Randgebiete.

Die daraus resultierende Zersiedlung und Ausuferung unserer Städte ist aber heute scheinbar an ihre Grenzen gestoßen.

Der Verstädterungsprozeß nimmt weiterhin weltweit zu, die individuelle Lebensqualität nimmt gleichzeitig infolge zu massierter Bebauung, Verkehrsbelastung und Grünraumvernichtung stark ab.

Zur Zeit wächst der Widerstand gegen diese Entwicklung, die Ökologiebewegung gewinnt als politische Kraft an Boden.

Seit den 70er Jahren organisieren sich in verstärktem Maße Bürgerinitiativen und üben zusätzlich politischen Druck aus.

Mit der gegenwärtigen Kritik an der Umwelt wird eine globale Kritik an der industriellen, wachstumsorientierten, technisch-rationalistischen Gesellschaft laut. Die Kritik an einzelnen Symptomen springt immer wieder sehr schnell auf die Industrie- und Konsumgesellschaft als Ganzes über.

Mit Hilfe von Stadtsanierungsprogrammen des Bundes und der Länder versuchen Stadtverwaltungen und Planer, eine weitere Verschlechterung der Lebensbedingungen in den Innenstadtgebieten zu verhindern und so dem Trend der Abwanderung entgegenzuwirken.

Bei Sanierungsmaßnahmen werden die Flächen-Sanierungen (Kahlschläge) allmählich durch behutsame und kleinräumige Objektsanierungen abgelöst, wobei die Schaffung von Grünflächen aller Art zu einer Verbesserung der Wohnumwelt beitragen soll.

Es zeigt sich dabei immer wieder, daß Einzelprobleme deshalb kaum zu lösen sind, weil sie sehr eng mit anderen (ökonomischen, technischen, sozialen usw.) Problemen verknüpft sind.

Wo öffentliche Maßnahmen zur Steigerung der Lebensqualität in den Städten zu lange auf sich warten lassen, gehen in letzter Zeit immer mehr Einzelpersonen oder auch Gruppen zur Selbsthilfe über.

Als erste und wirkungsvollste Maßnahme zur Verbesserung wird dabei meist die Schaffung von Grün in den vielfältigsten Formen angesehen.

Dabei wird entweder das unmittelbare Wohnumfeld begrünt, wie z. B. eine intensive Grünnutzung von Balkonen oder Terrassen mit Zier- und Nutzpflanzen usw.

Initiativgruppen aus Hausgemeinschaften oder auch Stadtteilen betreiben, häufig unterstützt von Stadtverwaltungen, sowohl planerisch als auch aktiv ausführend die Begrünung von Hinterhöfen, Straßenzügen oder ganzen Stadtteilen.

Eine nachhaltige Verbesserung durch Begrünungsmaßnahmen kann nur erreicht werden, wenn sie auf breiter Ebene von der Stadtbevölkerung, von Hausgemeinschaften oder dem einzelnen Wohnungsnutzer gemeinsam getragen werden.

Die Entwicklung in den letzten Jahren gibt Anlaß zur Hoffnung.

Stadtklima und Ökologie

Das Klima in unseren Städten unterscheidet sich wesentlich vom natürlichen Klima in ländlichen Gegenden.

Es ist infolge großer Massenkonzentration in Form von Bebauung und infolge der Emissionen durch Industrie, Haushaltungen und Kraftfahrzeuge weitgehend denaturiert und in Zeiten mit Spitzenbelastungen als höchst kritisch zu bezeichnen.

Das Stadtklima ist gegenüber dem Klima der Umgebung deutlich schlechter/verändert. Es ist:
- heißer
- trockener
- schadstoffreicher.

Durch die Höhenentwicklung der Baumassen wird eine sehr große Absorptionsfläche für die Aufnahme von Strahlungsenergie geschaffen.

Infolge der großen Massenkonzentration und der großen Oberflächen erwärmen sich die Städte bei intensiver Sonnenbestrahlung sehr stark (die Luft über Straßen, Dächern und Fassaden kann sich bis zu 80° C und mehr aufheizen).

Gleichzeitig wird eine ausgleichende Durchlüftung abgebremst.

An heißen Sommertagen liegen die Temperaturen deutlich höher als im Umland. Die überwiegend schweren Baumassen aus Beton, Stein, Asphalt usw., speichern aufgrund ihrer großen Speicherkapazität Wärme und geben sie in den Abend- und Nachtstunden wieder ab. Die ausgleichende nächtliche Abkühlung wird dadurch erheblich reduziert und verzögert, Städte liegen dann als Wärmeinseln im kühleren Umland: Backofeneffekt.

Die Lufttemperatur in den Stadtzentren liegt durchschnittlich 1–2° C über der des umliegenden Grünlandes, zu Zeiten besonderer Belastung kann sie auf das 4–11fache ansteigen. Die Behaglichkeitsgrenzen werden dabei häufig weit überschritten.

Interne Wärmequellen wie Abwärme aus Heizung, Verkehr, Industrie usw. heizen die Stadt zusätzlich auf.

Verdunstungsaktive Grünflächen, welche durch Verdunstungsprozesse der Pflanzen Wärmeenergie verbrauchen und gleichzeitig die Luftfeuchtigkeit erhöhen, sind nicht mehr in ausreichendem Maß vorhanden. Die Luft ist als Folge davon sehr trocken.

Über den erhitzten Stadtmassen steigen schnellfließende Warmluftströme auf und saugen seitlich Luftmassen nach, welche sich auf dem Wege zum Zentrum erwärmen und sich mit Schmutzpartikeln anreichern. Über dem Zentrum werden sie schließlich ebenfalls hochgetragen und begünstigen in bestimmten Höhen die Bildung der »Staub- und Dunstglocken« über den Städten.

Diese Staubpartikel wirken als Kondensationskerne und führen über dichtbesiedelten Gebieten verstärkt zu Wolkenbildung und Regen – die Sonnenscheindauer sinkt.

Der Luftauftrieb über dichtbebauten Stadtzentren ist mehr als 20mal größer als über natürlich gewachsenen Stadtgebieten.

Die Luft erwärmt sich besonders stark über Flachdächern, sie steigt hoch und wirbelt Staub auf (2–3 m/s). Der sich teilweise absetzende Staub wird wieder hochgewirbelt.

Die mit Verunreinigungen angereicherte Stadtluft verhindert zusätzlich die nächtliche Wärmeabstrahlung in die Atmosphäre.

Die Luft in den Städten ist infolge konzentrierter Emission auch stark mit Schmutz- und Schadstoffen belastet. Bei ungünstigen Wetterlagen, mit wenig Wind und stabilen Luftschichten – Inversionswetterlagen –, werden häufig gesundheitsschädigende Belastungskonzentrationen erreicht (Smogalarm).

Die wichtigsten Schadstoffe in der Luft sind:
- Schwefelwasserstoff
- Schwefeloxide
- Stickoxide
- Ozon
- Kohlenmonoxid
- Fluoride
- Schwermetalle usw.

Als Folge der Anreicherung der Luft mit Staub- und Schadstoffen in Verbindung mit einer übermäßigen Erwärmung bilden sich über der Stadt Dunstglocken, der notwendige Luftaustausch mit der Umgebung wird stark reduziert bzw. funktioniert zum Teil gar nicht mehr; über dem betonierten und asphaltierten Zentrum findet keine wirksame Entstaubung der Luft mehr statt.

Infolge der hohen Luftverschmutzung wird ein wesentlicher Teil des Sonnenlichtes von der Erdoberfläche abgehalten, vor allem Anteile des kurzwelligen (blauen) Lichtes und des ultravioletten Lichtes werden geschwächt. UV-Strahlen sind zum Aufbau von Vitamin D notwendig, sind aber auch in der Lage, pathogene Keime abzutöten. Die Reduzierung der UV-Strahlung bis zu 10% wirkt sich entscheidend auf das städtische Bioklima aus.

Überwiegend wasserundurchlässige Oberflächen der Stadt bewirken bei Regen eine rasche Abführung des anfallenden Wassers. Stark verschmutztes Wasser muß innerhalb kürzester Zeit von dem Kanalsystem abgeführt werden. Dieses stark verschmutzte Wasser belastet Flüsse und Bäche und kann in ungünstigen Fällen die Hochwasserbildung begünstigen.

Begrünte Gebäudeoberflächen sind in der Lage, große Wassermengen zwischenzuspeichern und langsam wieder abzugeben.

Mit der Verschlechterung des Stadtklimas geht eine Verschlechterung der Lebensbedingungen für Mensch und Tier sowie eine Veränderung der Zusammensetzung der urbanen Vegetationsformationen einher. Nicht wenige Pflanzenarten sind bereits ausgestorben.

Bedeutung des Stadtgrüns

Das fehlende Grün in unseren Städten wird von immer mehr Menschen als großes Manko empfunden. Dieses neue Bewußtsein ist Ausdruck eines wiederentdeckten elementaren Bedürfnisses nach einer menschengerechten und ökologisch ausgeglichenen Umwelt.

Bei der Beurteilung des Stadtgrüns sind ökologische, soziale, ästhetische und technische Aspekte zu betrachten.

Das in den Städten verbliebene Restgrün ist in der Regel nur noch entstellte, aus ökologischen Zusammenhängen gerissene, vergewaltigte Restnatur.

Mit der Verdrängung der Pflanzen aus der Stadt gingen einher:
- Verschlechterung der Lebensqualität und des Wohnwertes
- Verarmung der Tier- und Pflanzenwelt
- Veränderung des Klimas
- Schäden im Landschaftswasserhaushalt
- Belastung für die Stadtentwässerung usw.

Zu einem wesentlichen Teil kann das ungünstige Stadtklima auf ein Defizit an Pflanzen zurückgeführt werden. In unseren ökologisch stark belasteten Ballungsgebieten müssen die Folgeschäden durch Zurückgewinnung von Vegetationsflächen so weit wie möglich gemindert werden.

Um das Stadtklima nachhaltig zu verbessern, wird es notwendig sein, wieder mehr Grün in unsere Städte zu bringen. Durch die Schaffung von Grün in vielfältiger Form wie verkehrsberuhigten Zonen, Grünflächen, Baumpflanzungen, Gebäudebegrünungen usw. kann die Lebensqualität eines Raumes wesentlich gesteigert werden.

Pflanzen können dabei zu einer Verbesserung der psychologischen und ökologischen Umweltbedingungen beitragen.

Grünpflanzen verbessern die Umweltbedingungen in der unmittelbaren Umgebung wesentlich:
- Begrünte Bauteile (Gebäudeflächen) wirken sich günstig auf das Kleinklima aus
- die Luftqualität wird verbessert, Staub wird gebunden
- der Lärmpegel wird gedämpft.

Die Lebensbedingungen werden dabei allgemein verbessert.

Pflanzen tragen wesentlich zur biologischen Klärung der Luft bei

Pflanzen entstauben und entgiften Atemluft am schnellsten, wirksamsten, wirtschaftlichsten und am natürlichsten. Die Luft in Grünflächen enthält 1/8 – 1/6 weniger Verunreinigungen als die übliche Stadtluft.

Das Laub der Pflanzen bildet riesige Oberflächen.

Die Blattoberfläche einer bewachsenen Fassade ist um ein Vielfaches größer als die Fassadengrundfläche, sie beträgt bis etwa das 6fache.

Die Innenoberfläche des Blattes mit seinem weitverzweigten System von Interzellularräumen beträgt etwa das 10fache der äußeren Blattoberfläche.

Zahlreiche in der Luft vorhandene Gifte, wie vor allem Fluorwasserstoff, Schwefeldioxid oder Kohlenmonoxid, werden durch die Pflanzen gebunden und in ihrer schädlichen Wirksamkeit erheblich reduziert.

Staubpartikel in der Luft bilden Kondensationskerne; Nebel- und Wolkenbildung sind häufig die Folge.

Blätter und Zweige halten die in der durchströmenden Luft vorkommenden Staub- und Schadstoffteilchen fest und binden sie, bis sie vom Regen wieder weggespült werden.

Bei Untersuchungen in Frankfurt hat sich gezeigt, daß eine einfache Baumallee den Staubgehalt im Vergleich mit einer baumlosen Straße auf etwa ein Drittel senkt.

Pflanzen verdunsten Wasser und kühlen die Luft

Pflanzen sind infolge ihrer immensen Wasserverdunstung in der Lage, die Luft zu kühlen und gleichzeitig zu befeuchten.

Für die Verdunstung von 1 Liter Wasser werden ca. 600 kcal Wärme entzogen.

Blattoberflächen können bei völlig geöffneten Spaltöffnungen etwa 50–70% derjenigen Wasserdampfmenge abgeben, wie sie unter gleichen Klimaeinflüssen von einer freien Wasserfläche gleicher Größe verdunsten würde. Die Transpiration kann durch Baueigentümlichkeiten wie der Vergrößerung der verdunstenden Blattoberflächen durch Haare, Emporhebung der Spaltöffnungen usw. gefördert werden (Hygromorphie).

Blätter können täglich bis das 5fache ihres Eigengewichtes transpirieren.

Ein größerer Laubbaum (z. B. Buche) verdunstet pro Tag bis zu 500 Liter Wasser, wobei er seiner Umgebung eine Energie von ca. 300000 kcal entzieht.

Ein Wald läßt aufgrund der großen Blattoberfläche mehr Wasser verdunsten als eine gleich große Wasserfläche.

Die Luftfeuchtigkeit erreicht über größeren Rasenflächen bis zu 90%, in der Nähe der Straßen- und Bauteiloberflächen sinkt sie unter 55%.

Pflanzen spenden Sauerstoff

Durch photosynthetische Prozesse bauen Pflanzen aus dem für den Menschen schädlichen Kohlendioxyd der Luft und Wasser mit Hilfe von Sonnenenergie Zucker auf. Bei diesem Prozeß wird Sauerstoff freigesetzt.

Die photosynthetische Sauerstoffproduktion der Pflanzen ist für die Aufrechterhaltung des Lebens auf der Erde unter natürlichen Bedingungen unerläßlich. Die O_2-Entwicklung der Pflanze trägt zur Stabilisierung der CO_2/O_2-Bilanz bei.

Der Anteil, den die Pflanzen zur Sauerstoffversorgung in unseren Städten beitragen können, sollte nicht überschätzt werden, weil durch Kraftfahrzeuge, Verbrennung usw. Sauerstoff in ganz anderen Größenordnungen verbraucht wird. Auch steht die Stadtluft in der Regel im freien Austausch mit der Atmosphäre, so daß der Sauerstoff auch schnell abfließen kann. Eine wesentliche Konzentrationserhöhung des O_2-Gehaltes in den Ballungsgebieten kann die pflanzliche Photosynthese allgemein zwar nicht bewirken, zu Zeiten mit Spitzenbelastungen und Inversionswetterlagen können sie aber dennoch zu einer spürbaren Verbesserung der Luftqualität beitragen.

Pflanzen spenden Schatten

Die Baumassen in unseren Städten heizen sich bei Sonneneinstrahlung stark auf. Die hohe Speicherkapazität schwerer Baumaterialien wie Stein und Beton verhindert schnelles nächtliches Auskühlen.

Pflanzen können diesen Effekt erheblich reduzieren, weil sie durch großflächige Verschattung ein übermäßiges Aufheizen von schweren Materialien von vornherein verhindern und die überhitzte trockene Stadtluft qualitativ verbessern.

Der klimatisch ungünstige Luftauftrieb infolge Überhitzung kann somit erheblich reduziert werden.

Psychologische Bedeutung

Die psychohygienische Bedeutung des Stadtgrüns sollte hier nur erwähnt werden, weil ästhetische und psychologische Wirkung auf den Menschen nur schwer erfaßbar sind.

Alexander Mitscherlich hat in seinen Büchern über die Unwirtlichkeit unserer Städte zu bedenken gegeben, daß Kriminalität, Selbstmorde und Depressionsanfälligkeit in den Stadtteilen am weitaus häufigsten sind, wo natürlicher Pflanzenwuchs weitgehend verschwunden ist.

Um den Menschen geistig und seelisch gesund zu erhalten, sind nach Konrad Lorenz Schönheit der Natur und Schönheit der menschen-geschaffenen kulturellen Umgebung gleich nötig.

Ein Leben in der Stadt erlaubt nur schwer tiefere Einsicht in ökologische Zusammenhänge. Diese Einsicht aber ist Voraussetzung für wirksames ökologisches Engagement.

Es wird notwendig sein, daß der Mensch wieder lernt, mit den Pflanzen in der Stadt zu leben, sie wieder in seine elementaren Lebensvorgänge und Lebensumwelt einzubeziehen.

Das Grün in den Städten sollte sozial nutzbar, ökologisch wirksam und ästhetisch anregend sein.

Positive Wirkungen von Pflanzen:

- Bereicherung des Stadtbildes
- ein Stück Naturerinnerung
- Erlebbarkeit des Wandels der Jahreszeiten
- Duft von Blüten, Rauschen von Blättern (mindert die Lärmempfindung)
- Vogelstimmen
- Identifikationsmöglichkeit und Heimatgefühl
- die Befriedigung einer ganzen Reihe menschlicher Grundbedürfnisse ist eng an das Vorhandensein von Pflanzen geknüpft.

Elemente des Stadtgrüns

Stadtteilbezogene Freiräume

Öffentliche Parks und Grünflächen wie Stadtparks, Stadtwäldchen, Sportflächen, Kinderspiel- und Bolzplätze, Friedhöfe, Kleingärten usw. stellen wohnungsnahe, jedoch stadtteilbezogene Freiflächen dar. Voraussetzung für eine intensive Frequentierung ist dabei, daß sie nicht weiter als 600–800 m von den Wohnungen entfernt liegen und innerhalb von 10–15 Minuten zu Fuß erreichbar sind. Vor allem für ältere Leute und Kinder erfüllen sie dann eine wichtige soziale Funktion als Kontakt-, Spiel- und Erholungszone.

Neben ihrer sozialen Funktion sind diese Bereiche von großer ökologischer Bedeutung. Schon von ihrer Größe her sind sie in der Lage, sich als naturnähere Biotope zu entwickeln als z. B. die privaten Grünräume.

Vor allem sind diese größeren, zusammenhängenden Freiflächen für das Stadtklima von Bedeutung.

Grünanlagen sind infolge Schattung und Transpirationskühlung merklich kühler als die Umgebung.

Bei Messungen in Frankfurt stellte sich heraus, daß schon durch 50–100 m breite Grünstreifen an windstillen Sommertagen die Temperatur gegenüber der umgebenden Stadtluft bis zu 3,5° C abgekühlt wird.

Durch diese Temperaturunterschiede entstehen Luftbewegungen zwischen Grünflächen und heißeren bebauten Gebieten. Die heißere Luft wird dabei innerhalb der Grünflächen gefiltert und gekühlt.

Straßenbepflanzungen

Durch die Anlage von Grünzonen mit Hecken, Büschen und Bäumen entlang von verkehrsreichen Straßen kann eine teilweise Reinigung der stark belasteten Luft erreicht werden. Eine Reihe von Gas- und Schadstoffen werden beim Durchströmen dieser Zonen absorbiert, Staubteilchen ausgefiltert, und die Luft wird befeuchtet.

Für die daran anschließenden Bereiche werden dadurch verbesserte mikroklimatische Bedingungen geschaffen.

Durch massive Bauteile wie z. B. Stein- oder Betonmauern, wird dieser Effekt nicht erreicht, da keine Filterung stattfinden kann, die Luft fließt ungereinigt darüber hinweg.

Wo derart hochfrequentierte Straßenräume

nicht durch Bepflanzungen von den anliegenden Wohnungen abgeschirmt sind, werden diese entwertet und verkommen schließlich zu Wohnghettos.

Wenn städtische Straßen zu reinen Verkehrsstraßen degeneriert sind, haben sie ihre weiterreichende Bedeutung für die Wohnstruktur als Spielstraßen und Grünstraßen verloren.

Wohnungsbezogene, halböffentliche Freiräume

Diese Freiflächen sind zwar in der Nähe von Wohnungen gelegen, haben aber keine direkte Verbindung zu ihnen.

Im allgemeinen sind diese notwendigen, nach Bebauungsplänen diktierten Abstandsflächen im Nettowohnbauland mit Kleinkinderspielplätzen, Einstellplätzen usw. in privater Hand. Sie stellen sich als ungegliedertes auch pflegeleicht gestaltetes und aufgrund ihrer Privatheit nur eingeschränkt nutzbares »Verlegenheitsgrün« ohne besondere ökologische Bedeutung dar.

Dabei könnten sich richtig gestaltete Grünflächen auch schon in kleinen Flächen auf das Kleinklima und die Lebensqualität von Wohngebieten äußerst positiv auswirken.

Auch bei relativ hohen Bebauungsdichten ließen sich weitgehend umschlossene Grünbereiche mit eigenem Bestandsklima und Identifikationsmöglichkeiten für die Bewohner schaffen. Ernst Bruch hat schon 1870 anstelle eines verplanten Baublocks eine Bebauungsform vorgeschlagen, welche neben einer kollektiv nutzbaren Grünanlage mit einem Spielplatz auch privat nutzbare Mietergärten vorsieht.

Derartige Innenhöfe könnten als »mikroklimatische Frischzellen« wirken. Durch Orientierung von Wohn- und Schlafräumen mit Balkons und Loggien auf diese Höfe könnte der Wohnwert ganz wesentlich gesteigert werden.

Vorgärten

Pflanzen stellen eine unverbindliche und sozial akzeptierte Art erster Kontaktaufnahme mit der Umwelt dar. Auch private Vorgärten erfüllen diesen Zweck, sofern sie intensiv genutzt werden.

Der Straßenraum unmittelbar vor dem bewohnten Haus (Hausvorplatz) stellt heute keine Erweiterung des Wohnbereichs – wie etwa noch im vorigen Jahrhundert – mehr dar, sondern einen öffentlichen Raum, der vor allem verkehrstechnische Bedeutung hat, z. B. für den ruhenden Verkehr.

Die Grenze zwischen öffentlichem und privatem Raum verläuft häufig direkt an der Hausgrenze. Der Hausvorplatz als Raum für wichtige soziale Kontakte ist damit verlorengegangen. Der Mensch kapselt sich in seiner Wohnung um so stärker ab.
Der Hausbewohner verliert seine Beziehungen (Identifikationen) zum Wohnumfeld.

Direkt auf den Wohnbereich bezogene Freiflächen

Diese Freiräume wie Balkone, Loggien, Dachterrassen, Mietergärten usw. sind Teil des Privatbereiches der Wohnung und sind nur einem kontrollierbaren Personenkreis frei zugängig.

Sie sind bei ausreichender Dimensionierung und Gestaltung, Abschließbarkeit und Uneinsehbarkeit weitgehend frei von sozialer Kontrolle.

Im freistehenden Einfamilienhaus oder dem Reihenhaus erfüllen diese Funktionen vor allem die Hausgärten, im mehrgeschossigen Wohnungsbau im Idealfall die Dachterrassen.

Übliche Balkone und Loggien können nur bei großzügiger Dimensionierung und zumindest teilweiser Uneinsehbarkeit bei weitestgehender Nutzungsfreiheit befriedigende Ersatzformen für den – ansonsten unzureichenden oder ganz fehlenden – nutzbaren Freiraum darstellen.

Durch die Anordnung verschiedener baulicher oder pflanzlicher Elemente lassen sich gegen Wind, übermäßige Sonneneinstrahlung, aber auch gegen Regen, geschützte Bereiche bilden. Hier kann man schon wesentlich früher als in ungeschützten Lagen im Freien sitzen oder sich dank des kühlenden Schattens auch trotz großer Hitze noch draußen aufhalten.

In kühlen Abendstunden können zusätzlich Feuerstellen oder elektrische Wärmestrahler eingesetzt werden.

Bei entsprechender Plazierung im Grundriß können auch verschiedene Hausarbeiten wie Kochen, Bügeln usw. nach außen verlegt werden.

Derartig private Bereiche am Haus sollten vor Einblicken geschützt werden können.

Als Zwischenglieder stellen sie Wohnräume dar, die schon halbe Gärten sind und Gartenteile, die mehr oder minder abgeschlossene Wohnräume sind.

Gärten

Die für den Hausbau verfügbaren Grundstücke werden immer knapper, kleiner und teurer.

Der Kontakt des einzelnen im häuslichen Bereich zur Natur wird damit immer beengter, der private Lebensraum kleiner. Die Gärten werden als Folge davon sehr intensiv genutzt und weitgehend in den Wohn- und Lebensbereich des Menschen einbezogen. Gärten stellen eine Verbindung von baulichen und pflanzlichen Komponenten dar.

Verschiedene Nutzungen überlagern sich auf engstem Raum:

- Spielen
- Ruhe- und Erholungsbereiche
- Produktionsfläche für die wichtigsten Nahrungsmittel (Gemüse – Obst – und Kräutergarten).

Die möglichen Verflechtungen und Beziehungen der Nutzungsbereiche Haus und Garten kennzeichnen deren Gesamtqualität.

Die Wohnfunktion des Gartens kann durch verschiedene Maßnahmen wesentlich gesteigert werden, das Haus wird erweitert.

Sichtschutz, Windschutz und Sonnenschutz erlauben in Verbindung mit baulichen Maßnahmen wie Lauben, Sonnensegel o. ä. vielfältige Formen des Zusammenlebens. Sie dienen der Raumbegrenzung zum Nachbarn oder der Abgrenzung einzelner Gartenteile.

Es lassen sich vielfältige Formen des familiären Wohnens organisieren. Leberecht Migge sprach vom schönen Wohnzimmer im Grünen.

Der heute übliche, räumlich gebaute Garten wird im Gegensatz zum flachen geometrischen Garten der Renaissance auch als Architekturgarten bezeichnet.

Der Begriff Architekturgarten ist geprägt durch den starken Formenzusammenhang mit dem Gebäude. Die einzelnen Teile bestimmen die Gliederung des gesamten Gartens.

Nutzgärten, Glasgärten, Spalierwände usw. können dabei mit hohem gestalterischem Wert in die Gesamtanlage integriert werden, wobei zwischen Nutz- und Ziergarten kein wesentlicher Unterschied gemacht zu werden braucht: Überlagerung von Nutz- und Zierfunktion.

Durch die Anordnung von berankten, freistehenden Wänden als Schutzpflanzungen wird eine gartenbauliche Intensivierung des Grundstückes erreicht, das Kleinklima des Gartens kann dadurch differenziert und sehr positiv und ertragssteigernd verbessert werden.

Begrünte Bauten

Infolge der sehr dichten Bebauung unserer Städte verbleibt nicht mehr genug ebenerdige Fläche, um das für eine nachhaltige Verbesserung des Kleinklimas unerläßliche Grün zu schaffen.

In den dichtbesiedelten Stadtgebieten stellen begrünte Bauteile zusätzliche ökologisch höchst effiziente Grünflächen dar. Sie helfen dabei zumindest die gravierendsten architektonischen und städtebaulichen Fehlleistungen in ihren Auswirkungen auf den Menschen abzuschwächen.

Die Begrünung von Gebäudeoberflächen sollte auf Grund ihrer ökologischen, bautechnischen, gestalterischen und psychischen, physiologischen und sozialen Relevanz nicht weiter als schmückendes Beiwerk oder nur als Architekturdekoration betrachtet werden.

Durch Gebäudebegrünungsmaßnahmen kann das ökologisch unerläßliche Grün zumindest wieder teilweise in die Städte zurückgebracht werden.

Die Begrünung von Gebäuden kann als eine hochgradig wirkungsvolle Maßnahme zur Verbesserung des Stadtklimas und zu einer biologischen Klärung der Stadtluft angesehen werden.

Begrünte Bauteile werden zwar vielerorts als ökologisches Allheilmittel gepriesen. Sie können aber keinen Ersatz für großflächige, ebenerdige, städtische Grünräume darstellen, sondern sollten diese sinnvoll ergänzen und die Vorteile des Stadtgrüns in direkte Gebäudenähe bringen, wo sie sich vor allem auf das unmittelbare Umfeld positiv auswirken und eine wichtige bioklimatische Verbesserung darstellen.

Der folgenschwere Verlust der freien Landschaft, der Gärten und Parks kann dadurch zumindest zu einem kleinen Teil wieder ausgeglichen werden.

Zur Begrünung eignen sich vor allem Dächer (speziell Flachdächer), wie z. B. Tiefgaragendächer, aber auch Wände und Terrassengärten.

Ein Großteil der bestehenden Bausubstanz ist meist aus statischen Gründen nicht geeignet, das für eine großflächige Dachbegrünung notwendige Substrat aufzunehmen. Selbst bei Neuplanungen sind die Vorteile der Dachbegrünung mit einem konstruktiven Mehraufwand für Tragkonstruktion und Dachhaut zu erkaufen.

Mit Hilfe von Kletterpflanzen jedoch können große Gebäudeoberflächen mit geringem technischem Aufwand und auf wirtschaftlich tragbare Weise auch nachträglich begrünt werden.

Begrünte Fassaden stellen in der Stadtumwelt einen wichtigen Lebensraum für zahlreiche Tiere wie Bienen, Käfer, Schmetterlinge, Ameisen, Spinnen, Blattläuse usw. dar. Sie tragen dazu bei, daß diese erhalten bleiben und somit wichtige Lebenskreisläufe nicht gestört werden.

Die Erhaltung vieler Tierarten ist der Erhaltung eines Gleichgewichts in der Natur förderlich.

Selbst vermeintliche Schädlinge wie Ameisen oder Spinnen erfüllen dabei ökologisch wichtige Funktionen.

So gelten z. B. Ameisen als Gesundheitspolizei, viele Insekten sind Blütenbestäuber, insektenfressende Spinnen und Fliegen helfen Blattläuse in Grenzen zu halten usw. Die Insekten stellen ein wichtiges Nahrungsmittel für viele Vogelarten dar.

Kletterpflanzen und ihre Verwendung

Kletterpflanzen

Kletterpflanzen sind auch unter dem botanischen Begriff Lianen bekannt.
Das Wort kommt aus dem Französischen und ist von dem Verb »lier« und dessen älterer lateinischer Form »ligare«, verbinden, abgeleitet.

Die Verwendungsmöglichkeiten von Kletterpflanzen sind nahezu uneingeschränkt.

Kletterpflanzen zeichnen sich dadurch aus, daß der Sproß sehr schnell in die Höhe wächst, dabei aber so dünn bleibt, daß er sich nicht selbst zu tragen vermag. Sie suchen deshalb durch spezielle Organe an geeigneten Unterlagen Halt.

Sie klettern mit Hilfe von Ranken, beweglichen Blattstielen, windenden Sprossen, Haftscheiben, Luftwurzeln oder ähnlichem.

Kletterpflanzen bilden dabei entweder Teile des Sprosses zu Haftorganen um oder klettern mittels windenden Wuchses um stützende Gegenstände empor.

Die Triebe bleiben häufig sehr biegsam und brechen auch bei größeren Beanspruchungen nicht leicht ab.

Man kann vier grundsätzliche Arten des Kletterns unterscheiden:

- Windende Arten winden sich um geeignete Stützvorrichtungen (z. B. Feuerbohnen, Geißblatt, Hopfen)
- Rankende Arten bewegen sich mit Hilfe von Greif- und Wickelranken nach oben (z. B. Clematis, Wein, Wicke)
- Echte Kletterer heften sich mit Hilfe von Haftwurzeln oder Haftscheiben an die Unterlage (z. B. Wilder Wein, Efeu)
- Spreizklimmer sind keine eigentlichen Kletterer, sie stützen sich mit ihren langen Trieben auf darunterliegenden Gegenständen ab oder halten sich mit Hilfe von Hakensprossen, Klimmhaaren, Stacheln und Dornen an Ästen, Zweigen oder künstlichen Kletterhilfen fest (z. B. Brombeeren, Kletterrosen).

Im Verhältnis zu ihrem immensen Wachstum benötigen Kletterpflanzen nur ein Minimum an Substrat. Sie lassen sich auf engstem Raum unterbringen und sind teilweise auch für Containerhaltung geeignet.

Die Auswahl aus dem großen Angebot sollte nach Standortkriterien und der angestrebten Wirkung am Gebäude erfolgen. Es ist auch möglich, verschiedene Arten zu kombinieren, was vor allem aus gestalterischer Absicht naheliegen kann.

1

3

2

4

5

1 *Ägyptische Weinlaube mit Hieroglyphe, Sakkara, Grab des Ptahhotep, Altes Reich*
2 *Weinlaube und Gemüsegarten, El Bersheh, Mittleres Reich*
3 *Weinlaube in runder Form, Beni Hassan, Mittleres Reich*
4 *Grabmal des Augustus zur Zeit der Renaissance, Rom, Stich von Scaichi*
5 *Gartendarstellung, Wandgemälde, Pompeji, 1. Jh. n. Chr.*

Ursprünge

Die Verwendung von Kletterpflanzen hat sich aus einer ursprünglich materiellen Zielsetzung heraus im Verlauf der Zeit zu vielfältigen Kunst- und Zierformen hin entwickelt.

Kletterpflanzen wurden schon immer zum Nutzen des Menschen eingesetzt; das läßt sich fast durchgehend bis zurück in die Antike verfolgen.

Die Geschichte der Kletterpflanzen ist zunächst die Geschichte des Weinstocks und der Laube. Die ältesten Darstellungen darüber stammen aus Ägypten. Die Weinstöcke werden an Pflöcken und darübergelegten Querbalken gezogen, so daß eine Art Laube entstand. Bereits um 2600 v. Chr. beschreibt ein Statthalter Methen diese Art Weinlaube, die ihres Schattens als auch ihrer Früchte wegen geschätzt wird.

Bis in das Neue Reich hinein haben sich die Weinlauben zu einem funktionalen und dekorativen Element der Gartenanlagen entwickelt, die weite Verbreitung genießt. Man baut kunstvolle Säulenpergolen, die in ihrer Vollendung rundgezogene Lauben darstellen. Auch in Babylonien ist der Weinbau von altersher bekannt und in Reliefs sind Weinstöcke oft noch heute gut erkennbar dargestellt.

Im Griechenland der Antike spielte die Weinrebe eine wichtige Rolle. Darüber hinaus finden sich hier erstmals Hinweise auf andere verwendete Kletterpflanzen, insbesondere den Efeu. Er soll Symbol des Baumgottes Dionysos gewesen sein.

Zur Haltung und Kultur der Pflanzen waren bereits Techniken in Gebrauch, die heute als Containerhaltung bezeichnet werden. Arthur Evans berichtet, daß die Minoriten bereits um etwa 1500 v. Chr. auf diese Weise Palasthöfe und Lichtschächte ihrer Privathäuser mit Pflanzen schmückten und glaubt, daß dazu unter anderem auch Kletterpflanzen wie Geißblatt, Winden, wilde Erbsen und Wicken verwendet worden seien.

Die reichen Griechen schätzten üppige Gärten. Der außergewöhnlichste war wohl der des Hieron II., Herrscher von Syrakus, der sich auf einem Prachtschiff einen Garten anlegen ließ »... mit Lauben, umrankt von weißem Efeu und Rebenstöcken, deren Wurzeln sich aus erdgefüllten Fässern nährten«.

Im römischen Reich wurde die Kultur der Pflanzen von den Griechen übernommen und weiterentwickelt. Hier liegen erstmals umfangreiche und detaillierte Beschreibungen begrünter Kunst- und Zierformen vor. Kletterpflanzen finden im privaten und im öffentlichen Raum Verwendung, die Artenvielfalt nimmt zu.

Aus römischen Gärten wird von rosenberankten Pergolen, weinbeschatteten Laubenwegen und efeuumrankten Grotten berichtet. Zum Schutz vor der heißen Sonne baute man Pergolen zur Beschattung öffentlicher Wege, versieht innenliegende Gartenhöfe mit begrünten Lauben, zieht man sich in unterirdische Räume zurück, deren Wände illusionistisch mit Pflanzen- und Gartenmotiven bemalt sind. Plinius berichtet erstmals von Fassadengrün: »Der Rebstock strebt über das ganze Haus bis zum First und erklettert ihn. Man liegt dort nicht anders als im Walde, nur den Regen spürt man nicht wie im Wald.«

Mit dem Untergang des weströmischen Reichs und dessen Gartenkultur gerieten offenbar auch die Kletterpflanzen in Vergessenheit. Erst ab dem Mittelalter sind wieder Quellen auszumachen, die Kletterpflanzen und deren Verwendung belegen.

Kletterpflanzen und Lauben sind als Gestaltungsmittel wohl bekannt, aber zunächst nicht weit verbreitet. So zeigen meist nur Abbildungen höfischen Gartenlebens in den Burggärten aus Holz hergestellte Gartenlauben, die mit Rosen oder Wein bepflanzt sind. Erst das Entstehen von Gärten vor den Stadtmauern läßt Lauben – und damit Kletterpflanzen – zu einem wichtigen Formelement werden. Die Lauben werden oft zu regelrechten Sommerhäuschen ausgebaut, dienen als Sitz- und Eßplatz, aber auch – wie gelegentlich in der Literatur erwähnt – »als beliebter Aufenthaltsort für Verliebte, so daß auch ein Schlafplatz anzunehmen ist«. Sehr beliebt scheinen vor allem Geißblatt- und Rosenlauben gewesen zu sein.

Zur Zeit der Renaissance finden sich Elemente wie Spaliere, Pergolen, Lauben und überwachsene Laubengänge immer häufiger in Europa. In den Gartenentwürfen von Vredeman de Vries finden sich z.B. Pergolen mit Türen, Fenstern und Kuppeln sowie von Säulen getragene Lauben und Pavillons aus Lattenwerk. Häufig sind Lauben und Pavillons in den Schnittpunkten der Laubengänge angeordnet, bewachsene

6

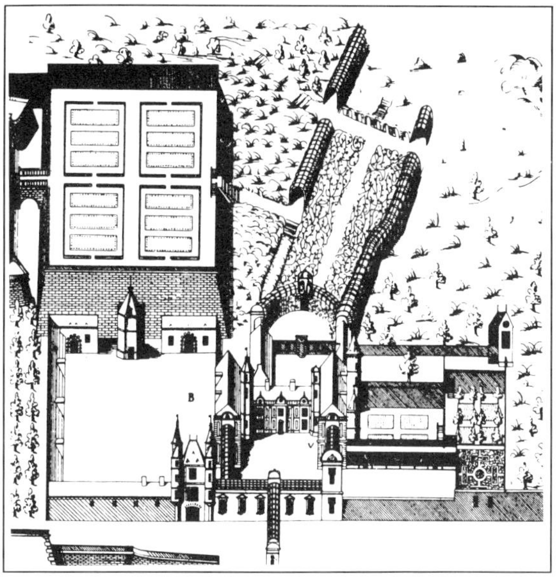
7

8

6 *Laubengang in der Villa Albani, Rom, 2. H. 17. Jh.*
7 *Gesamtplan der Anlage in Verneuil, Stich von Jacques Androuet Du Cerceau (1510–1584)*
8 *Treillage im Schloßgarten von Montargis, Loiret, Frankreich, Stich von Jacques Androuet Du Cerceau, 16. Jh.*

9 *Garten mit Lauben, Stich des Architekturmalers Vredeman de Vries, M. 16. Jh.*
10 *Gartenentwurf, Vredeman de Vries, M. 16. Jh.*
11 *Entwurf zu einem Schulgarten, Stich von Josef Furttenbach, 17. Jh.*

9

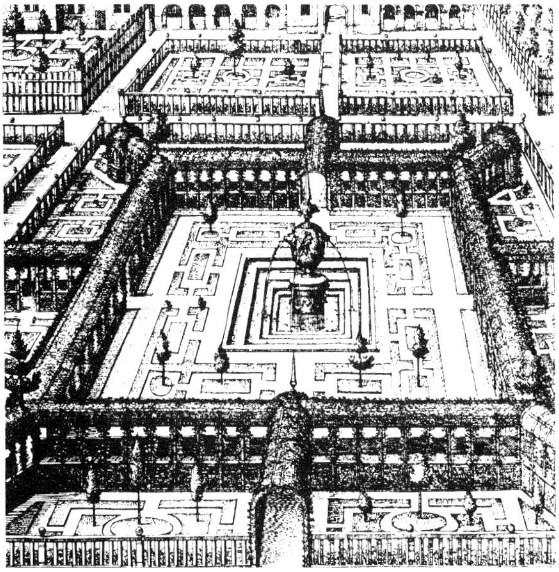
10

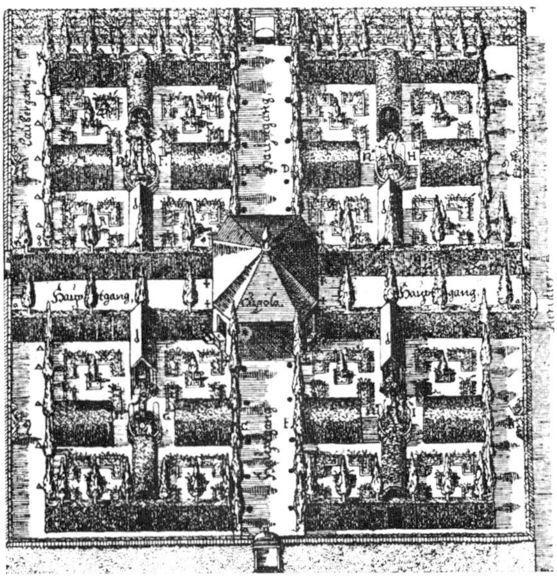
11

Spaliere werden als Irrgärten angelegt, ganze Innenhöfe werden als eine Art begrünter Riesenlauben beschrieben.

Im europäischen Barock tritt die Verwendung von Kletterpflanzen offenbar gegenüber der Anlage von Hecken und Lauben aus beschnittenen Sträuchern und Bäumen in den Hintergrund. Die Formensprache des Barock ließ wenig Platz für Kletterpflanzen. Vielleicht war es die vitale und ungestüme Wuchskraft der Lianen, die sich nur wenig in das vorausbestimmte, wohlgeordnete Raumkonzept einbringen ließ.

Trotzdem vollzieht sich gerade in und ab dieser Zeit eine entscheidende und folgenreiche Veränderung im Hinblick auf die Kletterpflanzen. Beschränken sich bis um 1600 Hinweise immer nur auf verhältnismäßig wenige Pflanzenarten, so wächst das Sortiment der Kletterpflanzen im Zuge der Entdeckung und Ausbeutung neuer Erdteile zunächst allmählich, später sprunghaft an.

Im 17. und 18. Jahrhundert werden vor allem die nordamerikanischen Arten nach Europa gebracht (z.B. 1629 Parthenocissus quinquefolia, 1640 Campsis radicans, 1656 Vitis riparia und Vitis labrusca, 1783 Aristolochia macrophylla), im 19. Jahrhundert folgen die ostasiatischen Arten (z.B. 1816 Wisteria sinensis, 1830 Wisteria floribunda, 1831 Clematis montana, 1845 Akebia quinata, 1860 Celastrus orbiculatus, 1862 Parthenocissus tricuspidata, 1864 Clematis maximowicziana, 1874 Actinidia arguta, 1883 Fallopia baldschuanica, 1899 Fallopia aubertii, 1900 Rubus henryi).

Die Pflanzeneinführungen und die in ihrem Gefolge einsetzenden Züchtungsarbeiten führten dazu, daß im Laufe des 19. Jahrhunderts jenes Artenspektrum entstand, das fast alle auch heute bekannten Kletterpflanzen bereits einschließt.

Dieses breite Artenspektrum wiederum ist Grundlage der gerade in dieser Zeit verbreitet einsetzenden Verwendung von Kletterpflanzen. Ab Mitte des 19. Jahrhunderts werden in den entstehenden Fachzeitschriften bereits Artikel über die Begrünung von Gebäuden mit Kletterpflanzen publiziert. So schreibt Buresch 1866 in den »Bauwissenschaftlichen Mitteilungen«: »Als der Unterzeichnete im Jahre 1852 dazu schritt, zu Hannover ein Wohnhaus für sich zu erbauen, war derselbe... von vorneherein darauf hingewiesen, die spätere Begrünung des als freistehend projektierten Hauses sogleich mit in den Plan aufzunehmen!« Gegen Ende des Jahrhunderts sind die »Bekleidungspflanzen« in ihren Ansprüchen und Möglichkeiten so weit bekannt, daß die Kletterpflanzen einen Höhepunkt ihrer Verwendung erreichen können.

Höhepunkt um 1900

Um 1900 werden in Europa alle auch heute bekannten ausdauernden Kletterpflanzenarten kultiviert. Dieser Umstand in Kombination mit der Naturentfremdung während der Gründerzeit und den daraus resultierenden geistigen Gegenströmungen sind Ursache für einen Höhepunkt der Pflanzenverwendung Anfang des 20. Jahrhunderts. Insbesondere während der ersten beiden Jahrzehnte des Jahrhunderts kommt es zur Ausbildung einer regelrechten Schling- und Kletterpflanzenmode. Fortschrittliche Architekten der Zeit wie Muthesius, Schulze-Naumburg, Leberecht Migge, Schneider, Maaß, Enke u.a. sehen Kletterpflanzen als ein Gestaltungselement, mit dem sich Natur und Architektur hervorragend verbinden lassen.

Klettergerüste an Neubauten werden absichtlich in die Architektur einbezogen. Das Relief von Türen, Fenstern und Brüstungen gibt architektonische Rhythmen und Höhen an, die im Spalier aufgenommen und in der Pergola in transparenter Form in den Freiraum hinaus fortgesetzt werden. Es werden ganze Gerüst- und Pergolengärten entworfen und gebaut, Raumkunst im Freien war das Schlagwort.

In seiner »Gartenkultur des 19. Jahrhunderts« von 1913 stellt Leberecht Migge zunächst fest, daß in den Städten von vornherein mehr »gerankt und spaliert« werden müsse und demonstriert die Verwendungsmöglichkeiten der Kletterpflanzen in der Beschreibung eines ausschließlich aus Kletterpflanzen gemachten Gartens.

Sein Entwurf enthält mit Glycinen, Kletterrosen, Geißblatt, Efeu, Clematis, wildem Wein, echtem Wein, Wald-Clematis, Aristolochia, Akebia, Baumwürger, Actinidia, Zierwein, Wicke, Kresse, Glockenreben, Maurandien, Feuerbohnen und Brombeeren einen Großteil der seinerzeit überhaupt kultivierten Kletterpflanzen.

Eine zudem regelmäßig ab der Jahrhundertwende nachweisbare Darstellung der Kletterpflanzen und ihrer Verwendungsmöglichkeiten in Fachzeitschriften fördert die rasche Verbreitung. Bald schon werden auch weiterführende Aspekte der Verwendung untersucht und dargestellt: »Schlingpflanzenberankungen im Städtebild« (1910), »Einfluß des Efeus auf Bauwerke« (1911) oder »Die Feuchtigkeitsbeeinflussung von Gebäuden durch Kletterpflanzen« (1914) sind Titel entsprechender Fachliteratur.

Der Ausbruch des Ersten Weltkrieges unterbricht diese Entwicklung, andere Fragestellungen wurden wichtiger. Zwar ist auch nach dem Kriegsende die geplante Verwendung von Kletterpflanzen nicht außergewöhnlich, aber der Schwung und Elan der Vorkriegsjahre ist weitgehend geschwunden. Besonders im genossenschaftlich organisierten Wohnungsbau wird der Gedanke der Hausbegrünung noch praktiziert.

Vergessen

Ein wesentlicher Grund für den Rückgang in der Verwendung von Kletterpflanzen ist zweifelsohne der Wandel der Architektur. Der traditionelle Hausbau der Jahrhundertwende erlebte mit den neuen Baumaterialien und einem Wandel der Architekturauffassung wesentliche Veränderungen.

Bauweise und Fabrikationsform führten zum Skelettbau mit seiner Bevorzugung großer, meist horizontaler Fensterbänder und großflächiger Glasflächen, die keinen Bewuchs vertrugen. Oft durfte schon aus ästhetischen Gründen die angestrebte »reine Form« des Baues nicht mit einem grünen Mantel verschleiert werden. Hinzu kamen die ständig steigenden Bauhöhen, und dadurch bedingt steigende technische Probleme einer Begrünung. Die billige, jederzeit in beliebiger Menge verfügbare Energie machte es zu einem überflüssigen Unterfangen, die bauphysikalischen Vorteile einer Begrünung mit Kletterpflanzen in das konzeptionelle Denken einzubeziehen.

Dies trifft freilich nicht nur auf Kletterpflanzen zu, sondern betrifft ab Mitte dieses Jahrhunderts allgemein die Wertschätzung des Stadtgrüns. Zu Zeiten einer steigenden wirtschaftlichen Prosperität wurden Grün und Pflanzen bedingungslos konkurrierenden Flächenansprüchen geopfert. Für horizontale Flächen ist dieser Vorgang mittlerweile hinreichend dokumentiert.

Ein weiterer wichtiger Grund für die gedankenlose Dezimierung des Grüns liegt wohl in dem übersteigerten Hygiene- und Ordnungsdenken begründet, wie es sich spätestens ab 1945 zunehmend entwickelt. Einmal ganz abgesehen davon, daß Pflanzen einer weit verbreiteten Meinung zufolge »ja doch nur Arbeit und Dreck machen«, wird die an und in begrünten Fassaden lebende Fauna allenfalls als »lästiges Ungeziefer« empfunden.

Schließlich gibt es außerdem technisch-organisatorische Hemmnisse: restriktive mietrechtliche Regelungen und rigide bauaufsichtliche Bestimmungen machen es dem einzelnen selbst bei guten Vorsätzen und Aufgeschlossenheit gegenüber Pflanzen fast unmöglich, diese vor und um seine Wohnung wachsen zu lassen. Der Freiraum auf der Straße vor dem Haus oder im Hof hinter dem Haus ist zwar für jeden zugänglich und erlebbar, aber nur in den allerwenigsten Fällen auch tatsächlich bepflanzbar. Bezeichnenderweise gibt es heute in unserer Gesetzgebung zwar einen Unkrautparagraphen, einen Begrünungsparagraphen hingegen sucht man vergebens.

Neue Ansätze

Die zunehmende Stadtkritik und steigende Energiepreise führten in den letzten Jahren zu einem neuerlichen Wandel der Architekturauffassung. Dies und die vom einzelnen Städter als immer bedrohlicher empfundene Naturferne läßt das Gestaltungsmittel Kletterpflanzen wieder ins Bewußtsein und in neuere Planungskonzepte Eingang finden.

Kletterpflanzen an Gebäuden

Traditionell haben Vegetationselemente neben rein ästhetischen, dekorativen, psychologischen und physiologischen auch materielle und wirtschaftliche Funktionen übernommen.

Durch die Anordnung von Nutzpflanzen an Fassaden wird die reflektierte kurzwellige Strahlung und die von den Bauteilen gespeicherte und über längere Zeiträume abgegebene langwellige Wärmestrahlung für eine qualitative und quantitative Steigerung der Erträge genutzt (z.B. Obstspaliere).

Bäume, Hecken, bewachsene Lauben, Pergolen und ähnliche Elemente werden bewußt eingesetzt, um das gebäudenahe Mikroklima zu verbessern.

Je nach Artenwahl, Anordnung, Pflege, Schnitt oder ähnlichen Maßnahmen wird das gebäudenahe Mikroklima durch Verschattung oder Veränderung des Bewegungszustandes der Luft in unmittelbarer Gebäudenähe oder in einem größeren Umfeld des Gebäudes verändert.

Heute werden Pflanzen vor allem aus dekorativen und gestalterischen Erwägungen heraus eingesetzt; die bautechnischen Effekte sind entweder dabei kaum mehr bewußt oder können quantitativ nicht abgeschätzt werden.

Durch die Bepflanzung größerer Gebäudeoberflächen können sowohl ökologische, gestalterische als auch bautechnische Ziele zugleich verfolgt werden.

Begrünte Gebäudeoberflächen können dabei als natürliche Sonnenschutzelemente, sowohl vor transparenten als auch nichttransparenten Bauteilen, die äußere Kühllast wesentlich herabsetzen, so daß Belastungsspitzen abgebaut werden. Im Winter kann bei sommergrünen Arten die Sonnenstrahlung ungehindert auf das Gebäude einwirken. Ausdauernde Arten mindern die Auskühlung der Gebäudehülle durch die Bildung dämmender Luftpolster.

Durch die Anordnung von Pflanzenschichten in größeren Abständen an Gebäuden oder an freistehenden Gerüsten, Lauben, Loggien oder ähnlichem können Kleinklimabereiche mit neuen Nutzungsmöglichkeiten und Qualitäten entstehen.

Bewachsene Bauteile leben, d.h. sie unterliegen einem ständigen Wandel. Die Pflanzen wachsen, werden grün, blühen, tragen Früchte, verfärben sich, werden kahl usw. Sie spiegeln so den jahreszeitlichen Wandel wider, der sich in der Natur vollzieht

12–20 *Schematische Darstellung der verschiedenen Wirkungen und Bewuchsarten von Kletterpflanzen: 12 Verschattungswirkung; 13 Strahlungsdurchgang bei sommergrünen Arten im Winter; 14 Verdunstungskühlung infolge Sonneneinstrahlung; 15–17 Abhalten von Schnee, Regen und Wind; 18 Abminderung von Schall; 19 Bewuchs an Kletterhilfe; 20 Direktbewuchs*

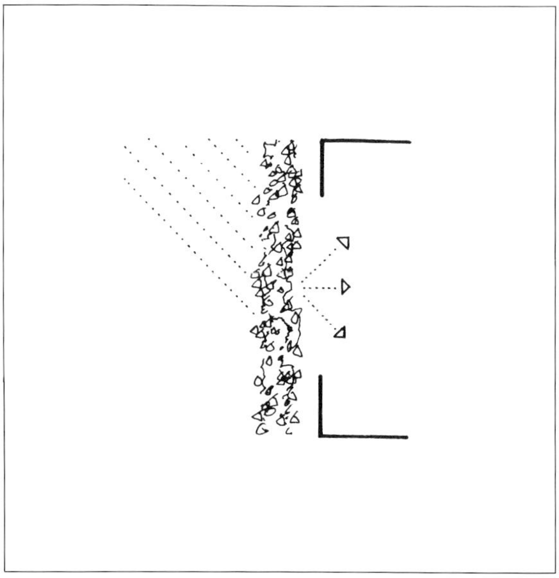

12

13

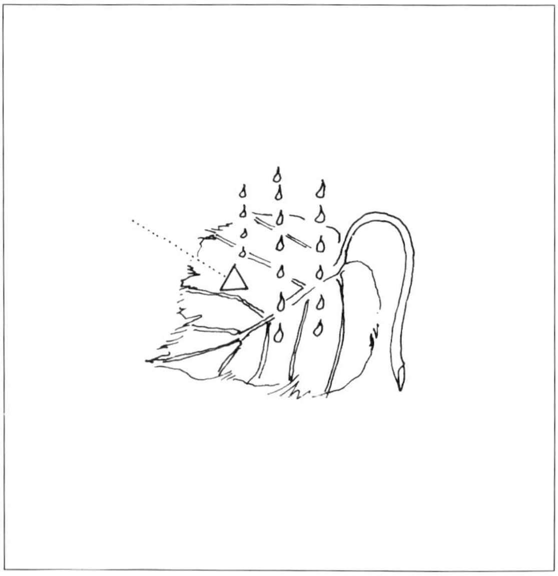

14

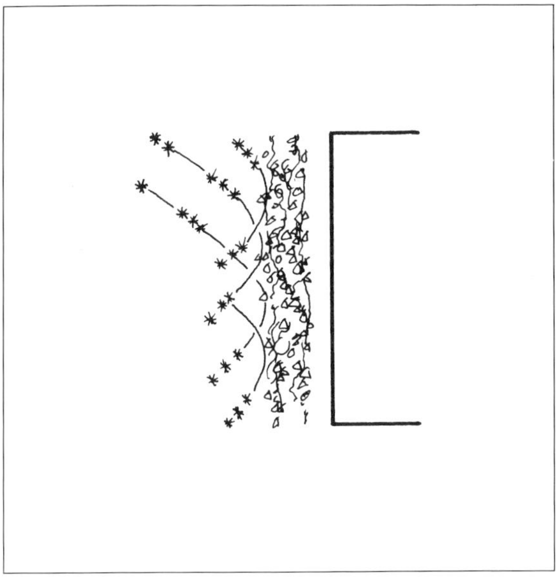
15

18

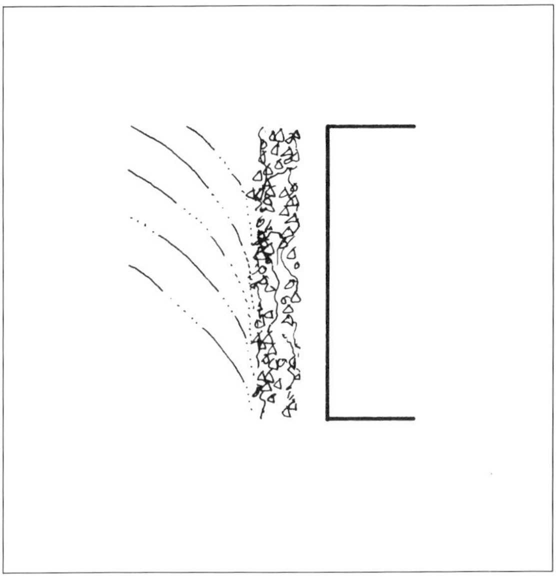
16

19

17

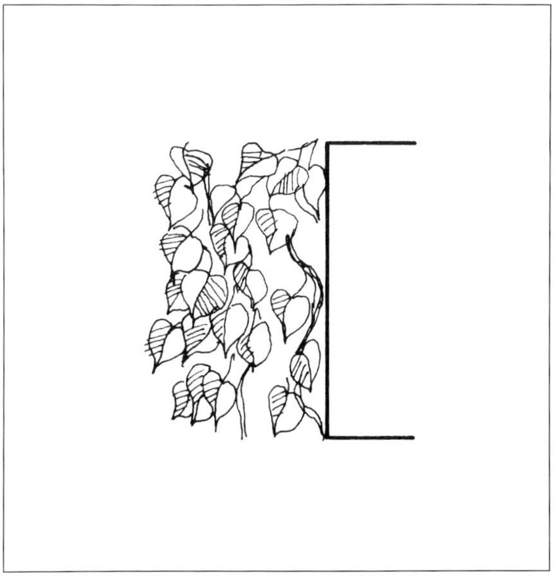
20

und in unserer weitgehend denaturierten Stadtumwelt kaum mehr wahrgenommen wird.

Vor allem Kletterpflanzen sind bestens geeignet, große Gebäudeoberflächen schnell und wirkungsvoll zu begrünen. Sie benötigen dazu wenig Boden, verursachen nur äußerst geringe Kosten und erfordern minimalen Unterhaltsaufwand.

Bautechnische Bedeutung

Die Gebäudehülle stellt die wichtigste Übergangsfunktion zwischen Innenklima und Außenklima dar.

Thermische Pufferzonen an den Fassaden wurden schon früher in Form großer Dachüberstände, großer umlaufender Balkone, Loggien, bis nahe an das Gebäude herangeführte Bepflanzungen usw. geschaffen, um ein zu starkes Auskühlen während der Heizperiode und zu starkes Aufheizen in der heißen Jahreszeit zu verhindern und ein günstiges Mikroklima zu schaffen.

Energiegewinne und Energieverluste sind von der Gestaltung und vom konstruktiven Aufbau wesentlich beeinflußt.

Die Begrünung von größeren Bauteiloberflächen wie Fassaden und Dächern ist für die Bauteile selbst und das Gebäude als Ganzes von großer bautechnischer Relevanz.

Gebäudebegrünungen reduzieren ungünstige Witterungseinflüsse durch Wind, Regen, Frost und schützen im Sommer vor übermäßiger Erhitzung.

Pflanzen schützen Gebäude und Bauteile vor Extrembelastungen.

Im Sommer halten sie kühl, im Winter reduzieren sie die Wärmeverluste der Außenhaut. Sie wirken der Erosion entgegen und schlucken Lärm. Gebäudebepflanzungen gehorchen als lebende Systeme einem ständigen morphologischen und physiologischen Wandel.

Diese Veränderungen können einem Jahreszyklus unterliegen oder sie sind auf einen jährlichen Zuwachs während der Vegetationsperiode zurückzuführen.

Die enge Verknüpfung der bauphysikalisch relevanten Einzelparameter ist derart vielschichtig, daß keine exakten und quantitativen Aussagen zu Einzeleffekten gemacht werden können. Einzeleffekte können nur im komplexen Gesamtzusammenhang betrachtet werden.

Exakte quantitative Nachweise der bautechnischen Wirkungen wären nur mit großem meßtechnischen Einsatz, unter Einbeziehung aller wesentlichen meteorologischen Parameter wie Lufttemperatur, Luftfeuchte, Luftbewegung usw. im Zusammenhang mit den jeweiligen pflanzenphysiologischen und morphologischen Vorgängen wie Wasserabgabe, Veränderung der Blattstellung oder der Blattgröße usw. möglich.

Im folgenden sollen die wesentlichen Wirkungen von Bauwerksbegrünungen qualitativ und soweit wie möglich auch quantitativ beschrieben werden. Zumindest sollte aber die jeweilige Wirkung in ihrer Größenordnung angegeben werden.

Pflanzen halten im Sommer kühl

Will man übermäßigen Anstieg der Raumtemperatur weitgehend ohne Einsatz von baulichen Lüftungs- und Klimaanlagen erreichen, sind strahlungsregulierende Maßnahmen, welche schon an der Gebäudeoberfläche getroffen werden, am wirkungsvollsten, weil dort der die Kühllast wesentlich bestimmende Strahlungsaustausch mit der Umgebung stattfindet.

Sonnenschutzmaßnahmen werden um so wichtiger, je leichter und damit temperaturlabiler die Raumumschließungsbauteile sind und je größer der Fensterflächenanteil ist.

So können z.B. negative Auswirkungen auf das Raumklima infolge Vergrößerung des Fensterflächenanteils von 20% auf etwa 60% durch Anbringen eines wirkungsvollen außenliegenden Sonnenschutzes (z.B. Außenjalousien) und einer Erhöhung des Luftwechsels von 0,5 h^{-1} auf 5,0 h^{-1} kompensiert werden.

Nach Süden, Osten und Westen orientierte große Glasflächen müssen im Sommer verschattet werden. Großflächige Verschattung durch Vegetation oder die Anordnung von bewachsenen Pergolen, können diesen notwendigen Sonnenschutz weitgehend erbringen.

Sommergrüne Pflanzen regulieren auf natürliche Art den Strahlungsanfall auf die Gebäudeoberfläche. Im Sommer halten sie die Strahlung weitgehend ab, im Winter lassen sie sie ungehindert bis zur Gebäudehülle durch.

Dichter, annähernd flächendeckender Pflanzenbewuchs an der Fassadenoberfläche von Gebäuden stellt bei geeigneter Auswahl, zielgerichteter Anordnung und Pflege eine wirksame Sonnenschutzmaßnahme dar und kann technischen Systemen sogar in mancher Hinsicht überlegen sein.

Pflanzliche Sonnenschutzsysteme reduzieren dabei vor allem die Strahlungsbelastung auf die Gebäudeaußenhaut und beeinflussen als Folge davon wesentliche bauphysikalische Parameter des Gebäudeklimas.

Die Senkung der Oberflächentemperaturen der beschatteten Bauteile führt zu einer Herabsetzung der äußeren Kühllast und zu einer Verringerung der thermischen Spannungen in den Bauteilen selbst. Da die Pflanzen in der Regel keine höhere Temperatur als die der umgebenden Luft annehmen, heizen sich pflanzliche Sonnenschutzelemente bei intensivem Strahlungsbefall nicht wie die meisten technischen Systeme auf, die dann ihrerseits als langwellige Sekundärstrahler das gebäudenahe Mikroklima zusätzlich belasten können. Infolge der äußerst geringen Masse und der damit in unmittelbarem Zusammenhang stehenden geringen Speicherkapazität des Pflanzenmaterials fällt im Sommer in den Abendstunden die Temperatur des Verschattungssystems annähernd gleichzeitig mit der Außenlufttemperatur ab, so daß die erwünschte Nachtauskühlung der Gebäude ohne wesentliche Verzögerung einsetzen kann.

Durch Transpiration der Blattoberflächen wird der Luftschicht zwischen der Fassade und dem Blattwerk Wärme zudem entzogen, was zu einer deutlichen Absenkung der Lufttemperatur und einer Steigerung des Feuchtigkeitsgehaltes der Luft im unmittelbaren Bereich der Gebäudeoberfläche führt.

Anhand spezieller Meßreihen wurde versucht, die Wirkungen großflächiger Begrünungen auf das thermische Verhalten von Gebäudeoberflächen zu bestimmen.

Zu diesem Zweck wurde eine mit verschiedenen pflanzlichen Sonnenschutzelementen versehene, nach Südwest orientierte Leichtbaufassade mit einer in Aufbau und Orientierung identischen, nichtbegrünten Fassade verglichen, indem die wesentlichen bauphysikalisch relevanten Erscheinungen erfaßt und in Bezug zueinander gesetzt wurden.

Diese Relativmethode wurde gewählt, weil zu Beginn der Arbeit noch keinerlei Erfahrungen auf diesem Gebiet vorlagen, etwaige auftretende apparative Fehler oder Verfahrensfehler sollten dadurch in ihrer Auswirkung auf ein Minimum reduziert werden.

Insgesamt wurden acht pflanzliche Verschattungssysteme an je fünf Tagen mit intensiver Strahlungsbelastung und an einem Tag mit ausschließlich diffusem Strahlungsanfall untersucht.

Dabei wurden die Außenlufttemperatur, die Lufttemperatur hinter den Verschattungssystemen, die äußeren und inneren Oberflächentemperaturen sowie die Raumlufttemperaturen der Testräume erfaßt.

Die Abminderung der direkten Strahlungsanteile als Haupteinflußgröße auf die äußere Kühllast wurde in Abhängigkeit von Einstrahlungsrichtung zur Flächennormalen betrachtet, wodurch es möglich wird, die Ergebnisse auf beliebige Orientierungen und Neigungen von Gebäudeoberflächen zu beziehen.

Die in den Tests gewonnenen Ergebnisse können auf verschiedensten Betrachtungsebenen in Kühllastberechnungen eingehen.

Da vor allem die Abminderung kurzwelliger Strahlungsanteile betrachtet wurde, können die Ergebnisse sowohl auf nichttransparente als auch auf transparente Bauteile beliebiger Orientierung und Neigung in Abhängigkeit vom Tagesgang der Intensität der Gesamtstrahlung bezogen werden.

Bei Referenzmessungen mit Aluminiumjalousien lagen bei einem Öffnungswinkel von 0° (horizontale Lamellenstellung) größenordnungsmäßig die gleichen mittleren Wirkungen vor wie bei den pflanzlichen Verschattungssystemen.

In Anlehnung an den Entwurf der Neufassung der DIN 4108 sind mittlere Abminderungsfaktoren der verschiedenen pflanzlichen Verschattungssysteme »z« bestimmt worden. Werden die pflanzlichen Verschattungselemente vor Glasflächen wirksam, so verringern sich die jeweiligen Gesamtenergiedurchlaßgrade »g_v« um die Abminderungsfaktoren »z« für die verschiedenen Systeme:

$$g = g_v \cdot z$$

21

	z-Werte	z-Mittelwerte
Gesamtstrahlung	0,62–0,28	0,40
direkte Strahlungsanteile	0,57–0,10	0,21
diffuse Strahlungsanteile	0,96–0,40	0,59

22

System	Abstand v. d. Testfassade	Anzahl von Blättern	Mittlere Blattgrößen (cm^2)	Bedeckungsgrad	Bedeckungsdichte (cm^2/cm^3)
1 Phaseolus coccineus	30	108	38,5	1,7	0,042
2 Phaseolus coccineus	60	108	38,5	1,7	0,042
3 Lagenaria siceraria	30	28	113,3	1,3	0,024
4 Parthenocissus quinquefolia	30	470	5,3	1,0	0,022
5 Fallopia aubertii	30	68	13,2	0,4	0,030
6 Lonicera tellmanniana	30	88	40,8	1,5	0,073
7 Cobaea, Ipomoea, Lathyrus	30	372	8,8	1,3	0,061
8 Clematis montana	30	582	5,2	1,2	0,039

23

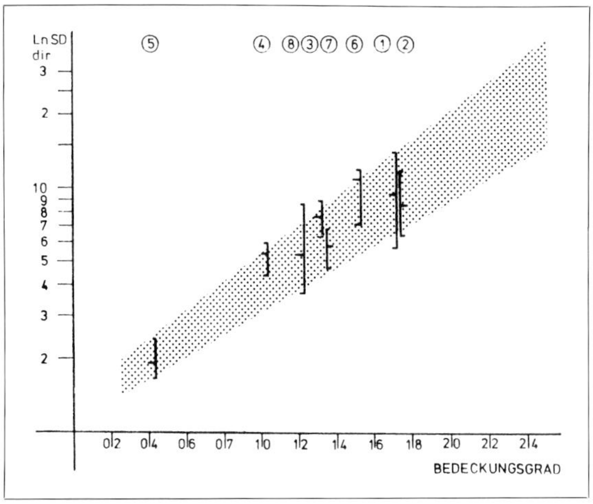

21 *Übersicht über die experimentell ermittelten z-Werte für verschiedene Pflanzenarten*

22 *Kenndaten der verschiedenen pflanzlichen Verschattungssysteme*

23 *Strahlungsdämpfung und Bedeckungsgrad (SD_{dir})*

Bei der Untersuchung zeigte sich, daß die Sonnenschutzwirkung vor allem auf eine Verschattung der Bauteiloberflächen zurückzuführen ist, wobei die Abminderung der direkten Strahlungsanteile maßgebend ist.

Bei der Beurteilung der Wirksamkeit einzelner Pflanzenarten ist vor allem ausschlaggebend, wie viele Strahlungsanteile reflektiert, absorbiert oder durchgelassen werden. Derartige Vorgänge sind stark von der Geometrie des Blattwerks (Größe der einzelnen Blätter, Verteilung usw.) und den Strahlungseigenschaften der Blattoberflächen in Abhängigkeit vom Einfallswinkel der Strahlung zur Blattfläche beeinflußt.

Die Strahlungseigenschaften der Blattoberflächen können dabei je nach Alter der Blätter, dem Verschmutzungsgrad oder eventuellen morphologischen oder physiologischen Veränderungen schwanken.

Pflanzliche Verschattungssysteme unterliegen den Gesetzen der biologischen Variabilität. Das heißt, daß sich selbst bei scheinbar gleichem Erscheinungsbild, aufgrund ihrer vielfältigen morphologischen und physiologischen Differenzierungen, verschiedene Wirkungen auf das thermische Verhalten von Fassaden einstellen können.

Wegen der Einmaligkeit, mit der die Pflanzen im Untersuchungszeitraum zur Verfügung standen, war es für eine allgemeine Darstellung der Versuchsergebnisse notwendig, den Habitus der Pflanzen so weit wie möglich auch quantitativ zu beschreiben.

Dazu wurden nach Beendigung der jeweiligen Messungen von jedem System auf einer Fläche von 2 × 35 × 35 cm in der senkrechten Projektion zur Fassadenebene an der Stelle alle Blätter abgenommen, wo die Strahlungsmeßgeräte angeordnet waren. Die Blätter wurden gepreßt und gezählt. Mit Hilfe eines elektronischen Planimeters wurde danach für jedes System die Gesamtblattfläche der abgenommenen Blätter und die mittlere Blattgröße bestimmt.

Die folgenden Angaben dienen einer globalen Charakterisierung des Habitus des in den Tests verwendeten Pflanzenmaterials.

Das Verhältnis von Gesamtblattfläche zur Grundfläche von 2 × 35 × 35 cm wurde als »Bedeckungsgrad« definiert, das von Bedeckungsgrad zur mittleren Dicke »a« des Systems als »Bedeckungsdichte«.

Bedeckungsgrad:

$$= \frac{\text{Gesamtblattfläche}}{\text{Grundfläche } (2 \times 35 \times 35)}$$

Bedeckungsdichte:

$$= \frac{\text{Gesamtblattfläche}}{\text{Volumeneinheit } (2 \times 35 \times 35 \times a)}$$

Es zeigte sich, daß die Quotienten der Strahlungsintensitäten vor und hinter den Pflanzen exponentiell vom Bedeckungsgrad des jeweiligen Systems abhängen. Die Oberflächentemperaturen der begrünten Testfassaden, welche unter gleichen Bedingungen mit einer unbegrünten verglichen wurden, lagen bis zu 30° C unter denen der unbegrünten. Bei der ungeschützten Fassade wurden Oberflächentemperaturen von über 60° C gemessen. Die der geschützten Fassade lagen bis zu 30° C darunter.

An Tagen mit unterschiedlichen Strahlungsintensitäten schwankten die Oberflächentemperaturen der geschützten Fassade wesentlich geringer. Mit zunehmenden direkten Strahlungsanteilen wurden dabei die Differenzen größer, die Bewegungen verliefen dabei ohne wesentliche Phasenverschiebung.

Die hinter den Schutzsystemen gemessenen Lufttemperaturen lagen in den Untersuchungszeiträumen merklich unter den Außenlufttemperaturen. Dieser Effekt ist einmal auf die Verschattung zurückzuführen, infolge derer sich die Fassade weniger aufheizt und damit weniger Wärme abstrahlt, zum anderen darauf, daß die Pflanzen infolge Transpiration der Blattoberflächen Energie verbrauchen. Daneben kann auch durch Kaminwirkung zwischen Fassade und Pflanzenschicht ein Abströmen warmer Luft gefördert werden.

Die maximalen Temperaturunterschiede sind dabei in den frühen Nachmittagsstunden festzustellen, wo sie bis zu 4,30° C betragen. Im Tagesmittel lagen die Temperaturunterschiede zwischen 1° C und 2,5° C. Bei helleren Fassadenoberflächen sind noch wesentlich größere Temperaturunterschiede zu erwarten.

Pflanzen halten im Winter warm

Im Winter stellen immergrüne Bepflanzungen eine Maßnahme zum Wärmeschutz dar.

Durch annähernd stehende, unbewegte Luftschichten zwischen Gebäudeoberfläche und Pflanzenschicht sowie in der Pflanzenschicht selbst, werden die Konvektionswärmeverluste erheblich reduziert. Bauphysikalisch betrachtet kommt das einer Verbesserung des äußeren Wärmeübergangswiderstandes $\frac{1}{\alpha_a}$ und damit einer Verbesserung des k-Wertes gleich.

Da bislang diesbezüglich keine konkreten Untersuchungsergebnisse vorlagen, wurde versucht, bei verschiedenen Windgeschwindigkeiten einen mittleren äußeren Wärmeübergangswiderstand $\frac{1}{\alpha_a}$ experimentell zu ermitteln.

Bei einem ca. 35 cm starken Efeupolster lag dieser Wert zwischen 0,11 und 0,15 $m^2 \cdot K/W$. Gegenüber dem in DIN 4108 angegebenen Wert von 0,04 stellt dies eine Verbesserung von 0,07 bis 0,11 dar.

Die hier gewonnenen Werte geben die Größenordnung der durch Gebäudebegrünung zu erzielenden Wärmeschutzwirkungen an. Im Einzelfall können dabei je nach Pflanzenart, Alter, Wuchs, Exposition und Pflegemaßnahmen usw. Abweichungen auftreten.

Im folgenden wird ein verbesserter Wärmeübergangswiderstandswert von durchschnittlich 0,13 auf einige gängige Außenwandkonstruktionen nach der Formel

$$\frac{1}{k} = \frac{1}{\alpha_i} + \frac{1}{\Lambda} + \frac{1}{\alpha_a}$$

$$\frac{1}{k} = \frac{1}{k} + 0{,}13$$

bezogen.

Die Aufstellung in Abbildung 24 zeigt, daß sich vor allem bei schlecht gedämmten Außenwandkonstruktionen durch immergrüne Bepflanzung eine relativ große Verbesserung des k-Wertes erzielen läßt.

Dadurch, daß bewachsene Fassaden auch trockener sind, tritt infolge der reduzierten Wärmeleitfähigkeit eine zusätzliche Minderung der Wärmeverluste ein.

Durch großflächige Begrünung lassen sich unzureichend gedämmte Außenwände auch

		k-Wert	k -Wert	Verb. in %
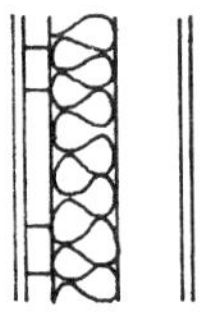	Holzleichtbauwand 1,0 cm Rigips 3,0 cm Lattung 8,0 cm Mineralfaser 8,0 cm Luftschicht 0,8 cm Glasal	0,32	0,31	3,12
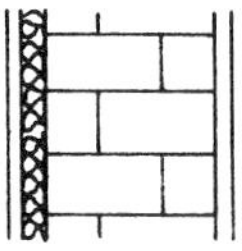	Mauerwerk gedämmt 1,0 cm Rigips mit 3,0 cm Poresta 24 cm Hochlochziegel 2,0 cm Kalkzementputz	0,54	0,51	5,56
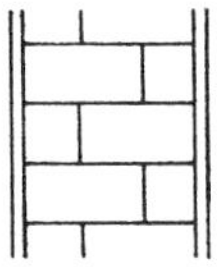	Mauerwerk ungedämmt 24 cm Hochlochziegel beidseitig verputzt	1,24	1,16	6,45
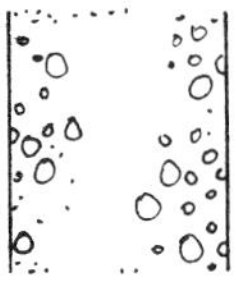	Betonwand 30 cm Beton aus nichtporigen Zu- schlagstoffen mit ge- schlossenem Gefüge	2,06	1,74	15,53
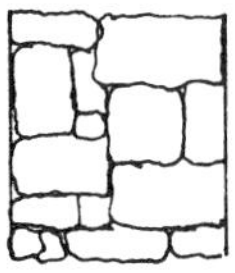	Natursteinmauer 30 cm Naturstein	2,53	2,06	18,58

24

24 *Verbesserte k-Werte infolge Begrünung bei verschiedenen Wandkonstruktionen*

nachträglich ohne großen konstruktiven Aufwand kostengünstig und risikofrei in wärmeschutztechnischer Hinsicht spürbar verbessern.

$$\frac{1}{k_{🍃}} = \frac{1}{k} + 0{,}13$$

Pflanzen »dämpfen Lärm«

Die Lärmschutzwirkung von Pflanzen wird häufig überschätzt. Selbst bei dichtem Bewuchs beträgt die Schallpegelverringerung je 10 m nur 1 dB (A), eine Schallpegelverringerung um 10 dB (A) würde dabei erst eine Halbierung bewirken. Durch das Rascheln von Blättern, Zweigen und Ästen oder das Singen von Vögeln kann jedoch die subjektive Lärmempfindung in der Nähe von Pflanzen herabgesetzt werden.

Dichter, großflächiger Fassadenbewuchs könnte auch die Schallreflektion herabsetzen. Diesbezügliche Untersuchungen sind jedoch bislang nicht bekannt.

Bewachsene Bauteile sind trockener

Vielerorts wird behauptet, daß begrünte Wände durchfeuchten, weil ihnen der ungehinderte Zutritt von Licht und Sonne verwehrt wird.

Dabei ist eher gerade das Gegenteil davon richtig. Durch ihr Laubpolster halten sie ähnlich einem Wettermantel vor allem Schlagregen von der Gebäudeoberfläche fern und leiten das Wasser über die glatten wie Schuppen übereinandergreifenden Blätter zum Boden hin ab, das Mauerwerk bleibt trocken.

Bei ausreichender Dicke des Bewuchses wird selbst starker Schlagregen von der Fassade ferngehalten.

Durch das weitgehende Fernhalten des Schlagregens von der Gebäudeoberfläche wird deren Erosion erheblich reduziert.

Dadurch können die Unterhaltskosten gesenkt werden, Putzreparaturen und Anstriche entfallen weitgehend. Luft- und Haftwurzeln können darüber hinaus der Luft und den Bauteiloberflächen Wasser entziehen.

Die Wärmeverluste durch trockene Bauteile sind wesentlich geringer als durch nasse.

Durch Wasseraufnahme des Wurzelsystems wird dem Boden in der Nähe der Gebäude zudem Wasser entzogen, was einer Trockenhaltung der grundmauernahen Erdschicht und damit einem verminderten Wärmeverlust der Kellerwände gleichkommt.

Ältere Gebäude können an Süd- und Westseiten bedenkenlos auch vom Boden ab berankt werden.

Neue Gebäude, welche noch nicht voll ausgetrocknet sind, sollten an Nord- und Ostseiten keinen Direktbewuchs bekommen.

Später, nach erfolgter Austrocknung, können auch diese Wände bepflanzt werden, jedoch sollte die Belaubung erst ca. 50 cm von der Grundmauer entfernt beginnen, damit Luft und Sonne ungehindert an die Grundmauern gelangen können.

Es sind Fälle bekannt, in denen bis dahin feuchte Wände durch Bepflanzung mit Efeu trocken wurden.

Richten Kletterpflanzen an Gebäuden Schaden an?

Vor allem von den selbstkletternden Arten wird häufig behauptet, daß sie das darunterliegende Mauerwerk oder den Putz beschädigen.

Die Diskussion um die Schädlichkeit von Fassadenbegrünungen auf den darunterliegenden Wandaufbau währt bereits lange.

Schon 1911 hat der Generalkonservator Dr. Hager, München, in einem Bericht in »Die Gartenkunst« den Einfluß – vor allem des Efeus – auf Bauwerke, auf der Grundlage von Hunderten von Antworten auf eine von ihm durchgeführte Rundfrage bei zahlreichen Bauverwaltungen, Architekten und Forstmännern, sehr sachlich und objektiv diskutiert.

Bis auf ganz wenige Beispiele in extremer Lage wie z.B. der südliche Querschiffflügel der ehemaligen Klosterkirche in Bordesholm bei Kiel, wo der vom Wind getriebene Regen durch die Efeubelaubung bis in die Wände dringt, die in dem feuchten Klima nicht genügend auszutrocknen vermögen, wurde dabei deutlich, daß der Efeu sich im großen und ganzen auf Bauwerke nützlich auswirkt.

Unter normalen Umständen wurzeln auch selbstkletternde Arten nicht im Mauerwerk, sie haften entweder mit kleinen Haftorganen (Saugnäpfchen, Haftscheiben oder Haftwurzeln) oder feinen, haarartigen Fortsätzen, welche sich in feinste

25 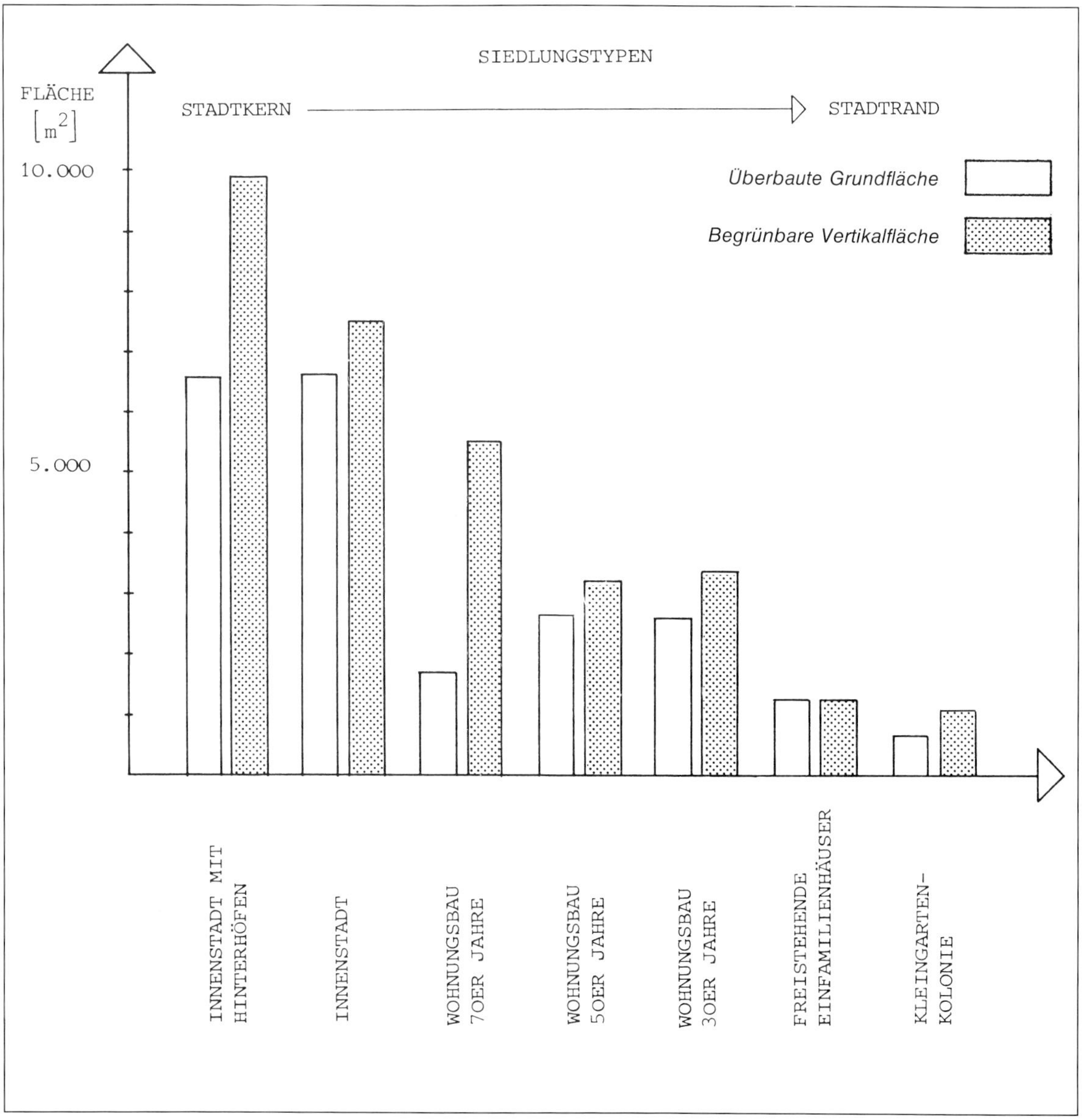

25 *Karl Ludwig, Falk Trillitzsch: Begrünbares Flächenpotential nach Siedlungstypen, Berlin 1983*

Unebenheiten der Wand hineinschieben. Kletterpflanzen bohren niemals selbst Fugen oder Spalten, sie nutzen nur vorhandene Risse und Unebenheiten geschickt aus.

Pflanzen können auch Schaden anrichten.

Gerade dem Efeu wird nachgesagt, daß er durch das Eindringen seiner Wurzeln und Stämme Putze, Steine und Mauern zerstöre.

Bei Mauern aus schlechtem Baumaterial und schlechten Bindemitteln oder infolge bereits eingesetzter starker Verwitterung kann es unter Umständen vorkommen, daß vor allem alter Efeu mit seinen Trieben durch undichte, offene Fugen und lose Steine und Spalten in den Mauerkörper eindringt. Wenn dort der Efeu auf ausreichend Nahrung trifft, bildet er außer den Haftwurzeln auch die eigentlichen Erdwurzeln. In dieser Tatsache liegt begründet, daß an solchen Stellen der Efeu auch dann lebensfähig ist, wenn man den Stamm vollständig abtrennt. In derart geschädigtem Mauerwerk kann der Efeu allerdings eine vollständige Zerstörung herbeiführen.

Es wird von durch Fugen des Mauerwerks gewachsene Efeustämme und Äste bis zu einem Durchmesser von 10 cm berichtet.

Kletterpflanzen sind in der Regel unschädlich.

Die gebräuchlichen bautechnisch einwandfreien Putze und Mauerkonstruktionen werden vom Pflanzenbewuchs nicht beschädigt. Stark verwitterte, schadhafte Putze und Mauerwerk sollten allerdings vor einer Begrünung saniert werden, da in diesem Fall die Haftwurzeln selbstkletternder Arten in Ritzen und Fugen eindringen, und zu noch größeren Schäden führen können. Auch unverputzte Mauern und Wände (z.B. Brandwände) können unbeschadet begrünt werden, sofern das Mauerwerk, vor allem die Mörtelfugen, nicht allzu stark angewittert sind. Der Pflanzenbewuchs schützt solche Wände weitgehend vor weiterer Verwitterung, ihre Lebensdauer wird dadurch erhöht.

Übliche Kalkzementputze (Kalkzement Gruppe II, DIN 18550) dürften jedem Direktbewuchs standhalten.

Dachrinnen und ziegelgedeckte Dächer müssen von Zeit zu Zeit auf einwandfreies Funktionieren kontrolliert werden (Abdrücken, Verstopfen der Rinnen oder Hochheben der Ziegel).

Es wird in dem genannten Artikel sogar an vielen Beispielen aufgezeigt, daß gerade Efeubewuchs Bauten vor Erosion und Zerstörung bewahrt hat. Der Efeu kann also unter den entsprechenden Vorbehalten und Vorsichtsmaßregeln gepflegt, nicht allein zum Schmuck, sondern auch zum Erhalt der Baudenkmale beitragen: »Schutz dem Efeu im Interesse der Denkmalspflege«.

Fassadengrün und Ungeziefer

Gegner von Fassadenbegrünungen führen häufig an, daß sich in der Pflanzenschicht begrünter Gebäude eine große Anzahl von verschiedensten Tieren aufhalten. Viele Menschen reagieren dagegen überempfindlich, wenn sich einmal ein paar Exemplare in das Gebäudeinnere verirren.

An Lianen können, was allerdings höchst selten beobachtet wird, Mäuse hochklettern und in die Wohnungen eindringen.

Lianen bieten Nistplätze für allerlei Vögel, von denen vor allem Spatzen wegen ihres Geschreis oft als störend empfunden werden.

Auch wenn diese Tatsachen nicht wegzudiskutieren sind, sollte dennoch bedacht werden, daß in der Stadt außer der Vogelfauna kaum größere Tiere freilebend vorkommen. Naturerlebnis beschränkt sich somit in der Stadt weitgehend auf Pflanzen, Vögel und Kleintiere wie Käfer, Schmetterlinge, Hummeln, Spinnen etc. Nur an diesen können Kinder in Städten unmittelbar am Fenster, vor der Haustür, im Hof ungestörte Naturabläufe kennenlernen und erleben, was als Gegenpol zur Beschäftigung mit der sonst technisch bestimmten Stadtumwelt nötig ist.

Dabei können begrünte Fassaden das in der künstlichen Stadtumwelt zur Mangelware gewordene natürliche Grün in Form von Bäumen, Büschen und Hecken zumindest teilweise ersetzen.

Im übrigen sind Insekten meist weniger Schädlinge als wertvolle Nützlinge. Sie sind als Blütenbestäuber vieler Kulturpflanzen notwendig, fungieren als natürliche Gesundheitspolizei und stellen eine Nahrungsgrundlage für andere Tierarten wie z.B. die Vogelfauna dar. Ein Mauersegler benötigt etwa täglich 500 bis 1000 Insekten als Futter für ein einziges Junges.

Vorhandenes Flächenpotential

Gerade in den dicht bebauten und ökologisch besonders stark belasteten Innenstadtgebieten

26

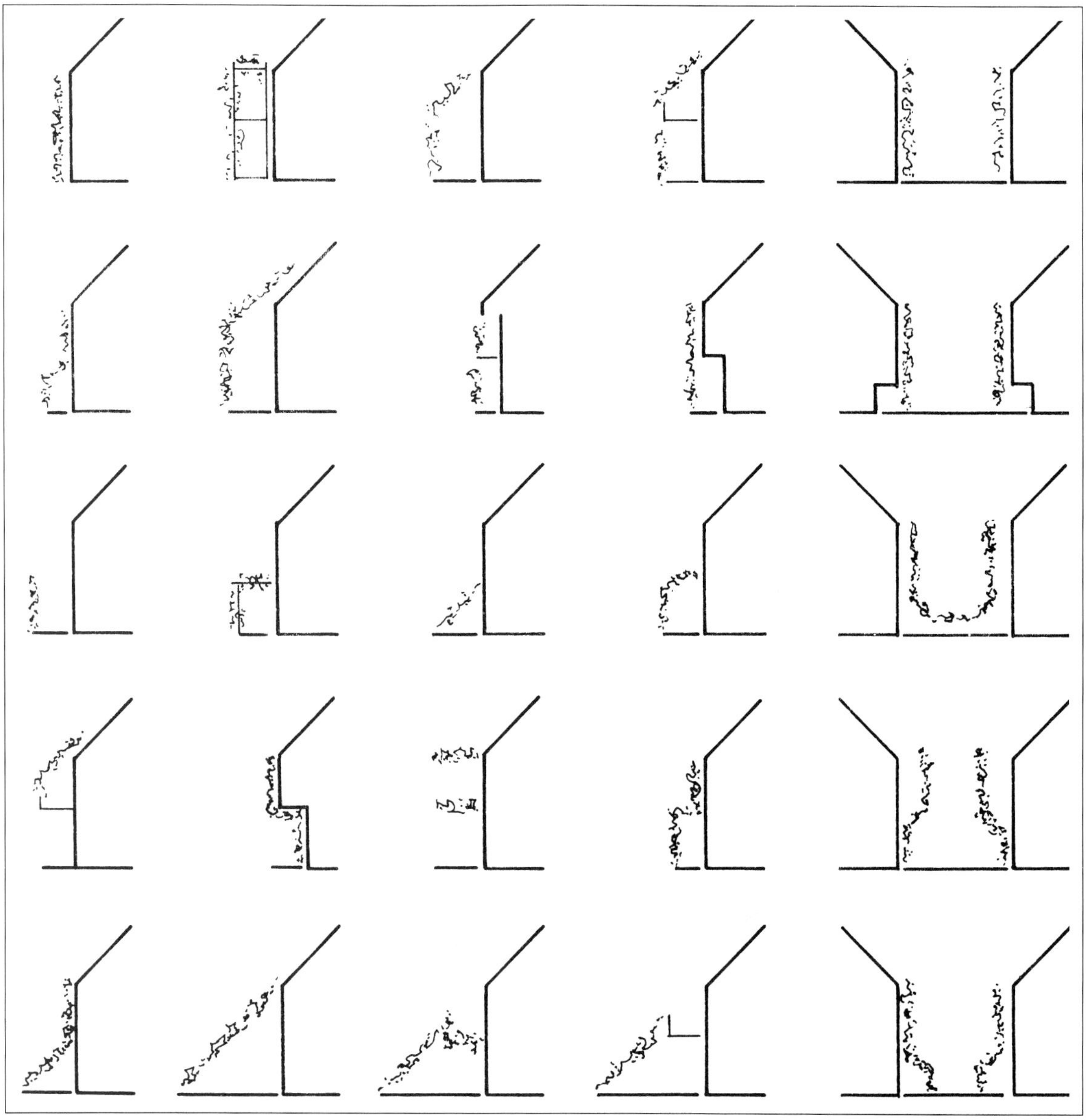

26 *Integration begrünter Elemente in Gebäudestrukturen*
27 *Begrünte Bauteile als selbständige architektonische Formelemente*

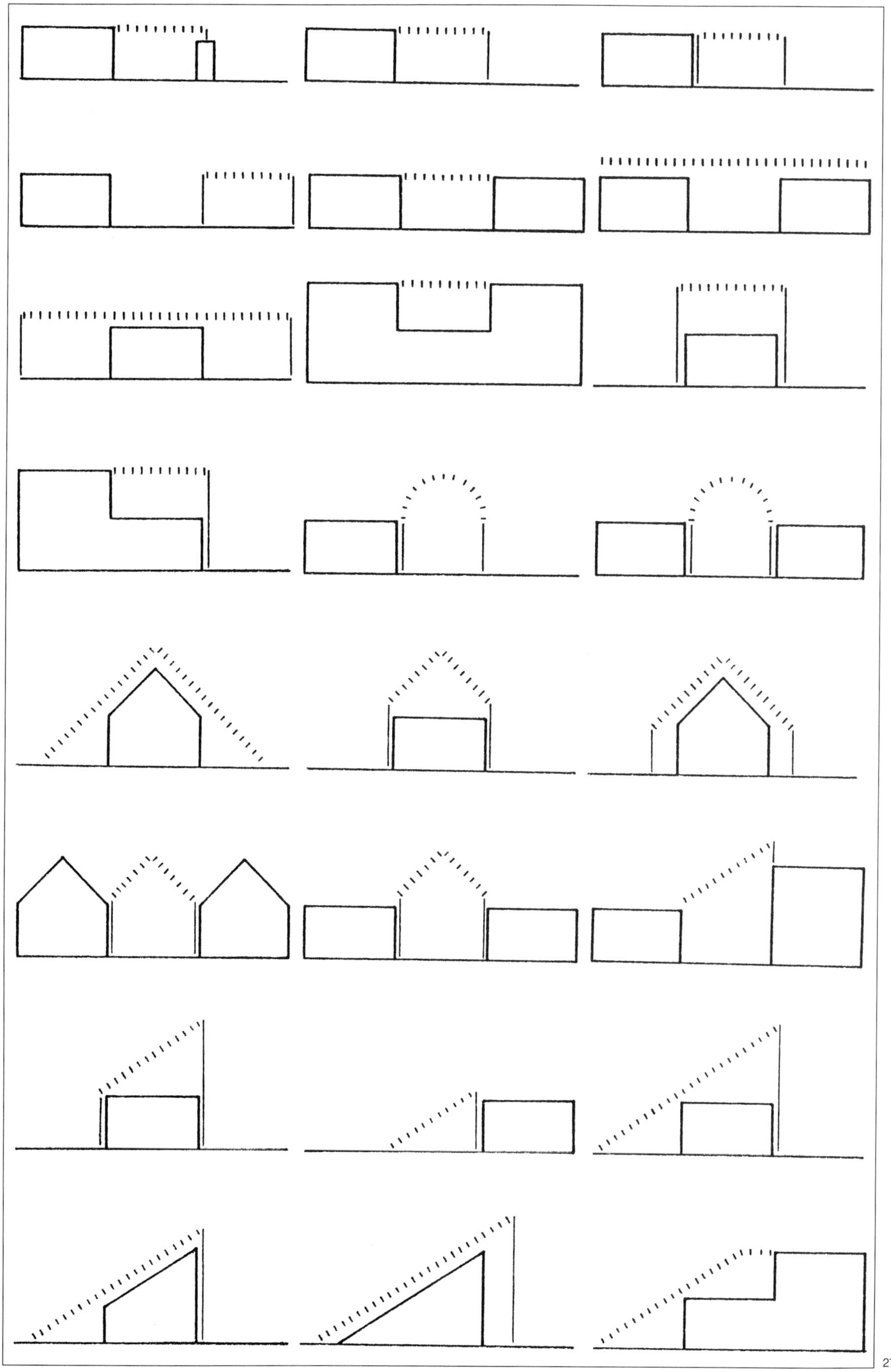

27

ergibt sich die Möglichkeit mit Hilfe von Kletterpflanzen bei minimalem Flächenbedarf große Bauwerksflächen zu begrünen.

Im folgenden wird versucht, am Beispiel Berlin abzuschätzen, wieviel Vertikalfläche, nach Siedlungstypen differenziert, jeweils für eine großflächige Fassadenbegrünung zur Verfügung steht.

Die Siedlungstypen repräsentieren eine typische Abfolge vom Stadtrand zum Stadtkern, welche auch für andere Städte gilt:

- eine Kleingartenkolonie mit einzeln stehenden Lauben
- ein Wohngebiet mit freistehenden Einfamilienhäusern
- eine genossenschaftliche Wohnsiedlung aus den 30er Jahren
- eine Wohnsiedlung im Rahmen des sozialen Wohnungsbaus aus den 50er Jahren
- eine Wohnsiedlung mit Eigentumswohnungen aus den 70er Jahren
- eine Wohnsiedlung im Innenstadtbereich mit einem Hinterhof
- eine Wohnsiedlung im Innenstadtbereich mit mehreren Hinterhöfen.

Für jeden dieser Siedlungstypen wurde eine möglichst typische Teilfläche von 1 ha ausgewählt und hierfür die gesamte vertikale Gebäudefläche und die bebaute Grundfläche ermittelt.

Diese Vertikalfläche wurde wegen freizuhaltender Teilflächen für notwendige Maueröffnungen wie Tore, Türen, Fensteröffnungen usw. reduziert.

Diese Analyse (s. Abb. 25) zeigt, daß für jeden Siedlungstyp die für eine Begrünung geeignete Vertikalfläche immer größer ist als die bebaute Grundfläche. Der Anteil begrünbarer Vertikalflächen nimmt vom Stadtrand zum Stadtkern hin stark zu, so daß gerade in den dicht bebauten Innenstadtbezirken das größte Flächenpotential für Fassadenbegrünung zur Verfügung steht.

Integrationsmöglichkeiten berankter Architekturelemente

Durch den Einsatz großflächiger berankter Elemente ergeben sich neben der Verwendung bekannter Formen wie Spaliere, Pergolen, Lauben, freistehende Wände usw. eine Reihe weiterer, vielfältiger Gestaltungsmöglichkeiten. Neben der Entstehung völlig neuer architektonischer Dimensionen und Qualitäten können derartige Elemente wesentlich Bestandteile eines integralen Energie- und Nutzungskonzeptes werden. Wie schon erwähnt, kann das gebäudenahe Mikroklima günstig beeinflußt und der Energiebedarf von Gebäuden reduziert werden.

Bei entsprechender Raumbildung können interessante Bereiche mit neuen Nutzungsmöglichkeiten und Qualitäten entstehen.

In Zukunft wird es nötig sein, auch bereits bebaute bzw. noch zu bebauende Flächen zu begrünen, wobei bewachsene Fassaden, Dächer, Balkone, Terrassen, Loggien, Laubengänge usw. denkbar sind. Derartige Maßnahmen bringen eine Menge interessanter technischer und formaler Aufgabenstellungen mit sich und können im Zuge von Stadtsanierungen durchgeführt werden oder als wesentliche Bestandteile in neue umwelt- und energiebewußte Architekturkonzepte eingehen, wo sie von großer bautechnischer, gestalterischer und funktionaler Relevanz sein können.

Passive Solarenergienutzung

Die Entstehung traditioneller, ausgeprägter Bauformen ist stets in einem ursächlichen Zusammenhang zu sehen mit den entsprechenden jeweiligen natürlichen Bedingungen aus Klima, Topographie, verfügbaren Baumaterialien und ähnlichen Umweltfaktoren.

Wohl zu keiner Zeit hat die Architektur derart wenig Bezug auf solche lokale und regionale Randbedingungen genommen wie heute. Der scheinbar unbegrenzt vorhandene Vorrat an Rohstoffen hat das im Laufe der Zeit entstande Gleichgewicht von Klima, Bau und Wohlbefinden nachhaltig gestört. Heute gestatten Klimaanlagen bei entsprechendem Einsatz von Energie, annähernd jeden Gebäudebetrieb unabhängig von äußeren Klimabedingungen oder der baulichen Konzeption.

Die Architekten haben derartige Fragestellungen größtenteils bedenkenlos an Fachingenieure weitergegeben, was zwar eine Optimierung unter Beachtung von Teilaspekten gebracht hat, aber zu keinen ganzheitlichen, der Komplexität des Sachverhaltes gerecht werdenden, befriedigenden Lösungen geführt hat. Im Zuge dieser Entwicklung sind natürliche Systeme unkritisch durch großtechnische, künstliche Systeme mit zum Teil erheblichen negativen Nebenwirkungen ersetzt worden. So ist die ursprüngliche Bedeutung vieler einfacher, natürlicher Maßnahmen zur Regulierung des Wärmehaushaltes von Gebäuden kaum noch im Bewußtsein. Heute, wo wir gerade dabei sind, uns vom zweiten Ölschock zu erholen, behalten energiesparende Maßnahmen zur Konditionierung des Gebäudeklimas ihre Bedeutung.

Im Rahmen passiver Solarenergienutzung wird versucht, mit rein baulichen Mitteln, also durch Entwurf und Konstruktion, von vornherein energetisch vorteilhafte Verhältnisse zu schaffen.

Durch günstige Standortwahl, geeigneter Organisation des Grundrisses und der Nutzungsabläufe, Optimierung der Konstruktion und ergänzender haustechnischer Anlagen kann der Energiebedarf von Gebäuden durch rein bauliche Maßnahmen erheblich reduziert werden. Schätzungen gehen dabei bis zu 50–80%.

Passive Systeme haben die Fähigkeit, natürliche Gegebenheiten zur Energieersparnis bei der Heizung und Kühlung von Gebäuden auszunutzen.

28
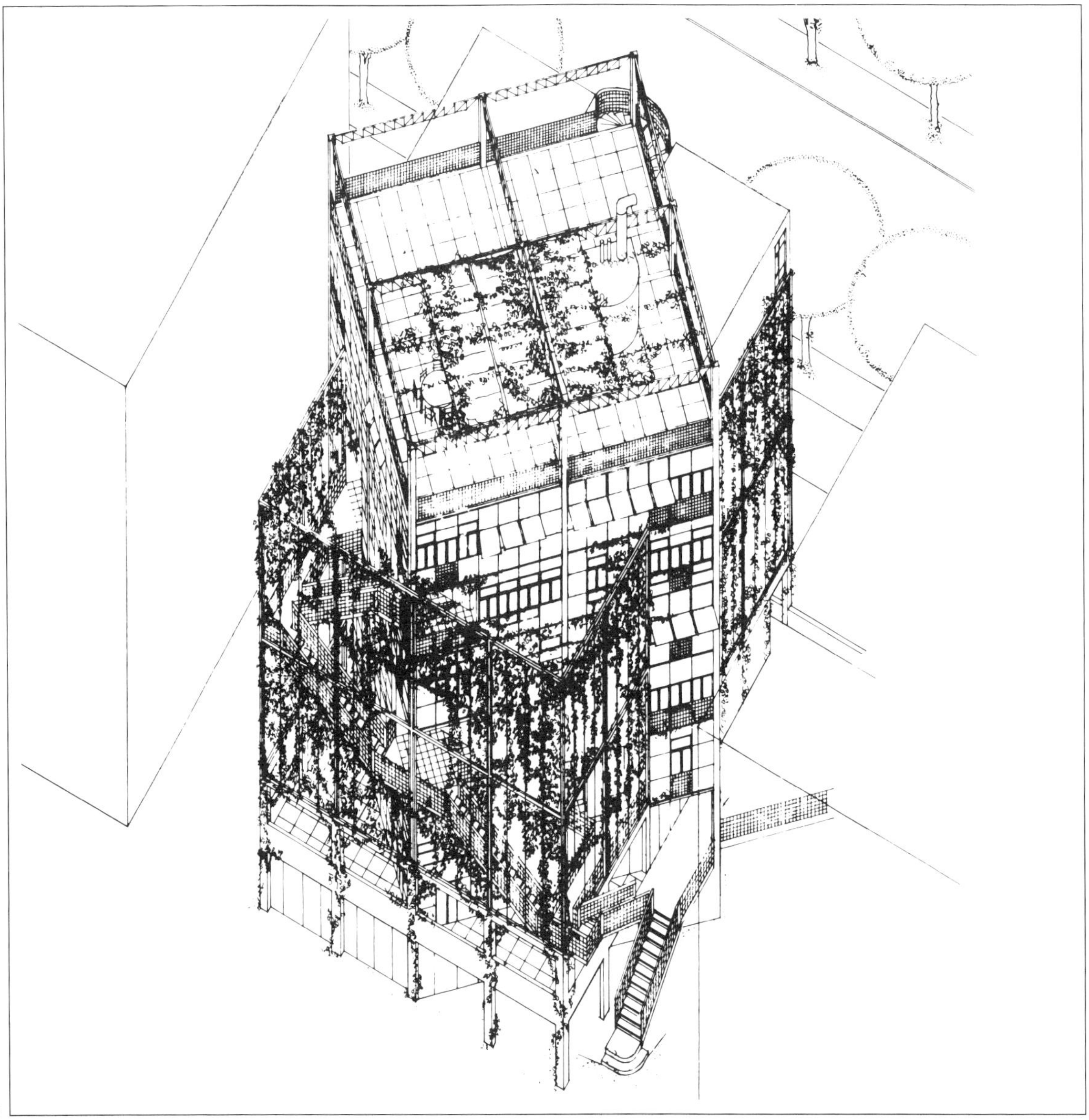

28 *Thomas Herzog, Otto Steidle: Wettbewerbsbeitrag Energiesparhäuser Berlin, 1981*

Im wesentlichen sind das:
– diffuse und direkte Sonneneinstrahlung
– niedrige Außenlufttemperaturen bei Nacht im Sommer
– Verdunstungskühlung von Wasser
– mikroklimatische Gegebenheiten durch Vegetation oder Wind.

Dabei sollen natürliche Energiequellen und die durch den Gebäudebetrieb anfallende Energie ohne technische Systeme optimal genutzt werden.

Viele Bauteile übernehmen dabei neben ihrer traditionellen konstruktiven, räumlichen und ästhetischen Funktion (Raumbegrenzung, Lastabtragung, Lichtführung usw.) auch energietechnische Aufgaben wie Absorption, Speicherung, Verteilung oder Abgabe von Energie.

In bestimmten Fällen können zur Optimierung der Wirkung zusätzlich einfache, meist manuell zu bedienende Vorrichtungen wie Abdeckungen, Sonnenschutz- oder temporäre Wärmeschutzmaßnahmen notwendig werden.

Bei der Reduzierung des Energieverbrauchs von Gebäuden mit passiven Maßnahmen können folgende Grundprinzipien unterschieden werden:
– Einfangen von möglichst viel Sonnenenergie durch entsprechende Orientierung, Lage im Gelände, Baukörpergestaltung und Anordnung transparenter Gebäudeoberflächen, wobei das Gebäude selbst als Kollektor dienen soll
– Speicherung der eingefangenen Energie im Gebäudeinneren durch richtige Anordnung von Bauteilen und Ausstattungsgegenständen mit ausreichendem Wärmeaufnahme- und Speichervermögen oder durch spezielle Speicheranlagen wie Wassertonnen, Steinbetten usw.
– Verteilung der Wärmeenergie von Räumen oder Konstruktionen mit einem temporären Wärmeüberangebot in solche mit einem Wärmedefizit.

Die wichtigsten Maßnahmen sind:
– Reduzierung der Transmissionswärmeverluste durch Fenster mit Hilfe einer zusätzlichen Verglasung oder eines temporären Wärmeschutzes
– Optimierung der Energiezufuhr durch transparente Gebäudeoberflächen, durch Baustruktur, Bauform, Geometrie, Neigung der transparenten Teile usw.
– klimagerechte Standort- und Freiraumplanung
– Reduzierung der Transmissionswärmeverluste der Gebäudehülle durch Grundrißzonierung, durch die Anordnung von Glashäusern, Wintergärten, Balkonen, Loggien usw. als mikroklimatische Ausgleichs- und Pufferzonen
– Abminderung der thermischen Extrembelastungen durch Begrünungsmaßnahmen.

Die Forderungen aus der passiven Solarenergienutzung müssen mit allen anderen, den Entwurf beeinflussenden Faktoren (städtebauliche, funktionale, formale usw.) abgestimmt werden und ganzheitlich zu einer optimalen Lösung gebracht werden.

Die energetische Bedeutung von Architekturelementen wie Fenstern, Wintergärten, Glashäusern, Anlehngewächshäusern usw. tritt im Rahmen von passiver Solarenergie wieder stärker ins Bewußtsein.

Durch die konsequente Anwendung der Prinzipien der passiven Solararchitektur haben sich schon viele formal und technisch interessante Ansätze für eine »neue«, energiebewußte Architektur ergeben.

Im folgenden soll die energetische Bedeutung dieser Elemente kurz erläutert werden.

Fenster

Vor allem den Fenstern kommt im Zusammenhang mit passiver Solarenergienutzung besondere Bedeutung zu.

Sie übernehmen neben den traditionellen Funktionen wie der Versorgung mit Tageslicht und Frischluft, der Herstellung von Sichtkontakten zwischen innen und außen, die Aufgabe, möglichst viel Sonnenenergie einzufangen.

Fenster wirken als Wärmefallen, weil sie kurzwellige Sonnenstrahlung weitaus stärker transmittieren als langwellige Wärmestrahlung (kurzwellige Strahlung wird im Gebäudeinneren in langwellige umgewandelt – Treibhauseffekt).

Fenster sollten unter den Gesichtspunkten der Maximierung des winterlichen Wärmegewinns bei gleichzeitiger Reduzierung des Wärmeverlustes sowie der Minimierung des sommerlichen Wärmegewinns und der Verbesserung der sommerlichen Lüftung optimiert werden.

Die positive Energiebilanz von Fenstern,

bei richtiger Orientierung, wurde auch schon früher erkannt. In gemäßigten bis nördlichen Regionen war der Fensterflächenanteil größer als in sonnenreichen Südregionen.

Der Energiegewinn in Form von Strahlung durch Fenster überwiegt deutlich die Verluste infolge Transmission. Temporäre Wärmeschutzmaßnahmen verbessern die positive Bilanz nochmals ganz entscheidend. Die Fenster müssen dabei richtig orientiert sein und im richtigen Verhältnis zur Speichermasse stehen. Durch die Orientierung und Neigung sollte dabei der Strahlungsgewinn maximiert werden. Über die Speichermasse im Raum sollte eine temporäre Überhitzung vermieden werden und ein temporäres Überangebot nicht verlorengehen.

Die Wärmebilanz eines Fensters ist bei mittlerer Außenlufttemperatur und bei direkter Sonneneinstrahlung am besten.

Große Ost- und Westfenster führen im Sommer leicht zur Überhitzung der dahinterliegenden Räume. Das gleiche gilt auch für geneigte Südfenster.

Glashäuser, Wintergärten, Anlehngewächshäuser

Dem eigentlichen Gebäude vorgelagerte Pufferzonen in Form von großflächig verglasten Bereichen dämpfen klimatische Extrembelastungen und starke Schwankungen weitgehend ab. Die Außenfläche der beheizten Gebäude kann dabei erheblich reduziert werden und damit der Wärmeschutz verbessert werden.

Der Strahlungsgewinn in einem Glashaus ist von der Orientierung der verglasten Flächen, der eventuellen Verschattung durch benachbarte Gegenstände sowie der Lichtdurchlässigkeit, Größe und Neigung der verglasten Flächen abhängig.

Bei Sonneneinstrahlung während der Heizperiode fangen derartige Zonen Energie ein, welche in diesen Räumen selbst das Temperaturniveau ansteigen läßt, wodurch sich zumindest temporäre Nutzungsmöglichkeiten ergeben.

Besteht kein Nutzungsbedarf oder übersteigt das Temperaturniveau die Behaglichkeitsgrenze, so kann die Energie in vielfältiger Form dem Kernhaus zugeführt werden, wo sie die Heizungsanlage entlastet.

In Zeiten ohne kurzwelligen Strahlungsgewinn wird der Wärmeverlust von innen nach außen reduziert.

An Tagen mit nur diffuser Strahlung ist der Temperaturverlauf in Wintergärten weitgehend richtungsunabhängig.

Die Pflanzenwahl richtet sich vor allem nach der zu erwartenden Erwärmung.

Anfang des 19. Jahrhunderts wurden sehr viele neue Pflanzenarten aus dem Süden eingeführt, was zur Entwicklung der Warmhäuser in den Privatgärten führte. In den großen Glashäusern wurden schöne Tropengärten angelegt.

Der Glasgarten oder Wintergarten drückt die Sehnsucht des Menschen nach Helligkeit und Wärme aus.

Schon Leberecht Migge installierte vor Gebäuden »Glasgärten« zum klimatischen Schutz des Kernes des Gebäudes.

Beim Erwerbssiedlerhaus Migges wurden die drei Sonnenseiten des Erdgeschosses im Winter mit einer Pufferzone umgeben, die Sonnenwärme einfängt und sie in das Innenhaus abgibt. Im Sommer konnten die Fensterelemente herausgenommen werden.

Fassadenbegrünung und passive Solarenergienutzung

Fassadenbepflanzungen sind zu einem wichtigen Bestandteil fast aller neueren Konzepte zur passiven Solarenergienutzung geworden. Innerhalb des Energiekonzeptes derartiger Solararchitektur übernehmen sie wichtige Funktionen vor allem bei der Klimatisierung.

Im Sommer reduzieren sie infolge großflächiger Verschattung der Gebäudeoberfläche und Wärmeentzug durch Verdunstung die anfallende Kühllast. Sommergrüne Arten verlieren im Herbst ihre Blätter.

Dadurch kann in der Übergangszeit und im Winter die Sonne ungehindert auf diese transparenten Bauteile einwirken.

Bepflanzte Bauteile schaffen in unmittelbarer Nähe des Gebäudes und im gebäudenahen Umfeld durch Veränderung des Mikroklimas insgesamt günstigere Verhältnisse.

Bepflanzte Bauteile schaffen durch Manipulation des gebäudenahen Mikroklimas neue Nutzungsbereiche und Qualitäten.

In einigen neuen Entwürfen sind Vegetationselemente am und im Umfeld von

Gebäuden zu wesentlichen prägenden Elementen der Architektur geworden.

Sie übernehmen dabei klar definierte bautechnische Funktionen und sind bewußt in das gestalterische Konzept integriert.

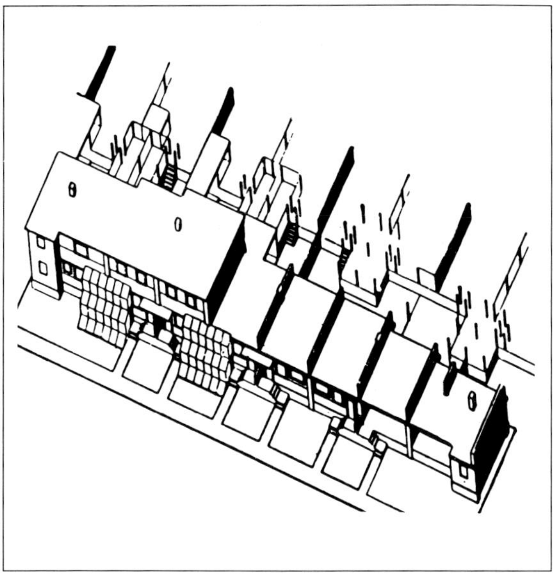

29

30

31

29 *Adolf Loos: Heuberg-Siedlung in Wien, Selbstversorgersiedlung nach Leberecht Miggeschem Konzept (teilweise verwirklicht), 1921/22*
30 *Bernd Faskel, G. Hillmann, J. Nagel, H. Schreck: Bebauungsvorschlag Berlin-Rudow, 1979*
31 *Bengt Varne: Natur Huset, Stockholm, 1979*

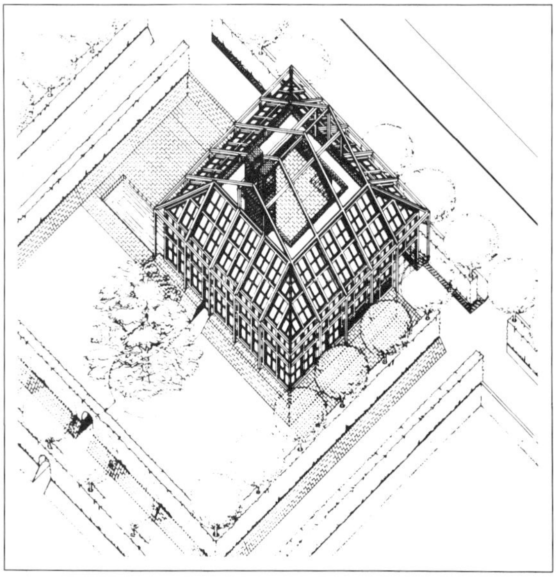

32

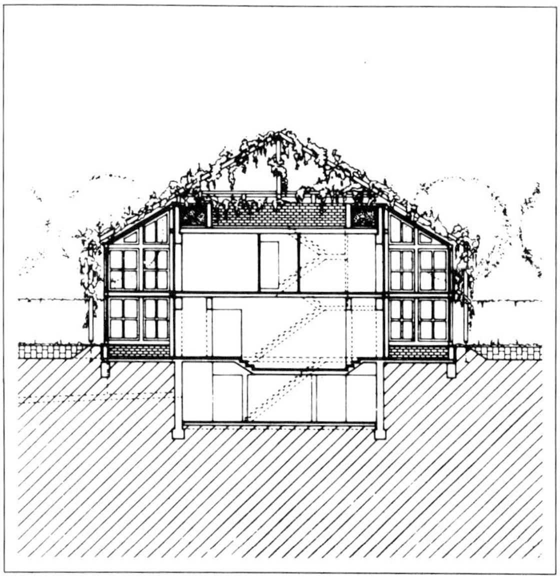

3

33

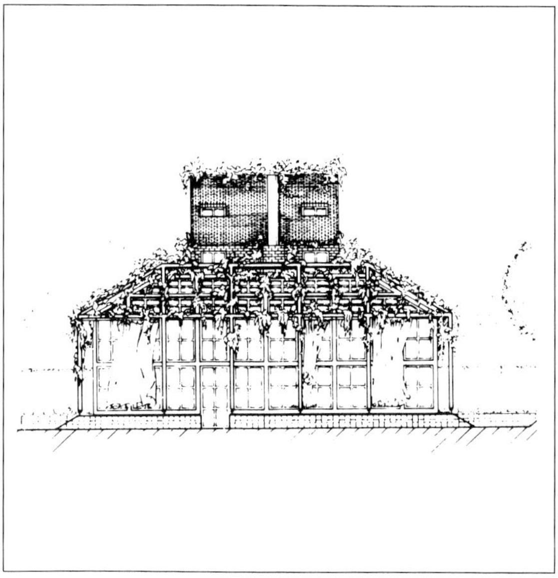

3

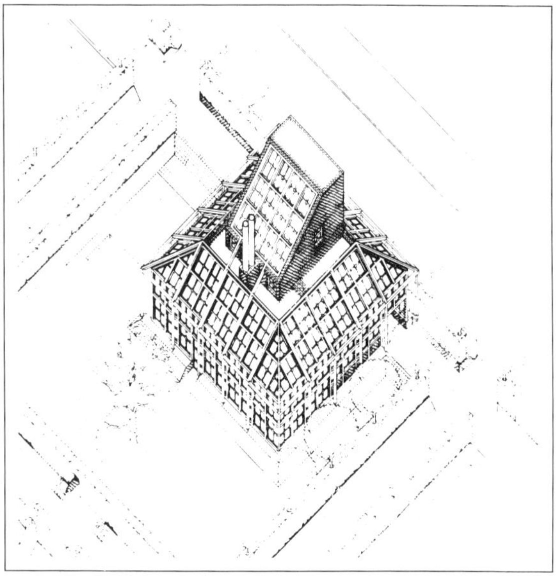

34

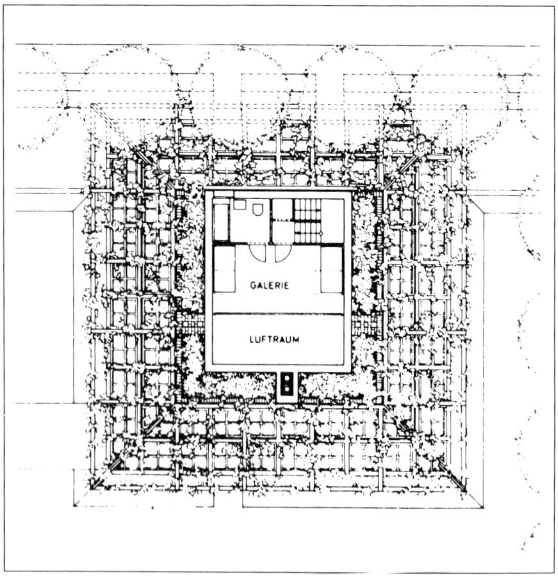

3

32–37 *Oswald Matthias Ungers: Freistehendes, zweigeschossiges Einfamilienhaus, Wettbewerb Solartypologie Melkerei Landstuhl, 1979*
38–40 *Thomas Herzog, Otto Steidle: Wettbewerb Solartypologie Melkerei Landstuhl, 1979*

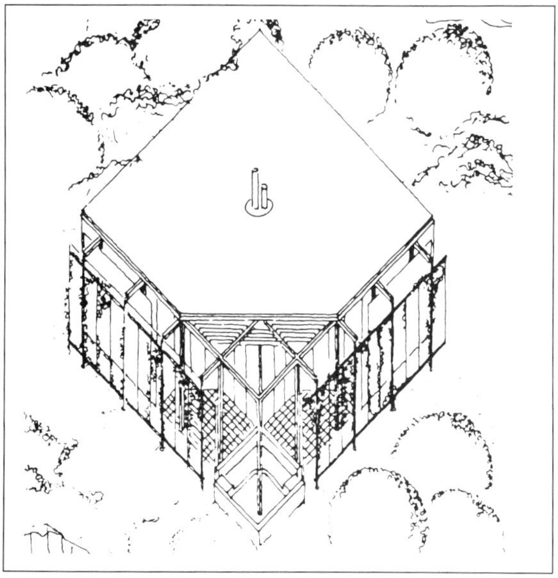

38

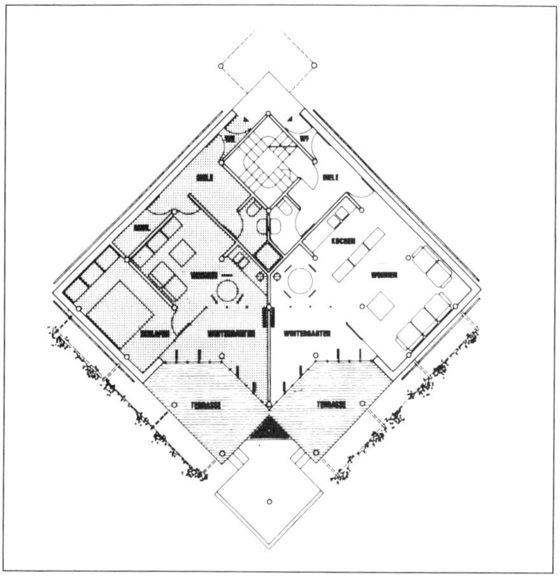

39

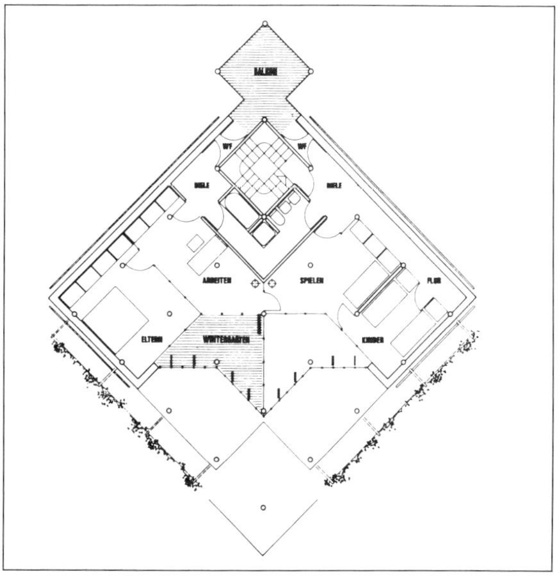

40

41 *Oswald Matthias Ungers: Axiometrie Freistehendes Einfamilienhaus, Wettbewerb Solartypologie Melkerei Landstuhl, 1979*
42 *Oswald Matthias Ungers: Gartenhofhaus, Wettbewerb Solartypologie Melkerei Landstuhl, 1979*
43 *Oswald Matthias Ungers: Zweigeschossiges Kettenhaus, Beschränkter Wettbewerb Solartypologie Melkerei Landstuhl, 1979*
44–49 *Bernd Faskel, Vladimir Nikolic: Wettbewerb Energiesparhäuser Kassel (Abb. 44–48), Berlin (Abb. 49), 1981*
50 *Bernd Faskel, Vladimir Nikolic: Ideenstudie Deutsches Energiezentrum Essen, 1981*
51 *Otto Steidle, Vladimir Nikolic: Energiekonzept, Internationales Begegnungszentrum Berlin, 1979*

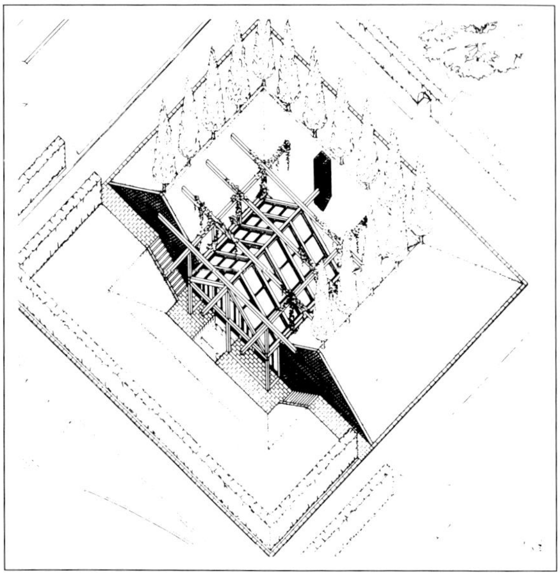

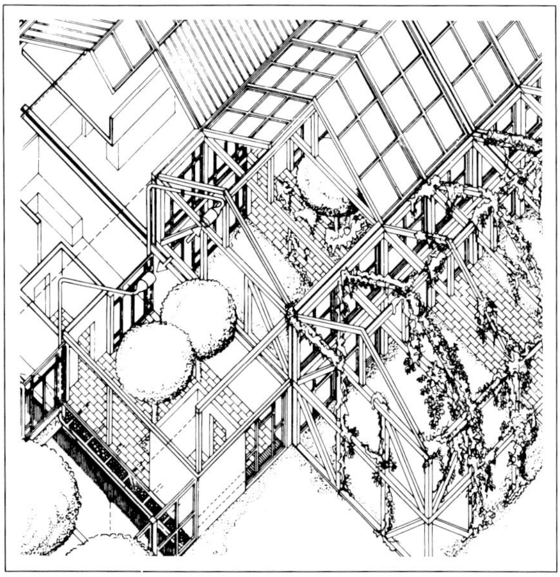

44

49

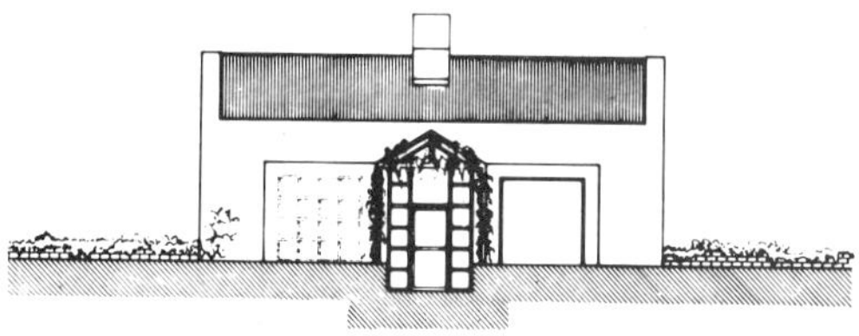
45

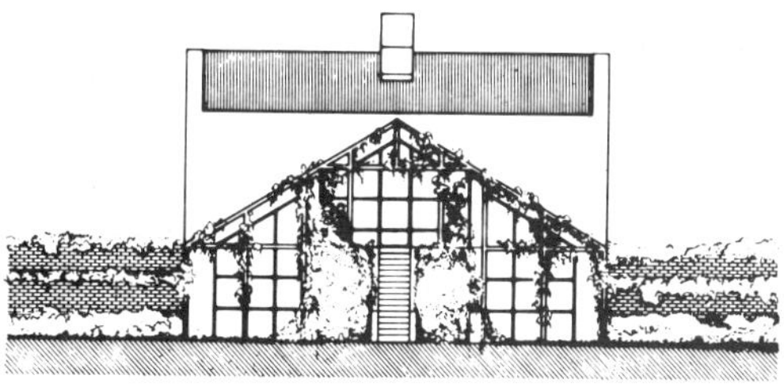
46

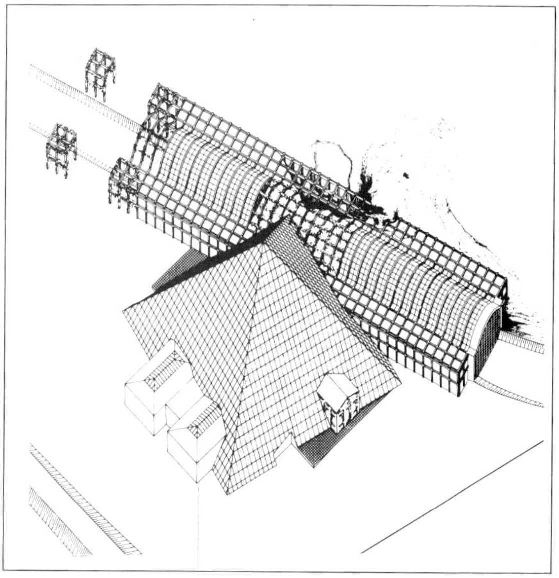
50

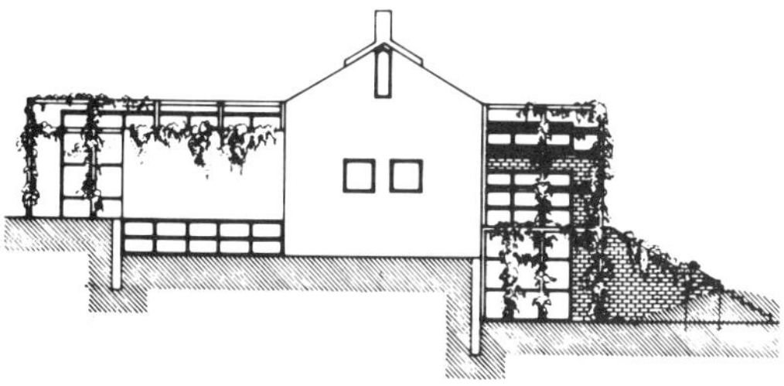
47

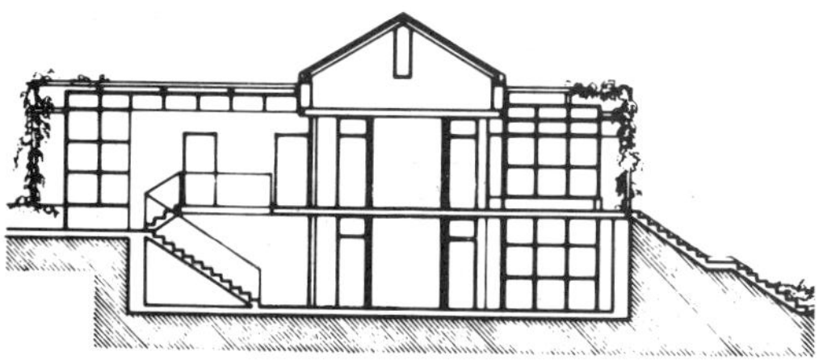
48

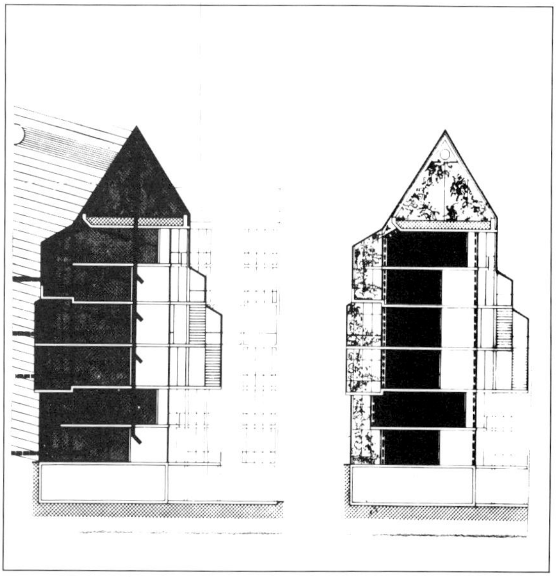
51

Gestaltungsmöglichkeiten mit Pflanzen

Der Mensch war immer bedacht, das äußere Bild seines Hauses gestalterisch aufzuwerten. Dies geschah im wesentlichen durch bildhauerische Gestaltung der Steinmetzen, durch stuckierte oder bemalte Hauswände. Derartige in der Regel handwerkliche Techniken sind entweder heute kaum bezahlbar oder sie entsprechen nicht mehr den Vorstellungen der modernen Architektur, welche primär von funktionalen Aspekten geprägt wird.

Neben den bautechnischen Funktionen wie Schutz vor Wind, Regen, Schnee, Luftverunreinigung, Sonne, Hitze, Kälte usw. soll die Fassade das Bauwerk auch schmücken und repräsentieren.

Graue, kalte, nüchterne, rein funktional oder sachlich gestaltete Fassaden stoßen bei immer mehr Menschen auf Ablehnung. Man steht der »modernen« Architektur eher kritisch gegenüber, Bürgerproteste bei fast allen größeren geplanten Baumaßnahmen sind Ausdruck dafür.

Vielerorts wird versucht, die Fassaden wieder bunter zu gestalten oder durch Begrünung zu beleben. Begrünte Gebäudeoberflächen können eine ökonomisch sinnvolle, ökologisch wirksame und architektonisch wertvolle Variante der Fassadengestaltung darstellen.

Fassaden stellen einen maßgeblichen Teil der optisch wirksamen Stadtumwelt dar (mehr Wand als Bodenfläche).

Unwirtliche und bedrohlich wirkende Innenstadtbereiche, wie enge Straßen oder Hinterhöfe in dicht bebauten Gebieten, können durch Begrünung der sie umgebenden Fassaden lebendig und freundlich gestaltet werden.

Kletterpflanzen sind in der Lage, die strenge Wirkung von Bauten oder Bauteilen zu mildern.

Begrünte Fassaden holen natürliche Qualitäten wie Schönheit und Natur, Farben, Düfte, usw. in unsere Sinneswelt zurück und verleihen ihnen wieder menschliche Maße.

Die Gestaltungsmöglichkeiten, welche sich aus der Begrünung von Bauteilen ergeben, sind in ihrer Tragweite noch nicht in das Bewußtsein aller Architekten vorgedrungen und bei weitem nicht erschöpft.

Pflanzen sollten in das funktionale und gestalterische Konzept der Fassade oder der Gesamtarchitektur einbezogen werden.

Pflanzen können Gebäudeoberflächen direkt bedecken, einzelne Bauteile linienhaft

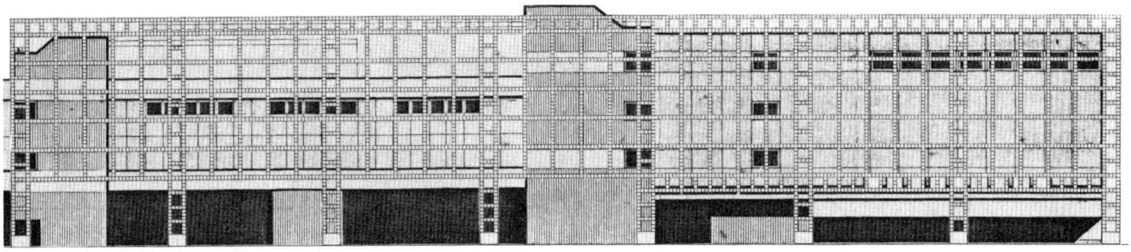
52

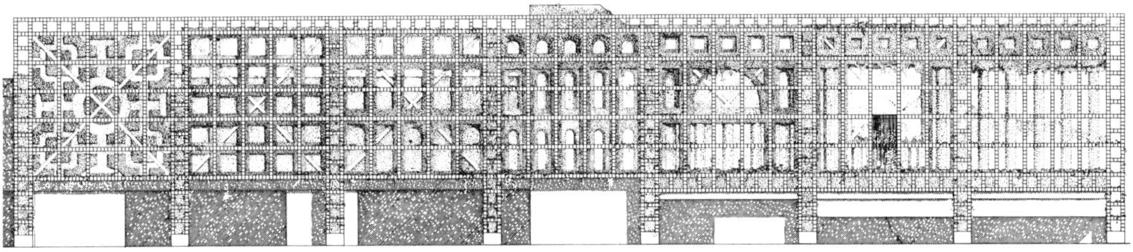
53

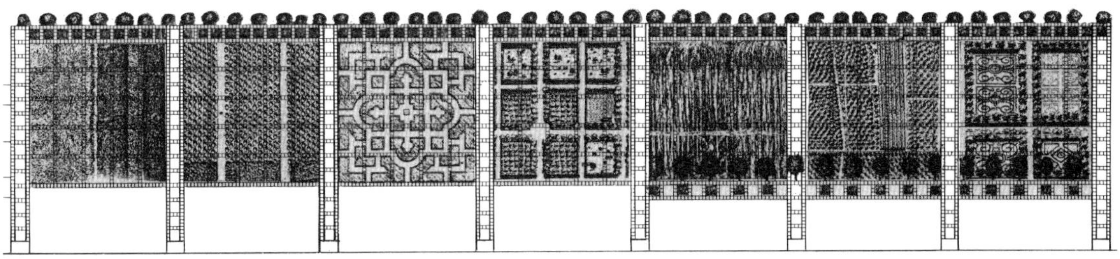
54

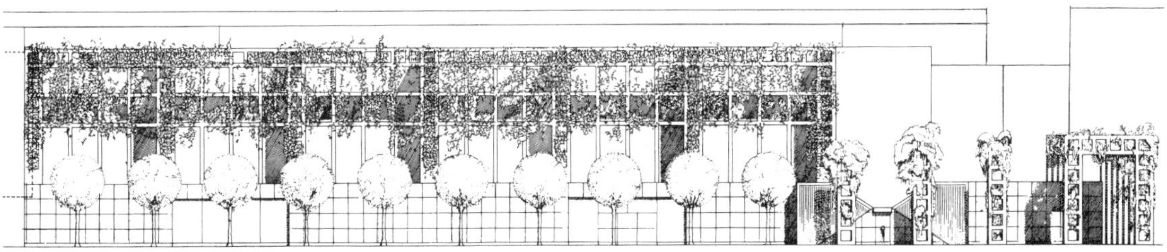
55

52–55 *Oswald Matthias Ungers: Fassadengestaltungsentwürfe Kaufhaus Woolworth, Berlin-Wedding, 1980*

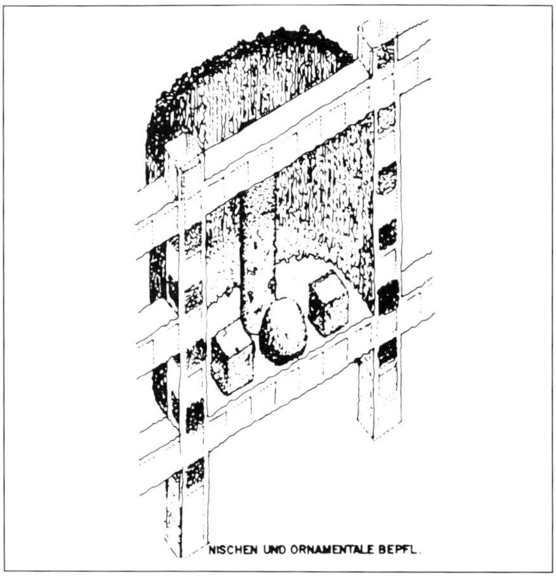

56

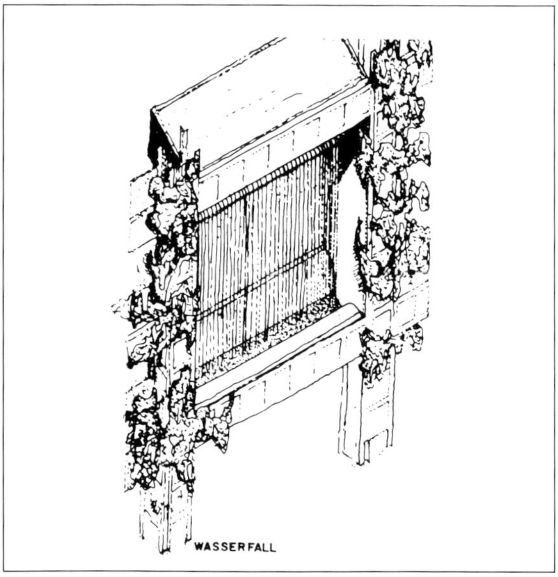

58

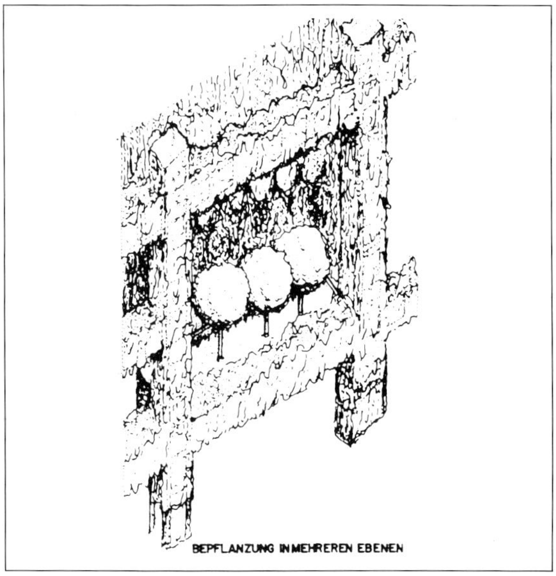

57

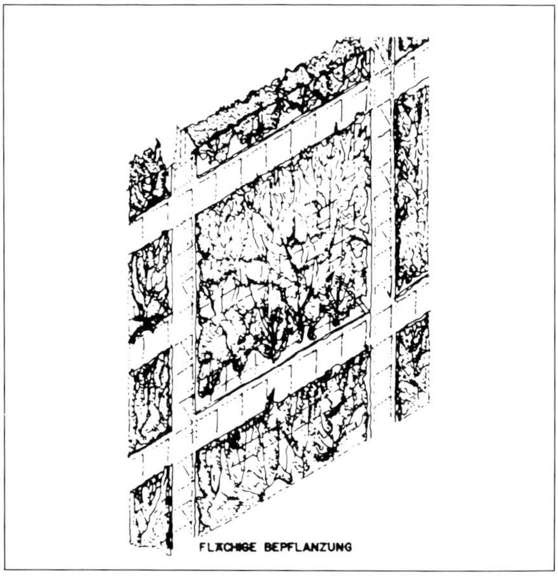

59

56–59 *Oswald Matthias Ungers: Bepflanzungsalternativen zu Abb. 53–55*
60–61 *Oswald Matthias Ungers: Bepflanzungsgitter aus handelsüblichen Winkelprofilen mit Lochungen zu Abb. 52–55*
62 *Oswald Matthias Ungers: Entwurf für die Messe in Frankfurt/Main, 1980–1982*
63 *Oswald Matthias Ungers: Wohnbebauung Schillerstraße, Berlin-Charlottenburg, 1980–1982*
64 *Oswald Matthias Ungers: Zweigeschossiges Kettenhaus, Wettbewerb Solartypologie Melkerei Landstuhl, 1979*

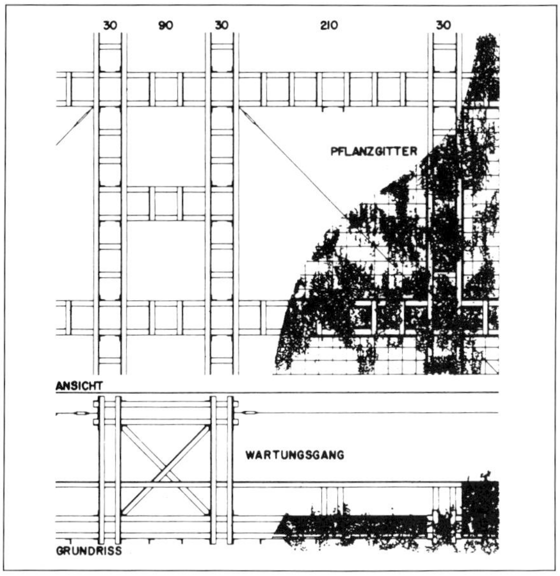
30
90
30
210
30
PFLANZGITTER
ANSICHT
WARTUNGSGANG
GRUNDRISS
60

62

61

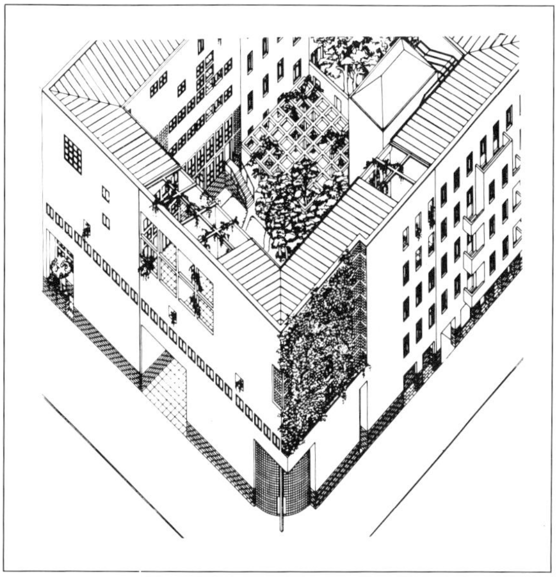
63

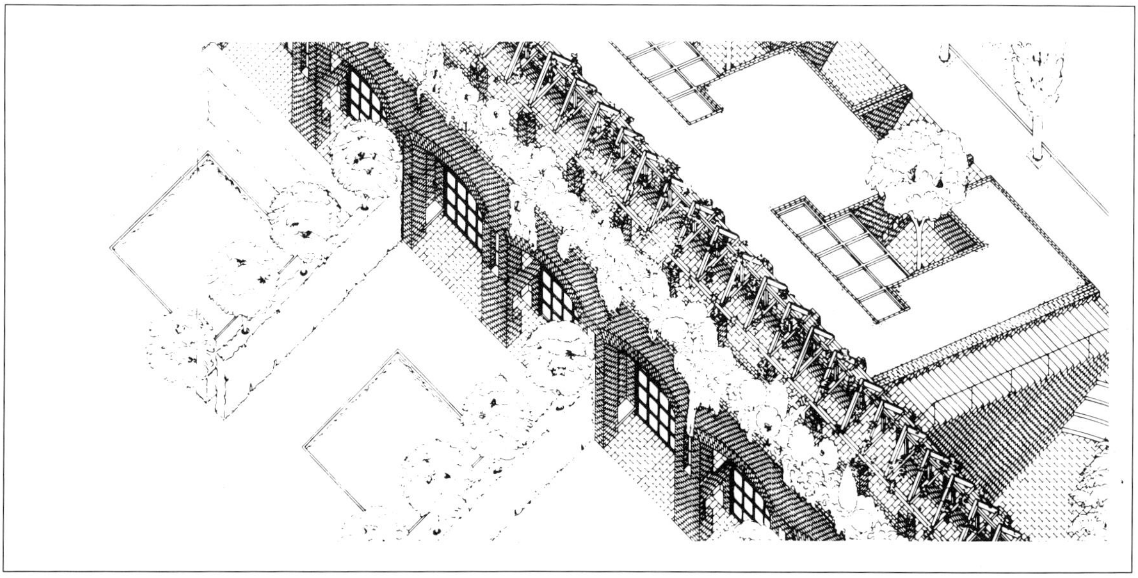
64

bewachsen oder über leichte, räumliche Gitter- und Netzstrukturen grüne Pflanzenhüllen bilden. Sie können große Flächen gliedern, zu Bögen gezogen werden oder Balkone, Pergolen und Lauben bewachsen oder als Girlanden zwischen Gebäuden verwendet werden.

In einem Beitrag über »Die Begrünung von Gebäuden« schreibt der Eisenbahn-Betriebsdirektor Buresch aus Oldenburg in der Zeitschrift des Architekten- und Ingenieurvereins in Hannover schon 1866: »Da, wo der Architekt selbst auf seinen Plänen Vegetation angibt, darf dieselbe füglich nicht als eine willkürliche Zugabe, die auch fehlen kann, angesehen, sondern muß als ein wesentlicher Teil derselben betrachtet und zur Wirkung gebracht werden, weil die Intention des Künstlers unvollendet verkörpert erscheint, wenn der lebendige Schmuck hinweggelassen ist.«

65–68 *Oswald Matthias Ungers: Isometrie, Ansichten, Schnitt und Grundriß, Ausführungsversion Kaufhaus Woolworth, Berlin-Wedding, 1980*

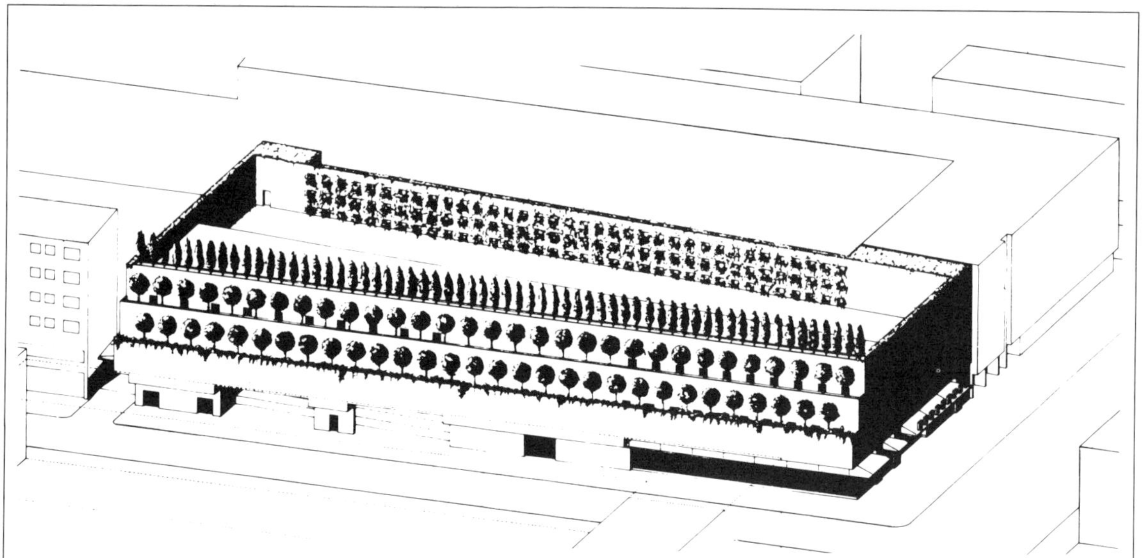

65

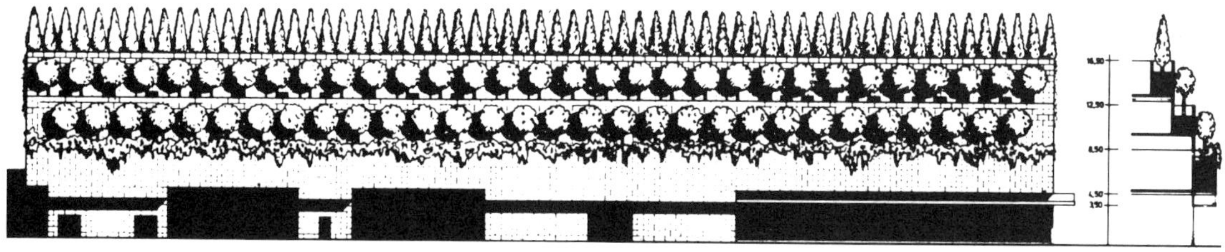

66

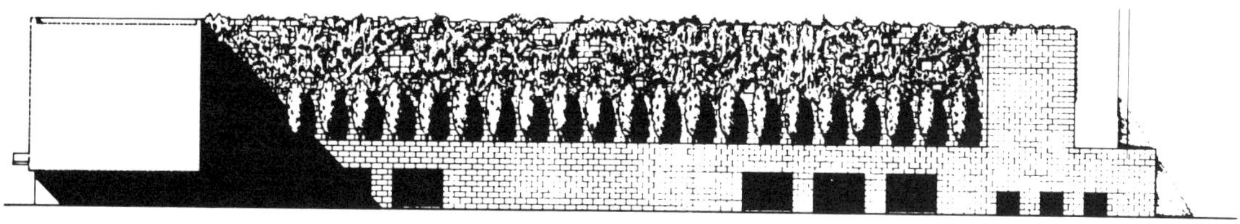

67

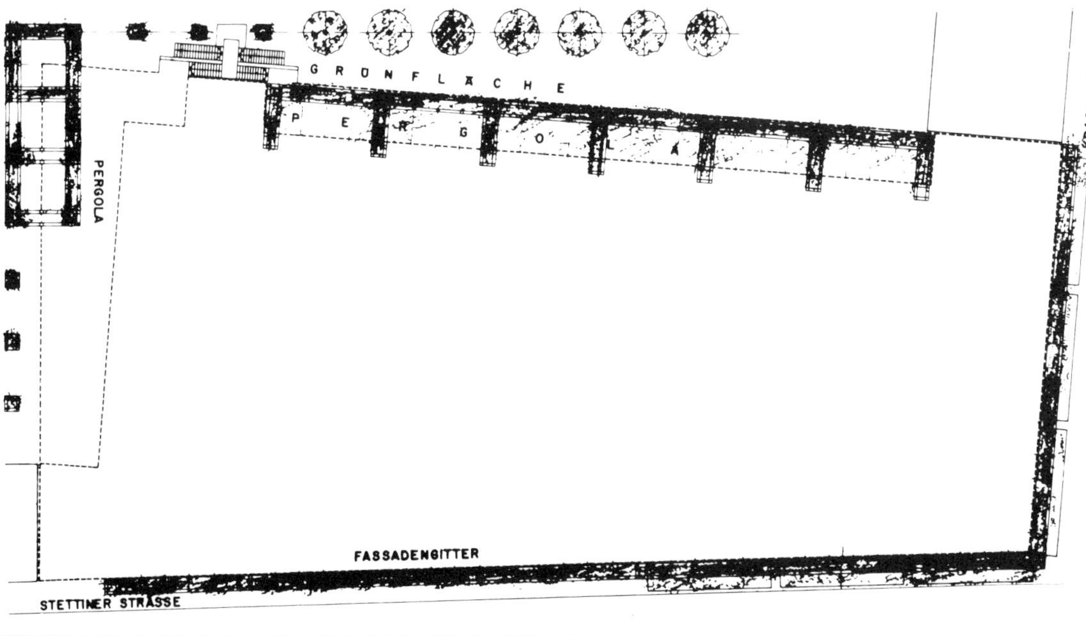
GRÜNFLÄCHE
PERGOLA
PERGOLA
KRAGDACH
FASSADENGITTER
STETTINER STRASSE

68

Technische Systeme für die Bauwerksbegrünung

Kletterhilfen

Kletterpflanzen, welche über keine Haftorgane wie Saugnäpfe oder Saugwurzeln verfügen, mit denen sie sich an einer Unterlage festhalten können, benötigen stützende und tragfähige Kletterhilfen in Form von Drähten, Gittern, Lattengerüsten usw.

Klettergerüste als Kletterhilfen für Nutz- und Zierpflanzen können als architektonische Elemente direkt an Hauswänden, in Anlehnung an Bauteile oder freistehend im Garten eingesetzt werden. Sie können sich gut in das gestalterische Konzept der Fassaden einbinden lassen und sogar neue gestalterische Dimensionen eröffnen und zu den wesentlichen Gestaltungsmerkmalen der Fassade oder des gesamten Baukörpers werden.

Da es je nach Wahl der Pflanzenart einige Jahre dauern kann, bis ein Klettergerüst voll berankt ist, kommt der Gestaltung des Gerüstes selbst große Bedeutung zu.

Die Stützen der Schlingpflanzen und die Rankgerüste sollten deshalb sehr sorgfältig entworfen und ausgeführt werden.

Selbst in völlig bewachsenem Zustand sollte der Aufbau der Gerüste und ihr struktureller Bezug zur Fassade und zum Bau erkennbar bleiben.

Als architektonische Mittel sind bewachsene Klettergerüste in der Lage, Bauteile zu beleben, zu gliedern, auszuweiten bzw. zu vergrößern, zu färben usw.

Sie sind im einzelnen geeignet:
- zur Farbgebung
- zur Betonung von Bauteilen (Akzentuierung)
- zur Erzielung von Kontrasten
- zur Bedeckung unschöner Elemente.

Neben eigens konstruierten Kletterhilfen können auch bereits vorhandene Bauteile wie Stützen, Geländer, Brüstungen, Regenrohre, Abspannungen usw. Stützfunktionen übernehmen, so daß geeignete Pflanzenarten frei an ihnen emporwachsen können.

Kletterhilfen wie Netze, Gitter, Schnüre können auch zwischen vorhandene Bauteile wie Stützen, Brüstungen usw. montiert oder auf sie aufgesetzt werden.

Das Anbringen von Spalieren und anderen Kletterhilfen an Fassaden und Brandwänden ist in der Regel kein baurechtlich genehmigungspflichtiger Vorgang. Sie müssen jedoch dem Bauordnungsrecht genügen, müssen standsicher sein und dürfen das

69

71

70

72

69 *Kletterhilfen, Jugendstilformen nachempfunden, Bundesgartenschau Kassel, 1981*
70 *Gitterstruktur an einem Wohnhaus in Virginia, 1970*
71 *Leberecht Migge: Spalierwand, 1912*
72 *Hans Luz: Kletterhilfen auf dem kleinen Schloßplatz, Stuttgart, 1977*

Gebäude nicht verunstalten. Sie sind in Farbe und Form auf das Gebäude abzustimmen.
Die Verantwortung für Spaliere trägt der Bauherr.

Ausgenommen von der Genehmigungsfreiheit sind Kletterhilfen an Baudenkmälern und in Ensemblebereichen.
Im Zweifelsfall empfiehlt sich eine Rücksprache mit dem jeweiligen Denkmalschutzamt.

Konstruktion

Je nach Wahl der Pflanzenart muß die Konstruktion der Klettergerüste erfolgen.

Zu leichte Konstruktionen können unter der Last von kräftig wuchernden Pflanzenarten (z.B. Fallopia oder Glycine) zusammenbrechen.

Wind- und Schneedruck können vor allem bei dicht belaubten Pflanzen eine zusätzliche Belastung darstellen.

Da manche Kletterpflanzen weit über 30 Jahre alt werden können und je nach Exposition erheblichen Wind- und Schneelasten ausgesetzt sind, müssen Spaliere und Klettergerüste stabil und dauerhaft sein.

Sie werden vor allem aus Holz, Stahl oder Kunststoff gebaut.

Hölzer sollten nach Möglichkeit druckimprägniert sein. Am besten eignen sich Lärche, Fichte, Kiefer oder Eiche und andere Harthölzer sowie Bambus. Stahlteile müssen vor Korrosion, am besten durch Feuerverzinkung, geschützt werden. Bei der Verwendung von Stahlteilen ist zu beachten, daß sie infolge der raschen Wärmeabführung an Berührungsstellen das Ausfrieren frostempfindlicher Arten begünstigen können.

Von der Industrie werden kunststoffummantelte Stahldrähte, Stahlseile oder Stahlmatten angeboten. Auch die Befestigungsmittel sollten korrosionsgeschützt sein.

Rankgitter, welche unmittelbar an der Gebäudeoberfläche befestigt sind, sollten so konstruiert werden, daß sie z.B. zu Renovierungs- oder Reinigungszwecken abgenommen bzw. umgelegt werden können, ohne dabei die Pflanze zu zerstören.

Das Holz ist der lebenden Pflanze am nächsten verwandt. Für Kletterpflanzen ist Holz der geeignetste Baustoff. Sie gedeihen daran am besten. Da die Pflanzen sehr große formale Eigenständigkeit entwickeln, sollten die Konstruktionen schlicht gehalten werden.

Windende Arten

Diese benötigen Kletterhilfen aus vorwiegend senkrecht angeordneten Drähten, Schnüren, Stäben, Latten usw., welche derart angeordnet sind, daß die umlaufenden Triebe beim Emporwachsen ausreichende Bewegungsfreiheit haben.

Zu Wänden und anderen flächigen Bauteilen sollte ein Mindestabstand von 20 cm, untereinander einer von 30 cm, eingehalten werden.

Spreizklimmende Arten

Für diese sollten vorwiegend horizontal verlaufende Kletterhilfen aus Stäben, Latten o.ä. im Abstand von max. 40 cm (bei Rosen 40–50 cm) eingesetzt werden. Zu Wänden oder ähnlichen Bauteilen sollte ein Mindestabstand von 15 cm eingehalten werden.

Rankende Arten

Hierfür eignen sich Geflechte und Gitter aus waagerechten und senkrechten aber auch diagonal verlaufenden Drähten, Schnüren oder Stäben in einem Abstand von maximal 40 cm.

Lattengerüste

Sehr einfach und kostengünstig können Kletterhilfen aus verschieden starken Holzlatten (z.B. handelsübliche Dachlatten 24/48) gebaut werden. Dabei werden Latten senkrecht, waagerecht oder diagonal auf einer quer dazu verlaufenden Unterlage befestigt, welche mit ausreichendem Abstand mit Schrauben und Dübeln o.ä. an der Hauswand usw. montiert werden. Bei dünneren Latten sollte dabei unbedingt beachtet werden, daß diese keine Astlöcher aufweisen, weil dadurch die Bruchgefahr ganz wesentlich erhöht wird.

Die Latten sollten nicht unmittelbar an der Gebäudeoberfläche befestigt werden, so daß sie nach Durchfeuchtung wieder schnell abtrocknen können.

Als Abstandshalter sind Rohrhülsen, Kunststoffklötzchen oder ähnliche widerstandsfähige Teile möglich.

Durch konstruktive Maßnahmen wie diagonale Anordnung oder Abschrägen der waagerechten Flächen der Latten bzw. Verwendung gehobelter Profile kann die Durchfeuchtung abgemindert bzw. das Wiederaustrocknen begünstigt werden.

Die Verwendung üblicher Imprägnierungsmittel ist nur bedingt möglich, da sie häufig pflanzenschädigende Substanzen wie Phenole, Chlor, Ammoniak o.ä. enthalten. Es sollten deshalb nur natürliche (biologische) Anstrichmittel wie Holzteer, Holzöl, Soda oder Naturharz verwendet werden.

Einfache Schnurgerüste

Diese können im einfachsten Fall aus Naturfasern wie Hanf, Sisal u.a. bestehen.
Sie sind aber sehr kurzlebig und eignen sich nur für kurzzeitige Begrünung. Dauerhafte Konstruktionen sollten aus feuerverzinkten oder kunststoffummantelten Drähten oder Seilen mit Drahtkernen bestehen. Auch sogenannte Bohnenschnüre, das sind Kunststoffschnüre mit feinen Widerhaken, sind gut geeignet. Schnurgerüste können vom Boden bis zur Traufe gespannt oder auch als Netze gezogen werden, der Abstand kann 20 bis 100 cm betragen. Es sollten Vorrichtungen zum Nachspannen vorgesehen werden.

Die Schnüre verlaufen in der Regel senkrecht oder diagonal. Sie können entweder (mit Hilfe von Mauerhaken oder Sonderdübeln usw.) direkt an der Fassade befestigt oder an speziellen Unterkonstruktionen – wie z.B. horizontal verlaufenden Latten – gespannt werden.

Dünne Holzleisten an waagerecht gespannten Drähten

Hierbei werden Latten mit Querschnitten von 15/15 bis 20/20 mm an in der Regel horizontal gespannten (verzinkten oder kunststoffummantelten) Drähten befestigt. Die Drähte sollten alle 2–3 Meter mit Hilfe von Mauerhaken, Ösen oder ähnlichen Befestigungsmitteln (im Abstand von ca. 8–10 cm) an der Unterkonstruktion befestigt sein.

Am einfachsten lassen sich Rankgitter aus Baustahlmatten bauen (Maschenweite 10 × 20 cm oder 15 × 15 cm, Stabstärke 4–6 mm). Diese sollten aber mit einem Schutzanstrich vor Rost geschützt werden.

73

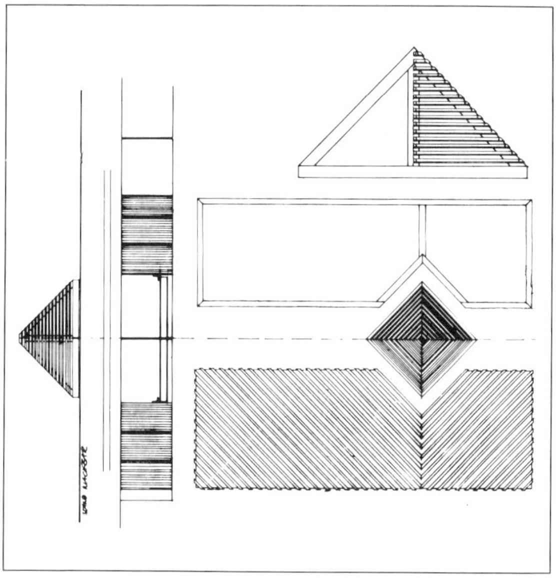
74

73 *Wiesner: Rankgitter am Internationalen Begegnungszentrum Berlin, 1983*
74 *Peter Latz: Dreidimensionale Kletterhilfe als Fassadenplastik, Entwurf für das Internationale Begegnungszentrum Berlin, 1982/83*

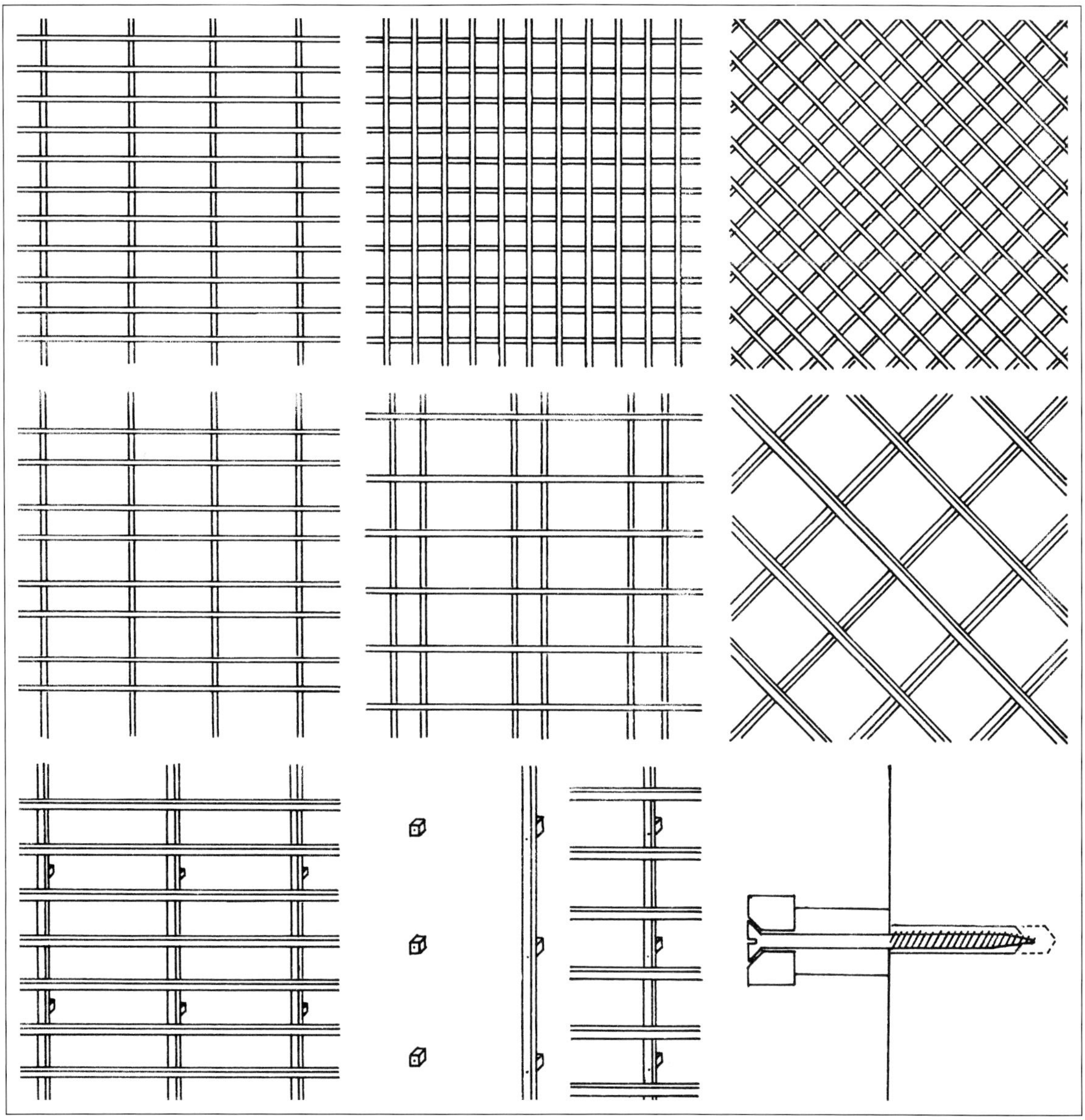

75

76

77

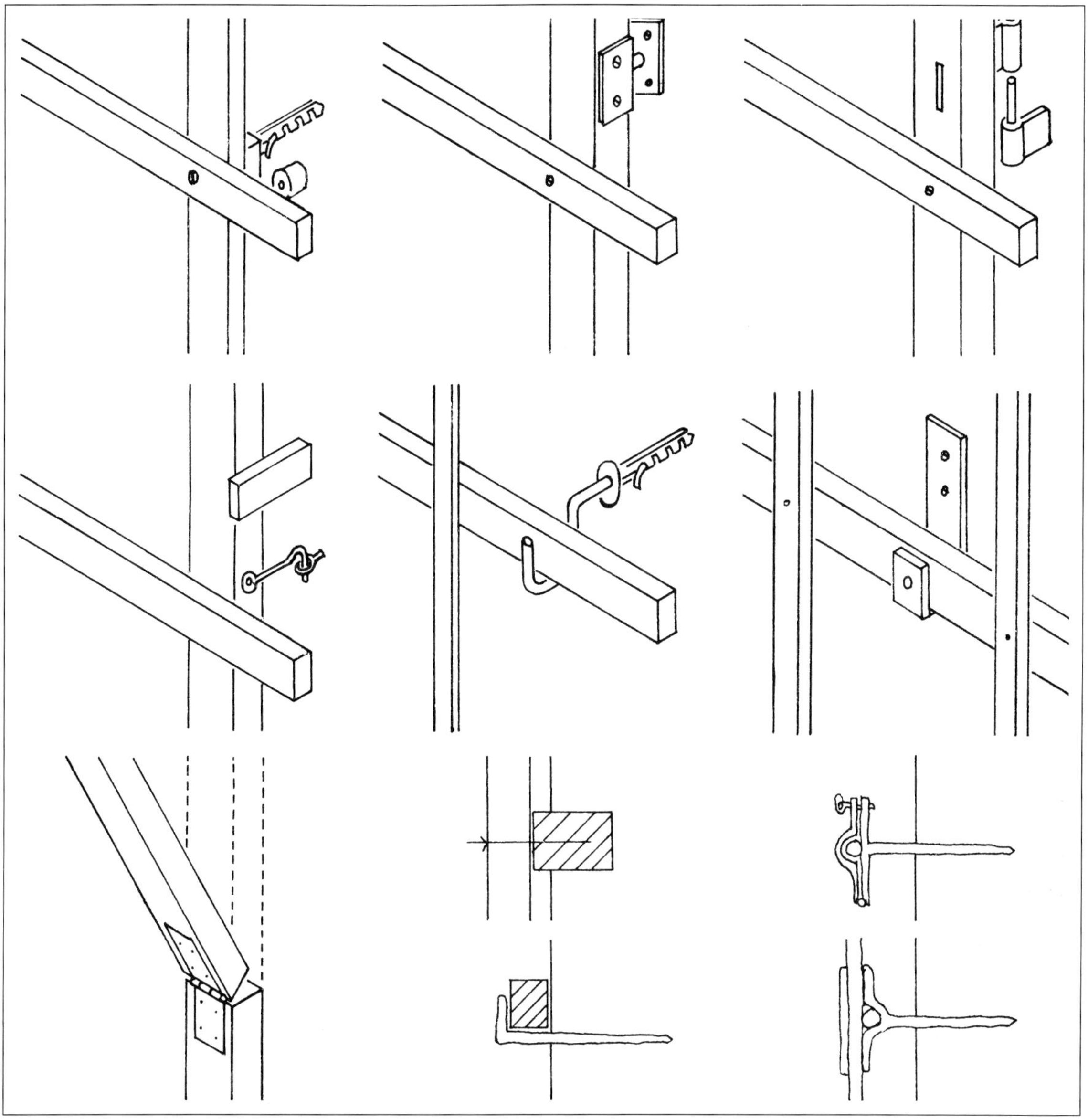

78

75 *Entwürfe von verschiedenen Rankgittern aus Latten und Stäben*
76, 77 *Einfaches Rankgitter aus Holz*
78 *Befestigungsmöglichkeiten für Klettergerüste*

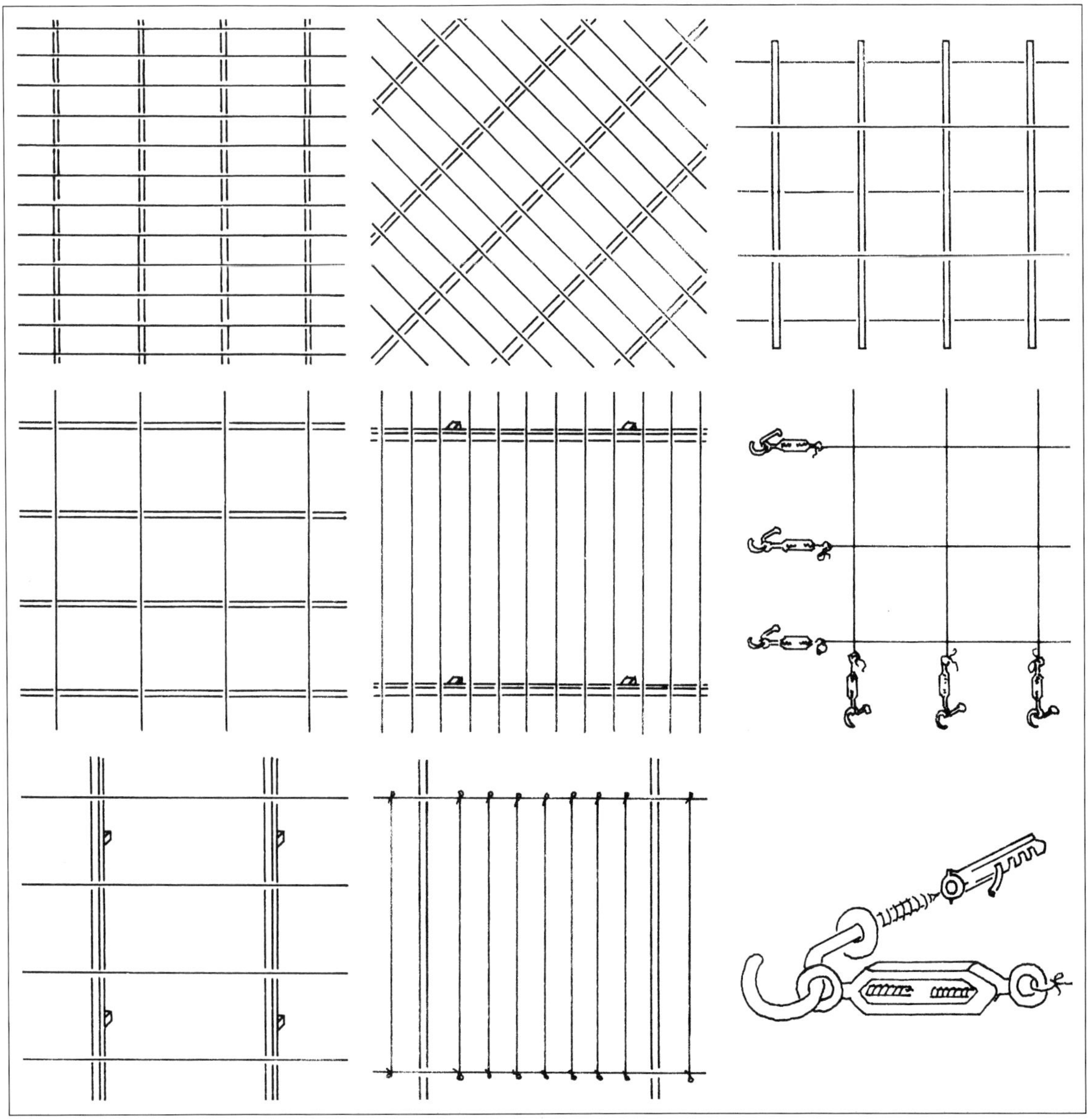

7

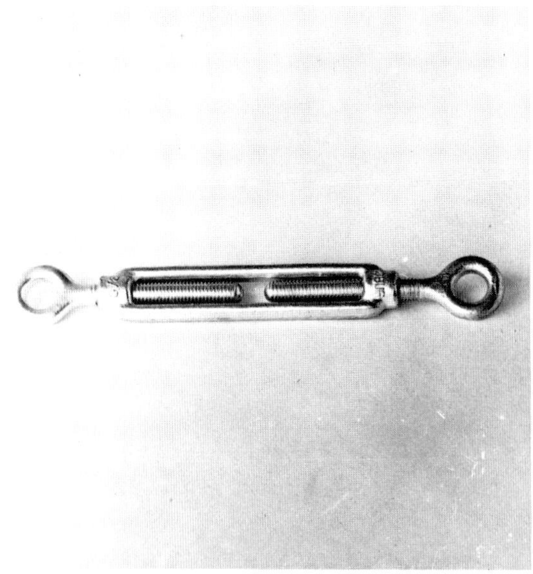

8

79 *Rankgitter aus Latten und Seilen, Drähten und Schnüren*

80 *Spannschloß zum Spannen von Drähten und Seilen*

81 *Rankgitter aus Drahtgeflechten, Stahl- und Bambusstäben*

82 *Rankgitter aus Baustahlgewebe mit Befestigung*

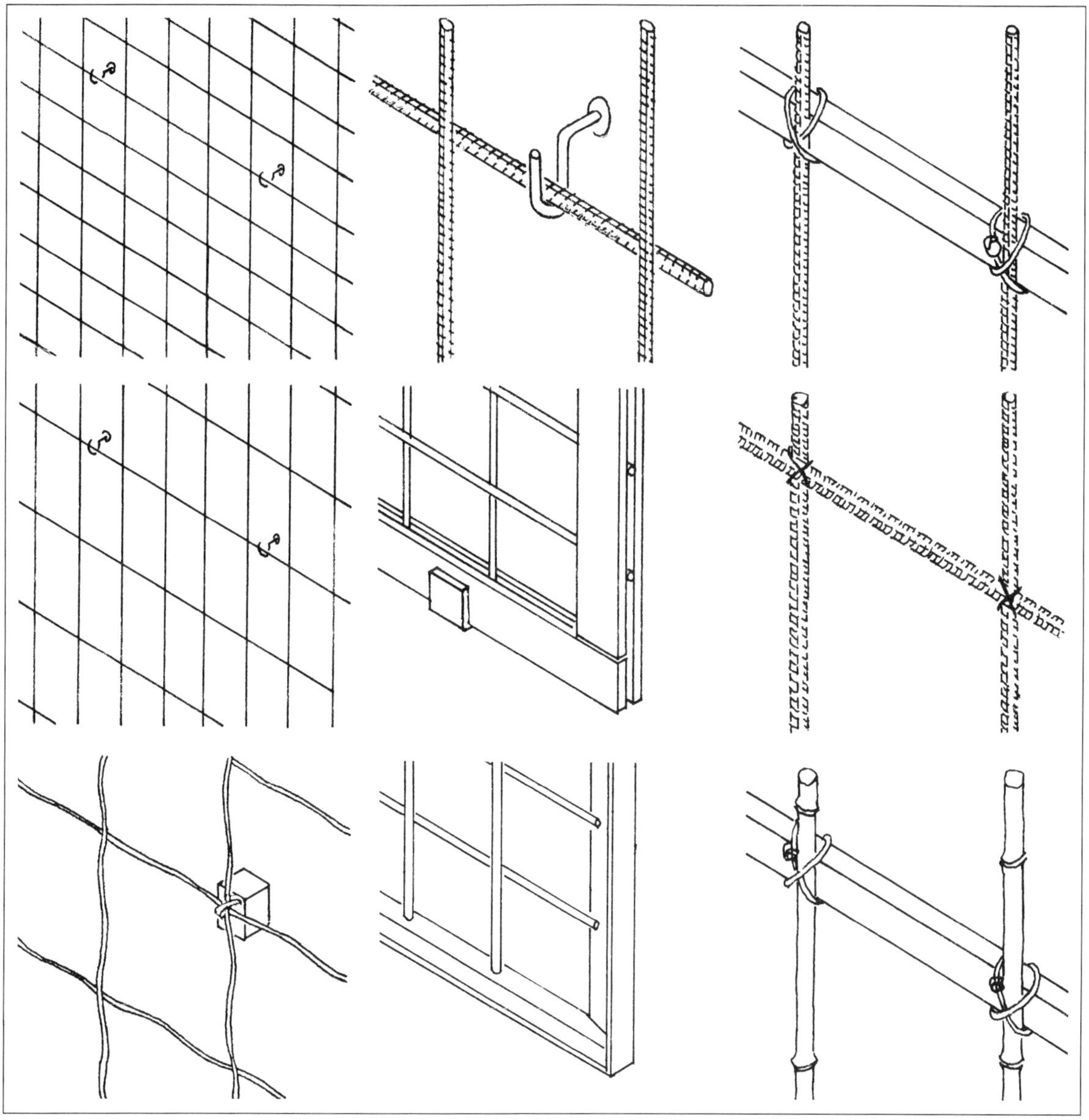

81

82

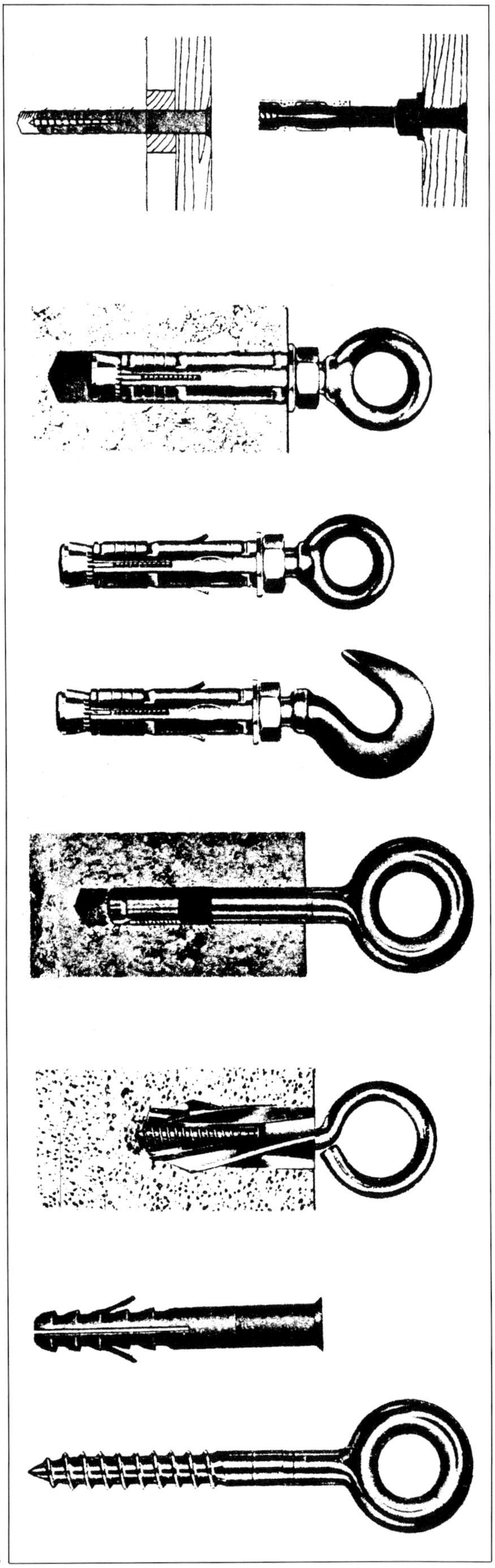

83

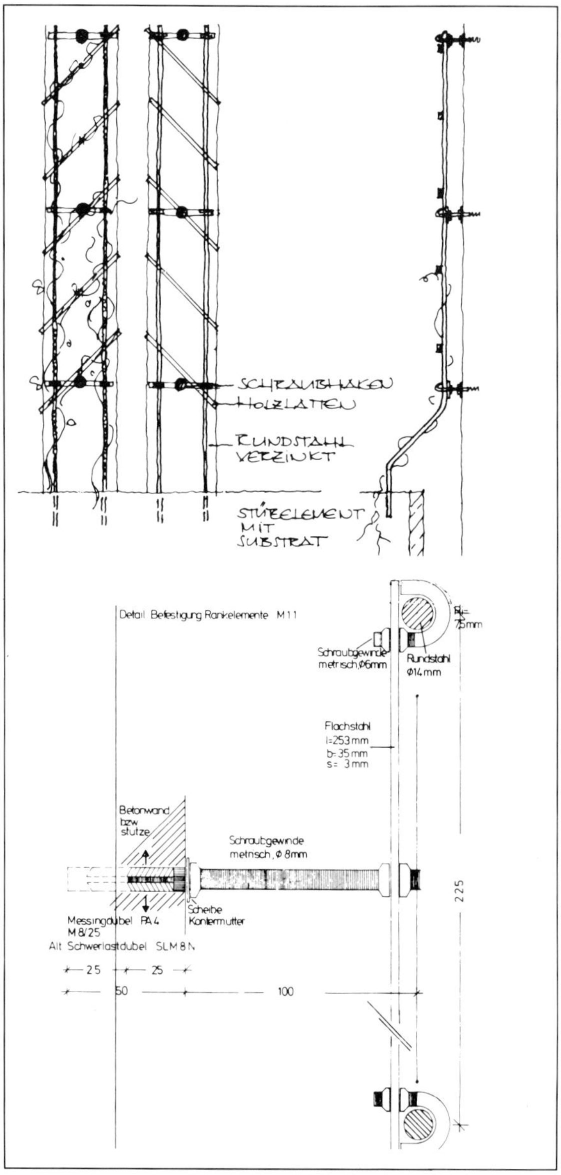
SCHRAUBHAKEN
HOLZLATTEN
RUNDSTAHL VERZINKT
STÜTZELEMENT MIT SUBSTRAT
Detail Befestigung Rankelemente M 11
75mm
Schraubgewinde metrisch,Ø6mm
Rundstahl Ø14mm
Flachstahl l=253mm b=35mm s= 3mm
Betonwand bzw stutze
Schraubgewinde metrisch, Ø 8mm
Messingdubel PA 4 M 8/25
Alt Schwerlastdubel SLM 8 N
Scheibe Kontermutter
25
25
50
100
225

8

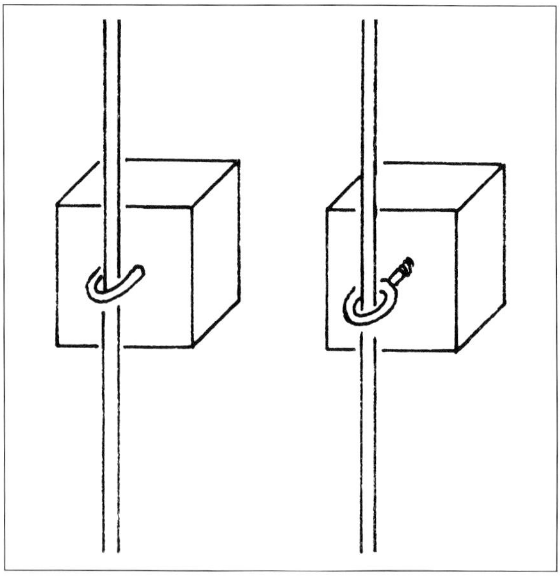

8

86

88

87

89

83 *Sonderdübel für die Befestigung von Latten*
84 *Peter Latz: Rankgerüst*
85 *Einfache Führung von Schnüren und Seilen*
86–89 *Möglichkeit der Ausbildung von Pflanzgruben*

Im Fachhandel sind bereits geschützte Gitter erhältlich.

Die Gitter lassen sich auch aus Baustahl selber flechten und können so den jeweiligen Bedingungen angepaßt werden.

Aus handelsüblichen Baustahlmatten (5,00 × 2,15 m) lassen sich auch leicht gekrümmte Bauteile herstellen.

Kletterpflanzen mit Erdanschluß

Die einfachste, sicherste und natürlichste Methode ist es, die Pflanzen unmittelbar an der Fassade in den Boden zu pflanzen. Der spätere Pflegeaufwand ist dann bei weitem am geringsten.

Keine Probleme ergeben sich bei freistehenden Gebäuden, bei halboffener Bauweise, oder bei Gebäuden, denen ein Grünstreifen vorgelagert ist.

Selbst in Städten ließe sich im Fußgängerbereich bei ausreichend breiten Gehsteigen mit relativ geringem technischen Aufwand mit Hilfe von Tonschalen, Trögen, Pflanzgruben o.ä. noch eine Lösung finden.

Das Pflanzloch sollte ausreichend groß (mindestens zwei Spatenstiche tief und ebenso breit), der Untergrund gut gelockert sein. Der Aushub sollte, sofern er überhaupt geeignet ist, vor dem Wiedereinfüllen etwa im Verhältnis 1:1 mit Humus und Torf verbessert werden.

Weitere mögliche Zusätze sind Komposterde, etwas fette Rasenerde, Kuhdung, Volldünger, Sand oder gejauchter Torfmull.

Es sollte darauf geachtet werden, daß Regenwasser in die Pflanzengruben ablaufen kann.

Gepflanzt wird in der Regel im Frühjahr oder im Herbst. Werden Pflanzen wie heute vielfach üblich, in Containern gezogen, ist auch eine Pflanzung im Sommer bedingt möglich.

Die Pflanzen sollten im Frühjahr und Hochsommer – je nach Witterung – mehrere Male gründlich gewässert und mindestens einmal im Jahr gedüngt werden.

Wenn die Pflanzung in einem solchen öffentlichen Straßengrund durchgeführt werden soll, werden die vom jeweiligen Baureferat wahrgenommenen straßenrechtlichen Belange berührt (Verkehrssicherheit, städtische Ver- und Entsorgungssysteme, fernmeldetechnische Einrichtungen usw.). Pflanzschächte und -tröge im öffentlichen Gehwegbereich stellen planungsrechtlich eine ständige Sondernutzung dar und sind genehmigungspflichtig.

Kletterpflanzen in speziellen Pflanzgefäßen

Ist es nicht möglich, die Pflanzen in gewachsenen Boden zu setzen, können Pflanzgefäße (Container) in den verschiedensten Größen, Formen und Materialien eingesetzt werden.

Vor allem in Mietwohnungen ist es häufig nicht möglich, die Pflanzen vom gewachsenen Boden aus nach oben zu ziehen, weil der Vermieter und auch die darunterliegenden Mieter damit einverstanden sein müssen. Obere Stockwerke werden ohnehin erst nach mehreren Jahren von den Pflanzen erreicht.

Um vor allem eine schnelle Begrünung von Balkonen, Loggien u.ä. zu erreichen, gibt es eine Reihe von einfachen bis aufwendigen Methoden, auch ohne Erdanschluß Kletterpflanzen in den verschiedensten Behältern schnell und sicher zu ziehen.

Da Containerpflanzen nur ein sehr begrenzter Lebensraum zur Verfügung steht und weitgehend aus ihrem ökologischen Zusammenhang genommen sind, bedürfen sie besonders intensiver Pflege durch den Menschen.

Zur Aufrechterhaltung der Lebensbedingungen muß durch technische und gärtnerische Maßnahmen nachgeholfen werden.

Pflanzgefäße können als Kübel, Schalen, Tröge usw. auf Terrassen, Balkonen, Dächern, Brüstungen und sonstigen geeigneten Plätzen auf engstem Raum abgestellt werden.

90 *Pflanzgrube mit Schutzgitter, Fa. Fehr, Trendelburg*
91 *Manfred Drum: Pflanzschacht aus Schamotte-Innenrohrformstücken für öffentliche Gehwege*
92–94 *Peter Latz: Verschiedene Ausführungsvarianten für Substratbehälter*

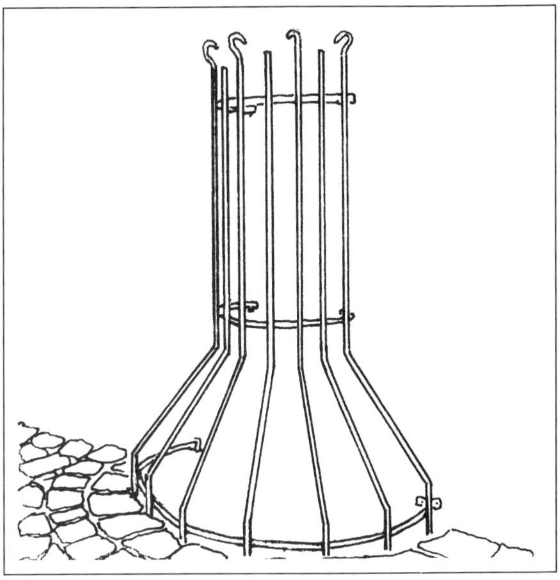

90

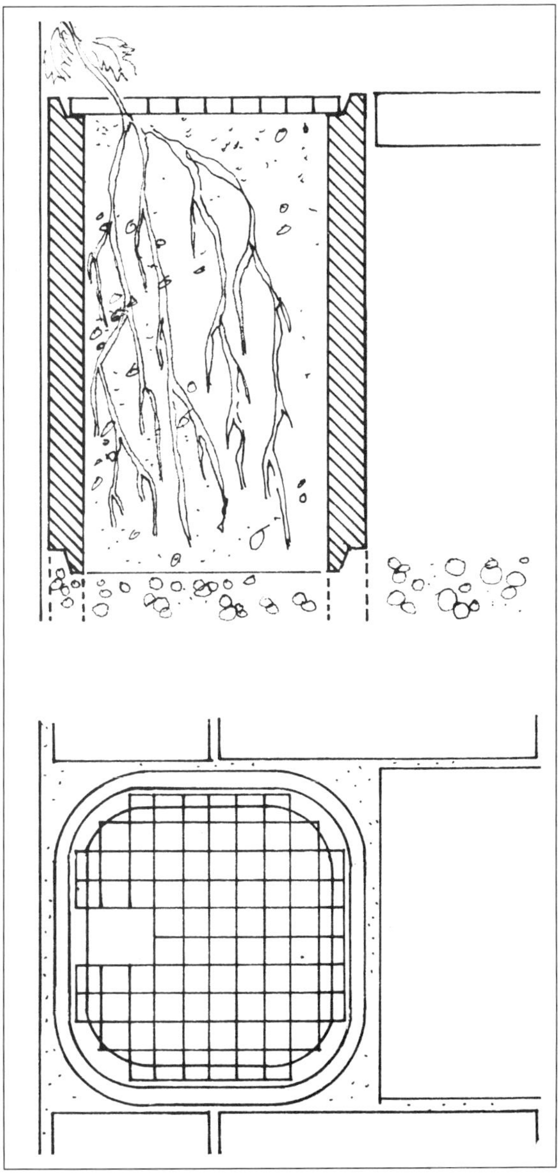

91

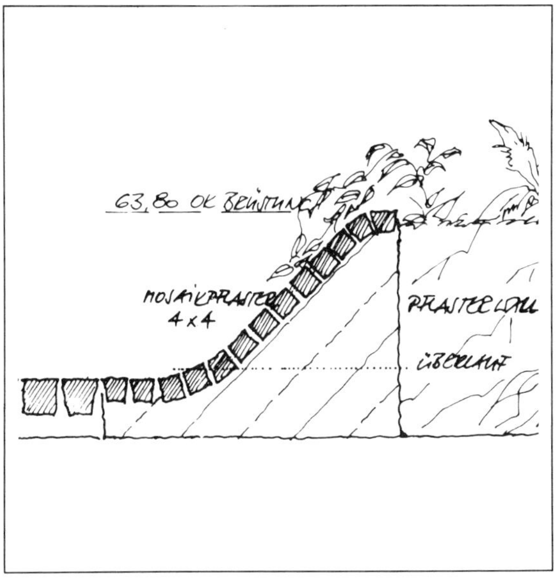
63,80 OK BRÜSTUNG
MOSAIKPFLASTER
4 x 4
ÜBERLAUF

92

60
FILTERVLIES
STAHLBEHÄLTER/
LOCHBLECH
30
ÜBERLAUF

93

FARNE
EFEU
BETONSTÜTZWINKEL
AUF MAGERBETON
ÜBERLAUF

94

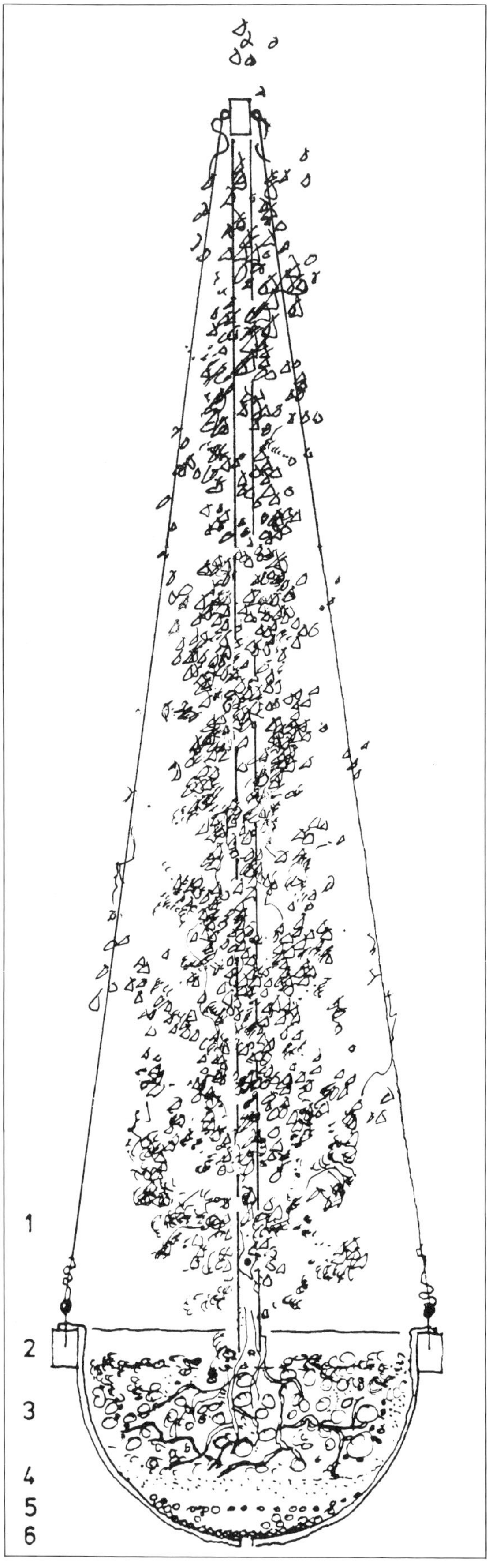

95

96

97

98

Ferner sollte beachtet werden, daß die Abzugslöcher einen ausreichenden Abstand zur Unterlage haben.

Balkonkästen für die Substrataufnahme können aus Holz, Ton, Kunststoff, Asbestzement usw. bestehen. Bei schmalen Balkonen sollten sie außen (Sicherung!), bei breiteren innen angebracht werden.

Container müssen einen sicheren Halt haben und ausreichend vor Herabfallen geschützt werden. Durch Eigengewicht, Sturm oder Anstoßen können erhebliche Belastungen auftreten. Auf dem Markt gibt es eine Reihe von Systemen, die verstellbar sind und sich der jeweiligen Situation anpassen. Diese Halterungen sollten durch Kunststoffüberzug oder Verzinkung vor Rost geschützt sein.

Die Container können aber auch in Bauteile wie Brüstungen, Geländer usw. eingebaut sein.

Bei Neubauten sollten Substratbehälter von vornherein berücksichtigt werden, so können sie z.B. in die Brüstungen integriert oder selbst als Brüstung eingesetzt werden. Die Höhe der Gefäße sollte mindestens 20–25 cm betragen, die Wände sollten nach unten konisch zulaufen. Am Boden sollten Abzugslöcher vorhanden sein, welche ein Versauern des Substrats verhindern.

Bevor das Substrat eingebracht wird, sollte am Boden des Pflanzgefäßes eine Drainage angelegt werden. Diese verhindert, daß die Erde versauert und als Folge davon die Wurzeln absterben.

Besonders wichtig ist diese Drainageschicht bei mehrjährigen Gewächsen wie Stauden, Kübelpflanzen und Gehölzen.

Die Drainageschicht kann aus einer ca. 5 cm hohen Schicht aus Topfscherben, Kies oder Steinen bestehen und sollte den Wasserabfluß regulieren.

Das Substrat sollte im Behälter nur soweit aufgefüllt werden, daß ein Gießrand verbleibt, welcher verhindert, daß Gießwasser überläuft und den Container verschmutzt oder Nachbarn und Passanten belästigt.

In Gartengeschäften sind fertige Erdmischungen erhältlich.

Soll Gartenerde verwendet werden, muß immer zur Erhöhung der Wasserspeicherfähigkeit Torf im Verhältnis 1:1 beigemengt werden. Zu empfehlen sind auch Volldüngerzusätze (ca. 50 g / 10 Liter Erde).

Wird Komposterde verwendet, so sollte diese mindestens 3 Jahre alt sein.

Wenn Containerpflanzen jahreszeitlich bedingt oder aus technischen oder gestalterischen Gründen umgesetzt werden sollten, ist die Größe der Container vor allem durch das relativ große Gewicht der Erde oder der Notwendigkeit des Transportes ohne Hilfsmittel begrenzt.

Bewässerung

Während Hitzeperioden muß zur Aufrechterhaltung ausreichender Lebensbedingungen eventuell mehrmals am Tag Wasser zugeführt werden. Auch sollte während der Vegetationsperiode mehrmals gedüngt werden. Vor allem bei längerer Abwesenheit, etwa in der Urlaubszeit oder bei größeren Gebäuden, wo kein einzelner Nutzer zuständig ist, ist es schwierig, die Pflanzen ausreichend zu versorgen.

Inzwischen gibt es aber eine Reihe von Systemen, die die Wasserversorgung sehr vereinfachen oder auch über einen längeren Zeitraum hinweg selbständig gewährleisten.

Oase-System

Die Pflanzgefäße sind durch einen Zwischenboden in einen Wasserbehälter und einen Pflanzraum unterteilt. Der Wasserbehälter ist mit einer Nachfüllöffnung und mit einem Fenster für die Kontrolle des Wasserstandes versehen.

Das Wasser gelangt über Saugdochte, welche die beiden Teile verbinden, in den Pflanzraum. Gegenüber herkömmlichen Balkonkästen haben diese Systeme den

95 *Rudi Baumann: Tragbarer Polystyrolcontainer (s. Abb. 97, 98): 1 Spanndraht; 2 Holzrahmen; 3 Substrat; 4 Sand; 5 Blähton; 6 Schattierungsgewebe*

96 *Rossius von Rhyn: Hauseingang mit mobilem Pflanzkasten aus Holz, um 1910*

97 *Kletterpflanzen in tragbaren Polystyrolcontainern an einer Versuchsstation (s. Abb. 95, 98)*

98 *Transport der Container (s. Abb. 95, 97)*

Vorteil, daß Gießwasser nicht über den Rand laufen kann.

Schwieriger ist es, das Wasser mit Hilfe von Dochten aus separat stehenden Wassergefäßen in die Pflanzbehälter zu leiten, weil bei zu langen oder zu dünnen Dochten die Gefahr besteht, daß sie austrocknen.

Tropfbewässerung

Hierbei wird das Wasser in einem Wasserschlauch direkt an die Pflanze herangebracht. Das Wasser tritt dort aus speziellen Tropfdüsen drucklos tropfenweise aus dem Schlauch aus. Die Tropfdüsen können entweder direkt in die Tropfleitung eingesetzt werden oder über zwischengeschaltete Verlängerungsstücke angeschlossen werden, so daß auch entferntere Pflanzenteile versorgt werden können. Über angeschlossene Feuchtefühler lassen sich Pflanzbehälter auch über Wochen und Monate hinweg wartungsfrei bewässern.

Bei einfacheren Systemen tritt das Wasser direkt aus kleinen Öffnungen in Kunststoffschläuchen aus, oder die Schläuche sind aus leicht wasserdurchlässigem Flies geformt (Sickerschläuche). Tropf- und Sickerschläuche können an das Wasserleitungsnetz angeschlossen werden. Auch Dünger kann über derartige Systeme automatisch zugeführt werden.

99 *Tröpfchenbewässerung, Fa. Perrot, Calw*

100 *Doppelwandiger Blumenkasten mit Wasserreservoir, Fa. Eternit, Berlin*

101 *Systempflanzkasten, System Optima; Aktual Pinneberg; Harzmann, Krauchenwies*

102 *Selbständige Wasserstandsregulierung mit Hilfe eines Schwimmerventils*

103 *Systempflanzkasten mit Substrateinsatz und Saugdocht*

104 *Wasserversorgung über Saugdocht aus einem separaten Wasserbehälter*

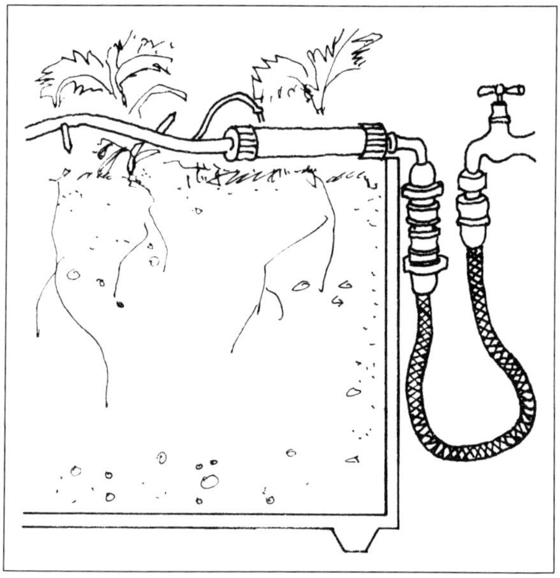

99

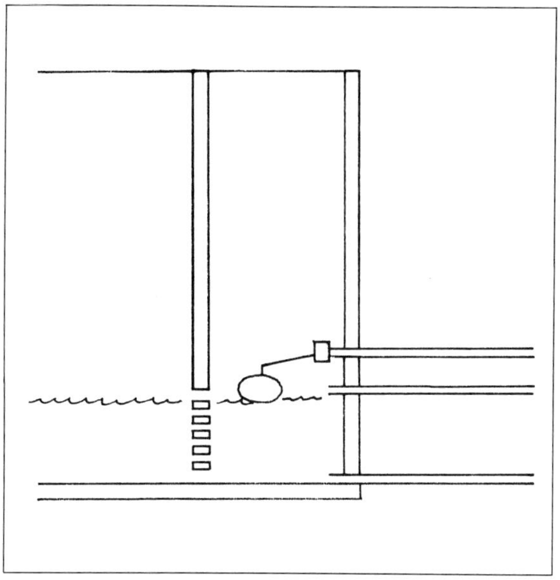

102

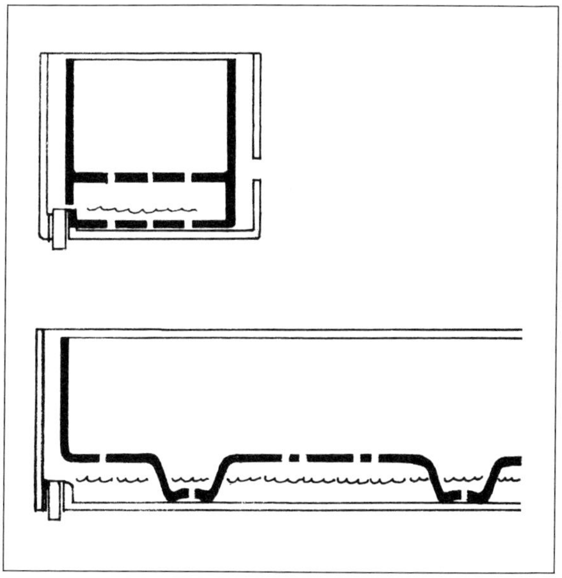

00

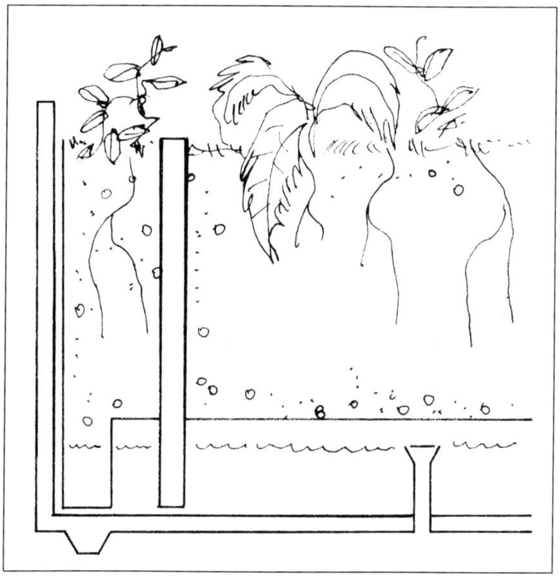

103

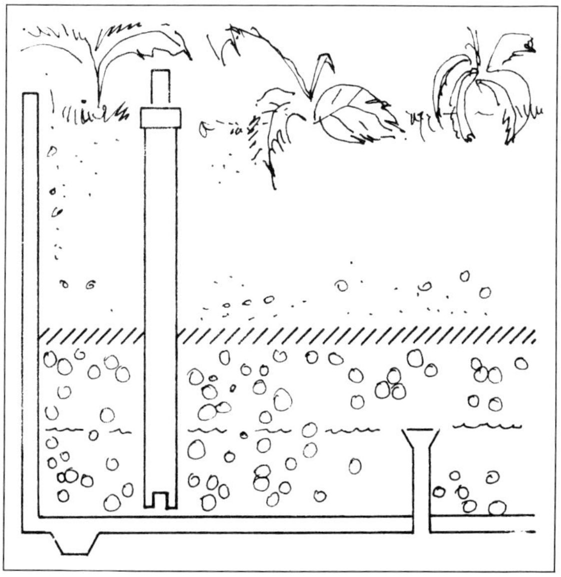

01

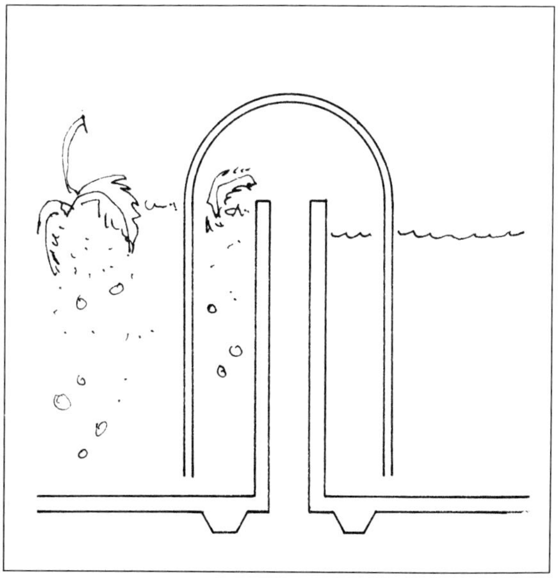

104

Begrünte Architekturelemente

Spaliere

Obstspaliere

Die Manipulation des Wuchses von Bäumen als gärtnerische Technik der Obstkultur wurde ursprünglich entwickelt, um empfindliche Obstsorten in kälteren Gegenden noch zur Reife zu bringen.

Die Qualität des Obstes konnte darüber hinaus wesentlich gesteigert werden, die Früchte werden größer und süßer. Spalierbäume können auf kleinsten Grundstücken untergebracht werden.

Aus der ursprünglich gärtnerischen Anwendung heraus hat sich im Laufe der Jahrhunderte eine Kunstform entwickelt.

An Spalieren aus Latten und Drähten gezogen, wurden sie als selbständige, geometrisch strenge, formale Elemente in vielfältiger Form in das architektonische Bild der Fassade mit einbezogen.

Stämme und Zweige wurden mit großem gärtnerischen Können zu bestimmten symmetrischen, architektonischen Formen wie Palmette, Armleuchter, Kordon, Pyramide oder Girlandenbaum gezogen.

Im 18. und 19. Jahrhundert erreichte diese Kunstform ihren Höhepunkt. In den geometrisch streng gegliederten Renaissance- und Barockgärten stellen Spaliere wesentliche Elemente der Gartengestaltung dar.

In den Gartenanlagen um die Jahrhundertwende wurden die Obstspaliere als interessante Kunstform des Erwerbsgartenbaus wiederentdeckt.

Auch heute ergeben sich vor allem aus dem stärker werdenden Trend zur Optimierung der Selbstversorgung auf kleinstem Raum wieder Anwendungsmöglichkeiten. Es ist ein neuer Trend zum Spalierobst festzustellen.

Spaliere stellen eine äußerst dekorative und nützliche Möglichkeit der Fassadengestaltung dar.

Spalierobst kann auch an Lauben und Laubengängen oder an freistehenden Wänden bis zu einer Höhe von 2–3 m und mehr gezogen werden.

Spaliere können optisch reizvolle Übergangselemente zwischen Nutz- und Ziergarten darstellen.

Am besten eignen sich geschützte, sonnige Standorte vor massiven Hauswänden und freistehenden Wänden. Diese erwärmen sich bei Sonneneinstrahlung und strahlen die Wärme langsam wieder ab. Die Sonnenwärme wird dadurch optimal genutzt.

Durch die extrem flache Wuchsform kann

05

107

06

108

105 *Armleuchter-Palmette an den Mauern der Orangerie der Ecole Nationale d'Horticulture, Versailles, 19. Jh.*
106 *Wilhelm Kreis: großflächige Fassadengestaltung mit Spalieren, 3. Deutsche Kunstgewerbeausstellung in Dresden, 1912*
107 *Ökonomiegebäude, N. Gaucher, Handbuch der Obstkultur, Berlin, 1912*
108 *Leberecht Migge: Backsteinmauer mit Holzspalier, 20er Jahre 20. Jh.*

Zu Seite 74, 75:
109–116 *Verschiedene Spaliere: 109 Senkrechter Kordon; 110 Schräggezogener Girlandenbaum; 111 Waagerechter Kordon; 112 Gebogener Armleuchter; 113 Armleuchter-Palmette; 114 U-Form; 115 Palmette, J. C. Christ, Pomologisches Handwörterbuch, Leipzig, 1802; 116 Birnbaum als Armleuchter-Palmette in vollem Laub, Ch. Baltet, Traité de la Culture fruitière, Paris, 1884*
117–122 *Verschiedene Spalierbeispiele*

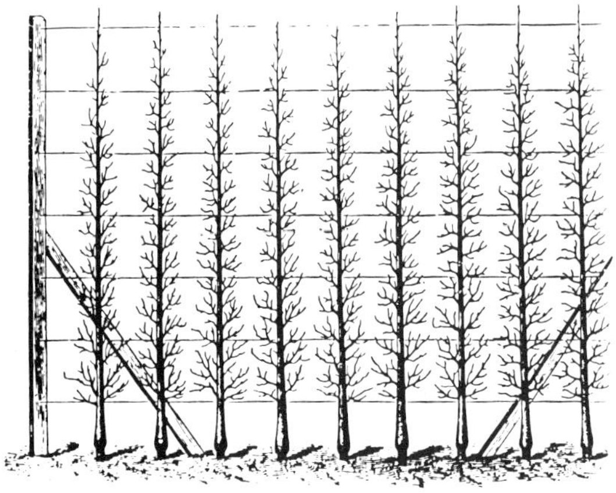
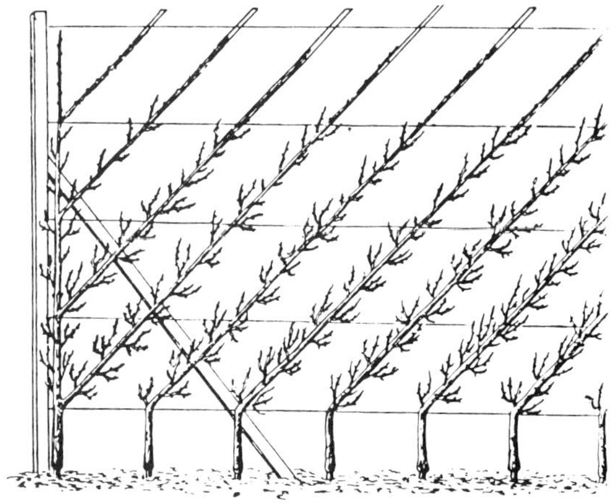

109
110

111

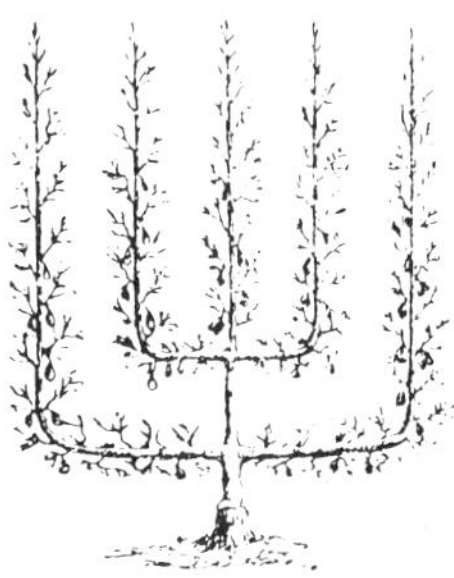
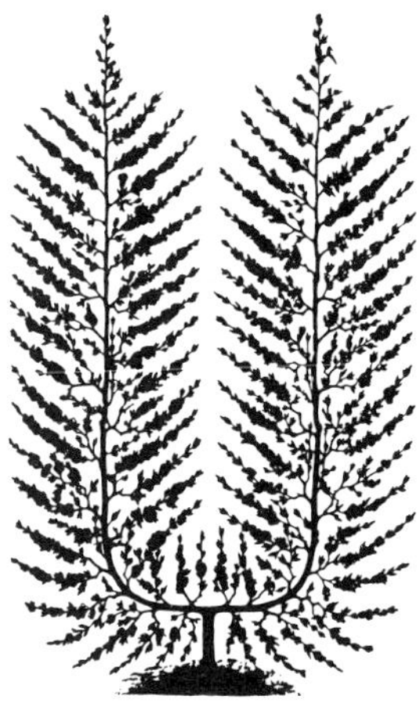

112
113
114

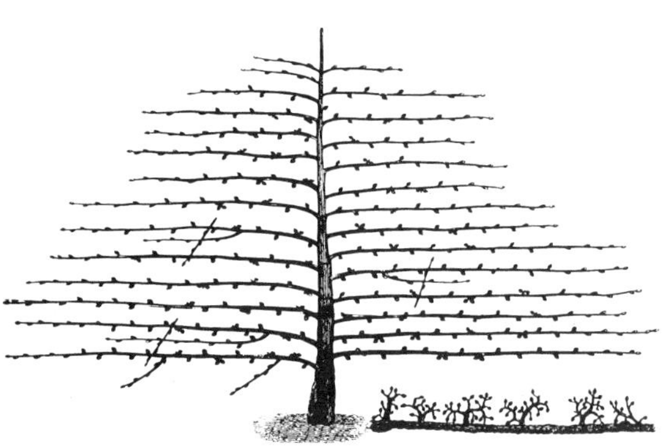
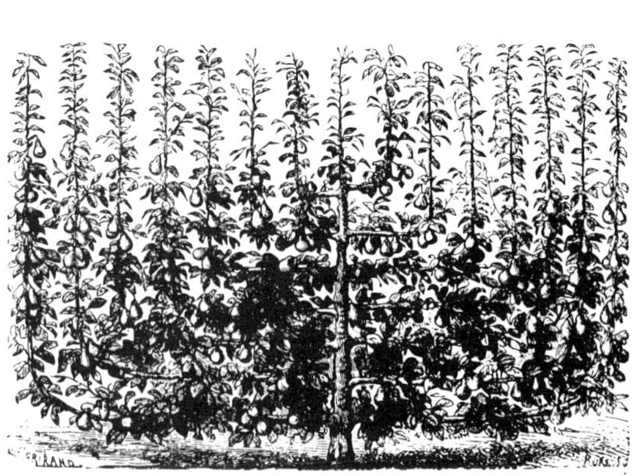

115
116

117

18

19

120

121

122

123

12

124

12

125

123 *Die manierierten Wuchsformen am Ende des vorigen Jahrhunderts haben die Akkuratesse und Regelmäßigkeit eines schmiedeeisernen Gitters*
124 *Formobstgarten auf der Budapester Internationalen Gartenbauausstellung, N. Gaucher, Handbuch der Obstkultur, Berlin, 1912*
125 *Entwurf für eine Siedlung in Berlin-Staaken, Architekt Gutkind, Gartenplanung Leberecht Migge, 1924*
126 *Kunstvolles Spalier als Grundstücksbegrenzung, 20er Jahre 20. Jh.*
127 *Baumspalier, Parkanlage in Brüssel*
128 *Leberecht Migge: Kolonialpark mit 2 × 4 Kleinstgärten, 20er Jahre 20. Jh.*
129, 131 *Wegführung und Raumbildung, Entwurf eines Freizeitzentrums, Frankreich, 1976*
130 *Leberecht Migge: Normengarten Siedlung Georgsgarten, Celle, 1926*
132 *Freistehende Spalierwand*
133 *Bohnenspalier*

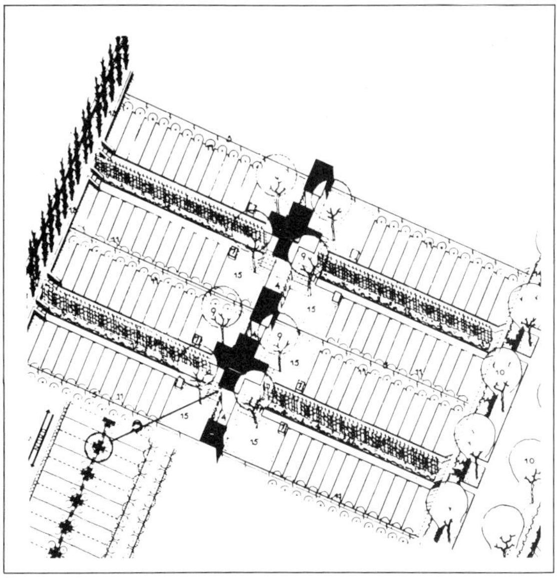

28

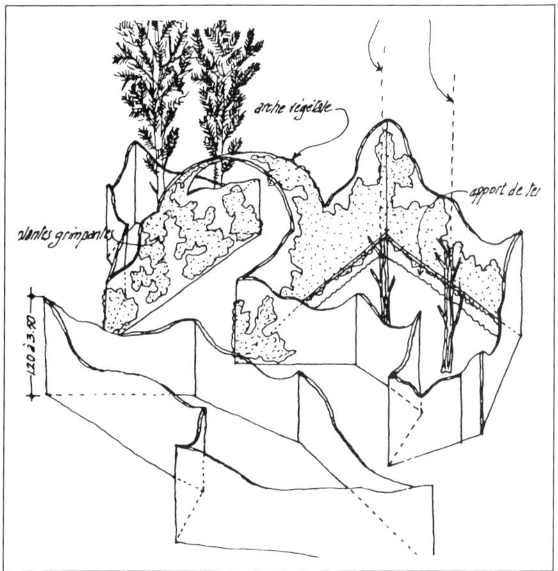

29

0

131

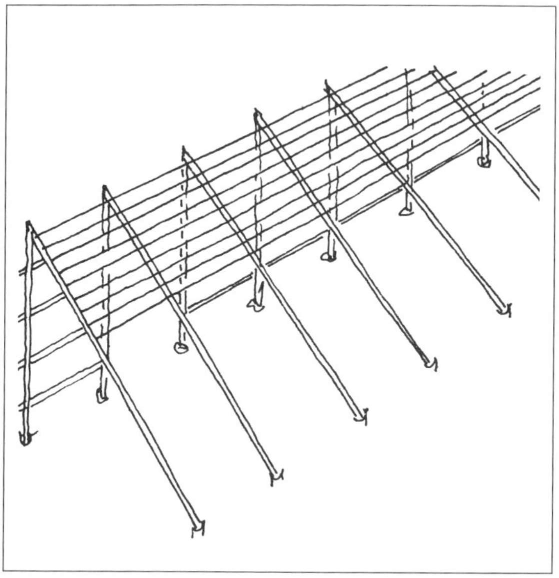

132

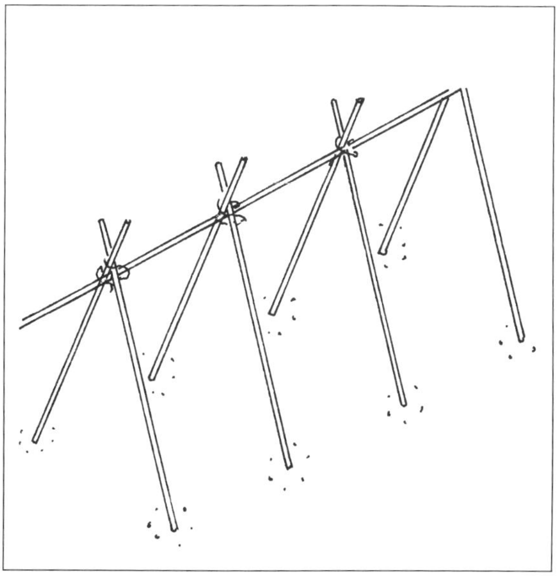

133

134 

135 

134, 135 *Peter Latz, Rudi Baumann: Solargewächshaus mit Spalierwand, Kassel, 1982*

das Sonnenlicht ungehindert an die Früchte gelangen.

Spalierobst sollte vorwiegend an Süd- und Westfassaden gezogen werden. Für Spaliere geeignete Obstsorten sind:
Birnen, Äpfel, Pflaumen, Pfirsiche, Marillen, Wein und andere.

Spalierobst ist relativ arbeitsintensiv und erfordert gärtnerisches Wissen beim Schnitt und der Ziehung der Form.

Die Genießbarkeit von Spalierobst, welches in der Innenstadt gezogen wird, ist wegen des Schadstoffgehaltes umstritten.

Freistehende Spaliere

Freistehende »grüne Wände« bieten vielfältige Gestaltungsmöglichkeiten.

Als architektonische oder pflanzliche Elemente der Gartengestaltung werden sie zur Raumbildung, Raumtrennung, zum Verbinden von Räumen usw. eingesetzt. Sie markieren Grundstücksgrenzen, indem sie schnell undurchsichtige Zäune bilden. Innerhalb einer Gartenanlage lassen sich verschiedene Nutzungsbereiche optisch voneinander trennen, z. B. Zierbereich und Nutzbereich.

Indem sie Blicke führen, das Gesichtsfeld begrenzen oder den Blickwinkel einengen, können sie ungewollte Ein- und Ausblicke abschirmen, unschöne Gegenstände verdecken oder ähnliches.

Als raumbildende Elemente können sie innerhalb einer Gesamtanlage Bereiche mit ganz speziellen räumlichen und mikroklimatischen Qualitäten schaffen. Sie dienen der Wegeführung und bieten Wind- und Sonnenschutz. Durch die raumbildende Wirkung derartiger Elemente können vor allem kleinere Gärten illusionistisch vergrößert werden.

Kleinere, isolierte Gebäudeteile oder Bereiche können mit Hilfe von Rankgerüsten harmonisch zu größeren Einheiten verbunden werden.

Freistehende Rankgerüste

Bei richtiger Konstruktion und geeigneter Artenwahl bilden freistehende Gerüste ohne großen Aufwand dichte, grüne Wände. Sie nehmen wenig Platz ein, was besonders in kleinen Gärten in dicht besiedelten Gebieten

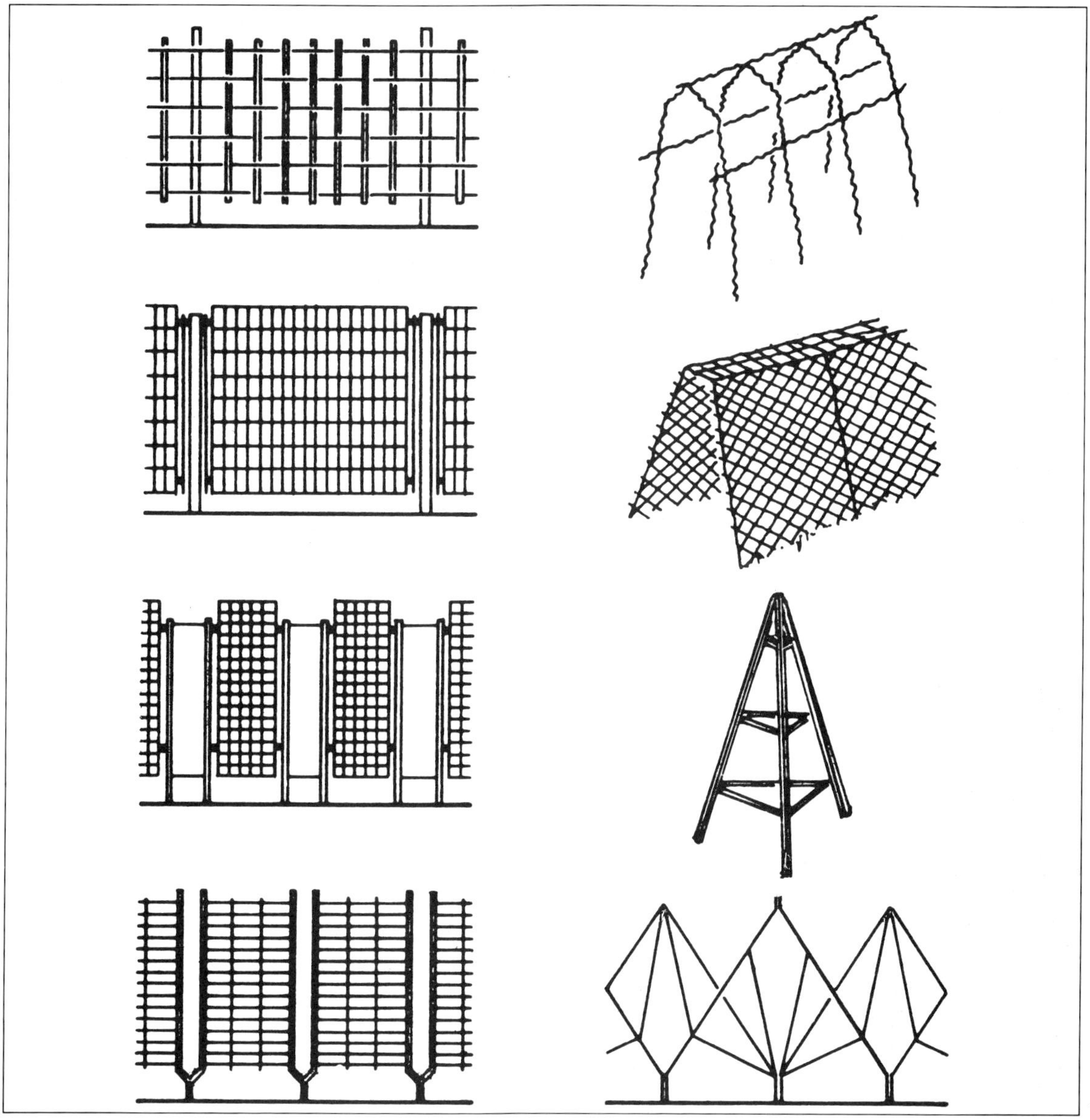

136

136 *Rudi Baumann: Gestaltungsmöglichkeiten von Spalieren, 1983*

137

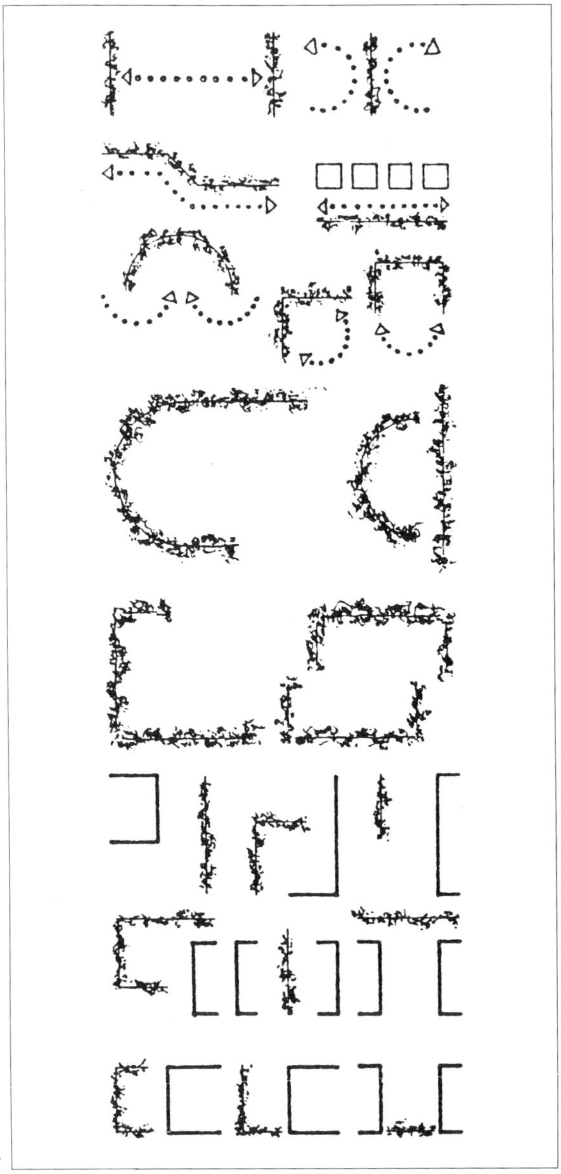

137 *Rudi Baumann: Raumbildung und Wegeführung durch Spaliere, 1983*

wichtig ist, erreichen schnell die gewünschte Höhe und Dichte und sind weniger arbeitsintensiv als übliche Hecken.

Konstruktion

Die meisten einjährigen Arten (z.B. Lathyrus odoratus) benötigen nur leichte Rankgerüste. Diese sind in der Regel sehr einfach herzustellen.

Aus Zweigen und Ästen, aus Maschendraht oder Perlongeflecht an alle 2–3 m in den Boden gesteckten Stöcken, Bohnenstangen aus Holz oder Welldraht können schnell und billig wirkungsvolle Konstruktionen erstellt werden.

So kann zwischen den Bohnenstangen im Abstand von 2–3 m oben und unten ein 2 mm starker Draht gezogen werden. Diese Drähte werden im Abstand von ca. 30 cm mit Fäden bespannt.

Durch Schrägstellen und radiale Anordnung der Kletterhilfen wird erreicht, daß im unteren Bereich weniger Blattmasse gebildet wird als im oberen, wodurch im Aufenthaltsbereich Ausblickmöglichkeiten erhalten bleiben.

Balkone und Loggien

Balkone stellten von jeher beliebte Architekturelemente urbaner Baukunst dar. Schon in den römischen Städten, aber auch bei uns, und da besonders stark in der Renaissance, wurden sie zu wichtigen Übergangszonen zwischen innen und außen.

Balkone können das Erscheinungsbild ganzer Gebäude, Straßenzüge oder gar Quartiere mitprägen.

Sie können im engeren Wohnumfeld eine sehr wichtige Ergänzung zum öffentlichen Freiraum bedeuten. Die Benutzbarkeit eines Balkons kann den Wohnwert einer Wohnung ganz entscheidend mitbestimmen.

Dem Benutzer bietet der Balkon vielfältige Identifikationsmöglichkeiten, weil sich dieser, zumindest in Grenzen durch Gestaltung, Aktivitäten usw. nach außen darstellen kann.

Für viele werden Balkone zu wichtigen Kontaktzonen, sie ermöglichen gemeinsames Sitzen im Freien, Beobachten des Straßenraumes oder die Kontaktaufnahme von innen nach außen und umgekehrt.

In der Geschoßwohnung ist es der einzige Raum im Freien, welcher der Wohnung zugeordnet ist und ein hohes Maß an Privatsphäre in sich birgt.

Besonders für Behinderte oder alte Menschen und Kleinkinder, welche ihre Wohnung nur mit fremder Hilfe oder mit großen Schwierigkeiten verlassen können, bieten Balkone die einzige Möglichkeit des problemlosen Aufenthaltes im Freien.

Ausreichend groß dimensionierte Balkone bieten Platz für eine Reihe von Aktivitäten, welche von innen nach außen verlegt werden können.

Es ergeben sich auf Balkonen viele Möglichkeiten gärtnerischer Betätigungen, von der schmückenden Ausstattung mit Blumen und Kleingewächsen bis zur Anzucht von Kräutern oder gar Gemüsen. Balkone ermöglichen somit mitten in der Stadt im Bereich der Geschoßwohnung eine intensive Begegnung mit der Natur.

Um Balkone wirklich sinnvoll nutzen zu können, müssen sie häufig – zumindest teilweise – vor unliebsamen Einblicken geschützt werden. Bei starker Sonneneinstrahlung ist ein wirksamer Sonnenschutz notwendig. Neben Jalousien, Markisen, Rollstores, Schilfmatten oder ähnlichem eignen sich dafür vor allem auch Pflanzen.

Für die Bepflanzung eignen sich Kletterpflanzen am besten, neben ihrer schmückenden Wirkung dienen sie dabei vor allem als Sonnenschutz, Sichtschutz oder sie bilden Trennwände.

Wo Balkone fehlen oder wegen Baufälligkeit abgebrochen wurden, können sie ohne großen Aufwand wieder aufgebaut oder neu gebaut werden. Es gibt auch eine Reihe von Möglichkeiten, Balkone nachträglich anzubauen.

1

1

138–141 *Beispiele von berankten Balkonen*
142 *Peter Latz: Balkongestaltung mit Rankgittern, 1982*
143 *Rudi Baumann: Nachrüstbarer Balkon in Holzbauweise, 1983*
144 *Julio José Bellot Porta: Fassadenelement mit integriertem Pflanztrog aus Asbestzement, Colegio Guadalaviar, Valencia, Spanien, 1976*
145 *Pflanztrog aus Stahlbeton, Centre Directionnel de Flers, Spanien, 1976*

141

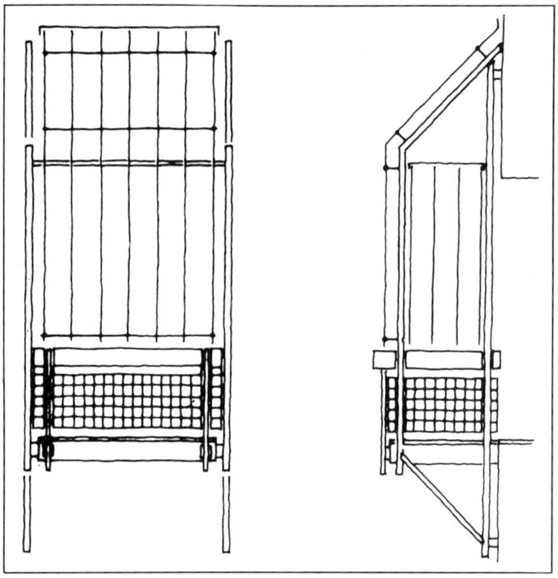
143

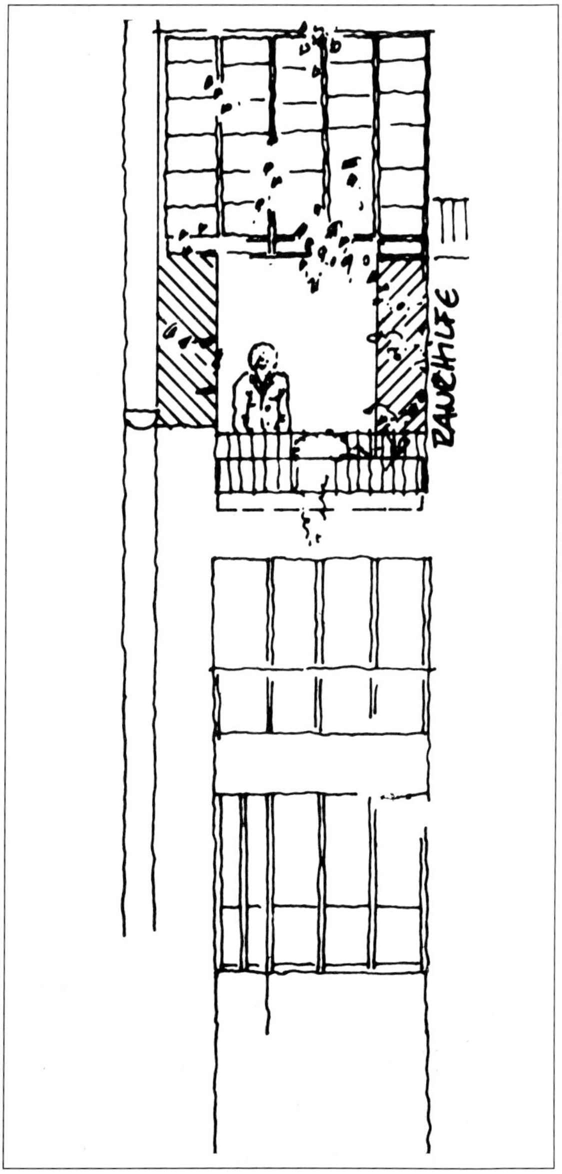
142

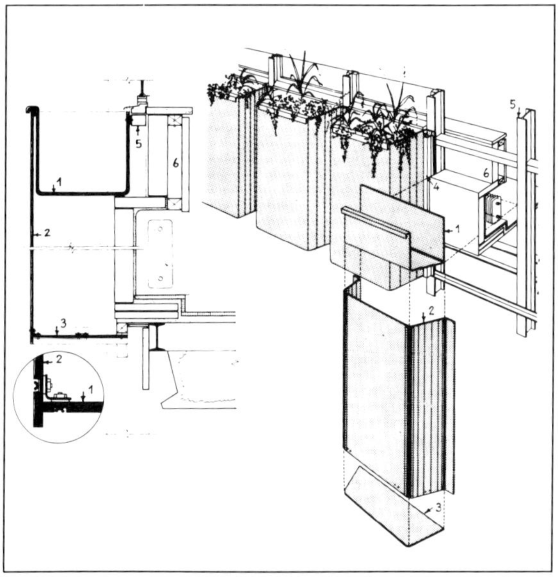
144

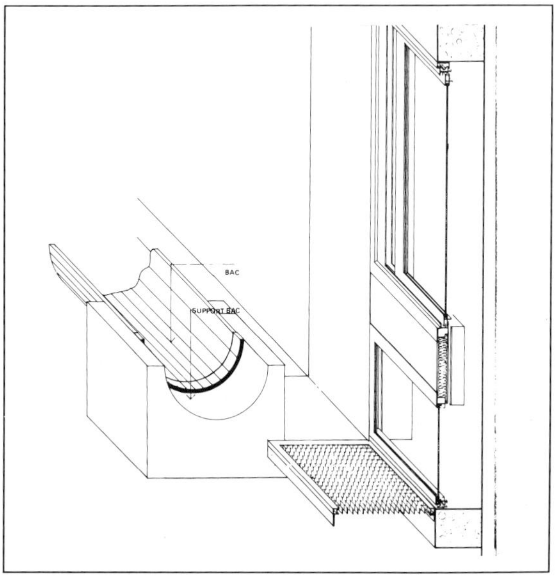

145

146 *Berankungsmöglichkeiten von Balkonen*
147 *Kletterhilfen für einfache Balkonbegrünungen*
148 *Möglichkeiten der Nachrüstung mit Balkonen*
149–152 *Rudi Baumann: Bausatz für Rankgitterkonstruktionen und Balkonanbauten*

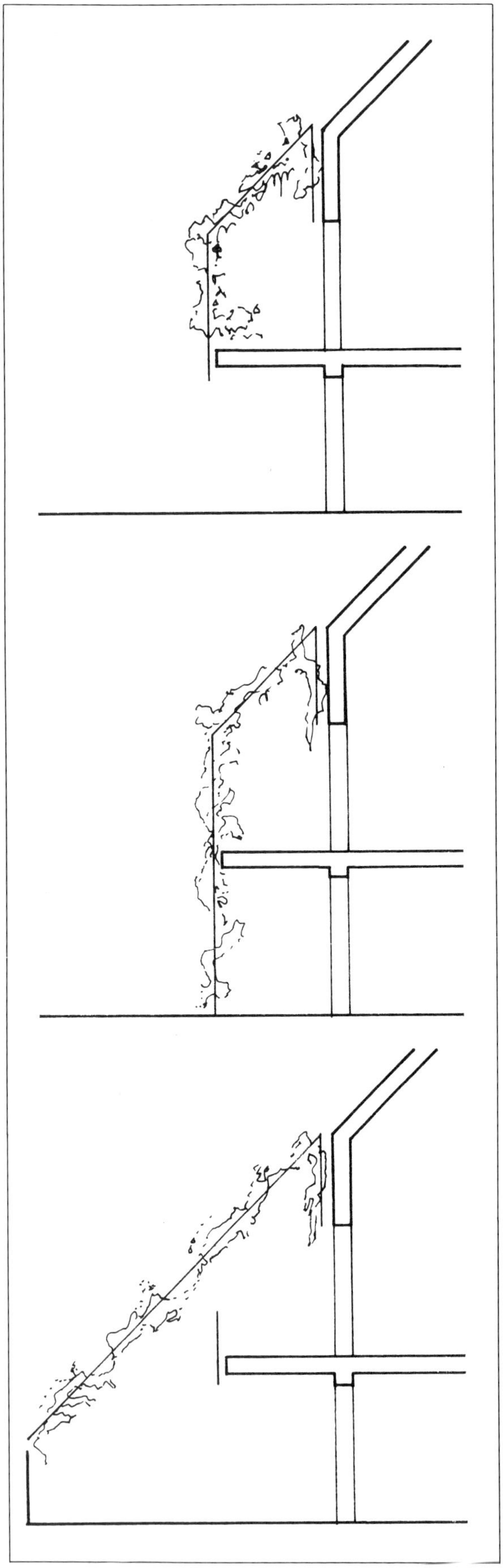

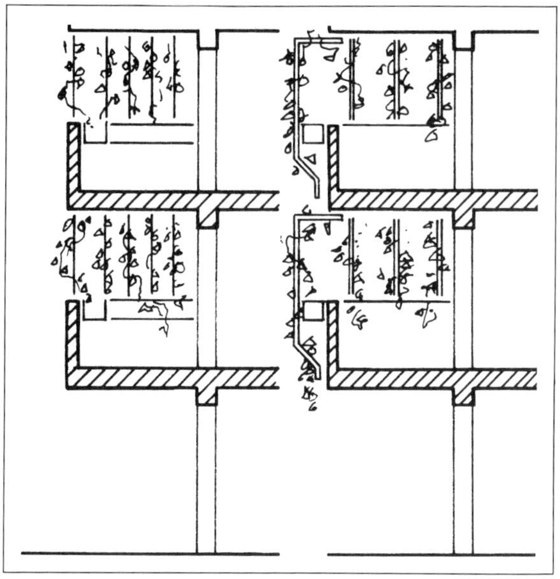
47

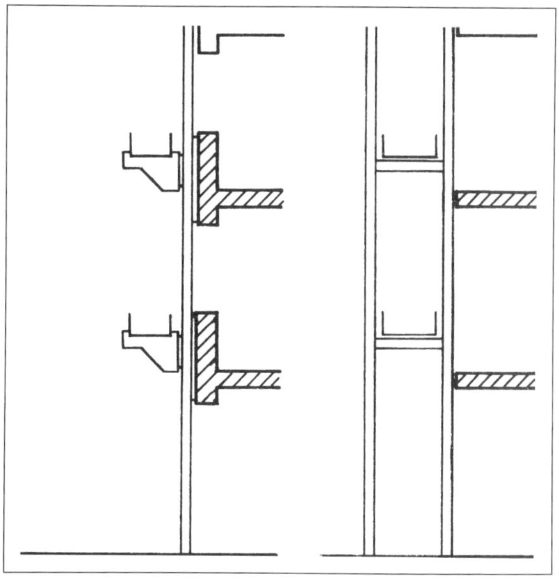
150

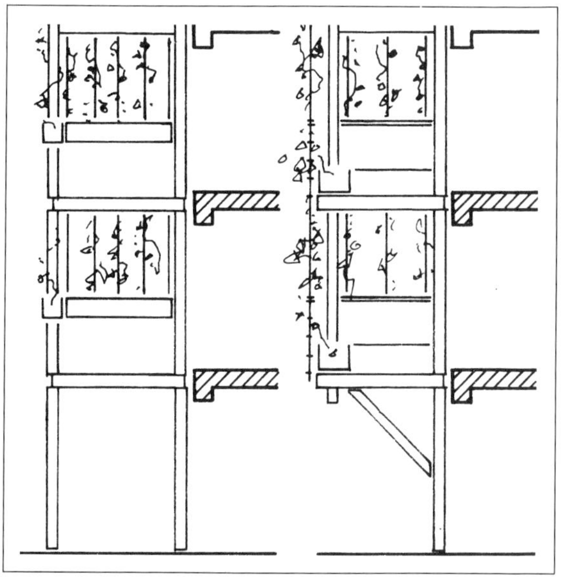
48

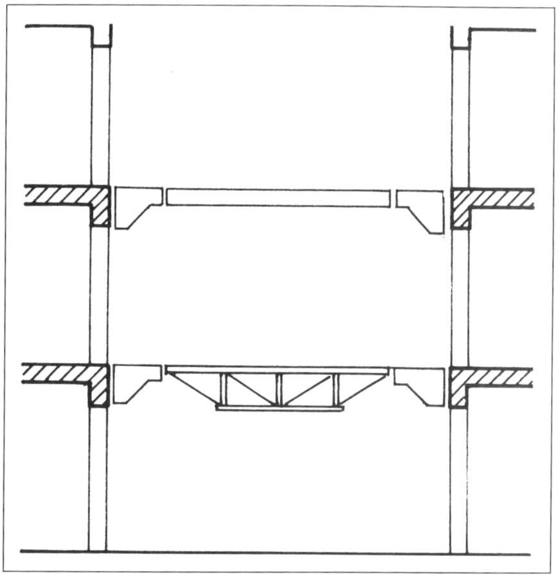
151

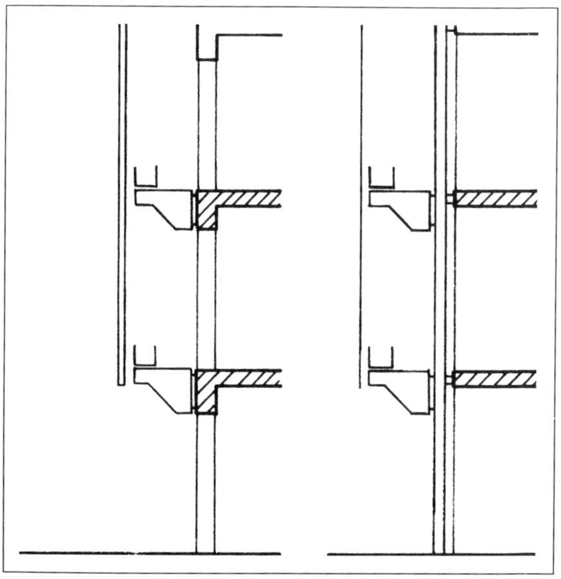
49

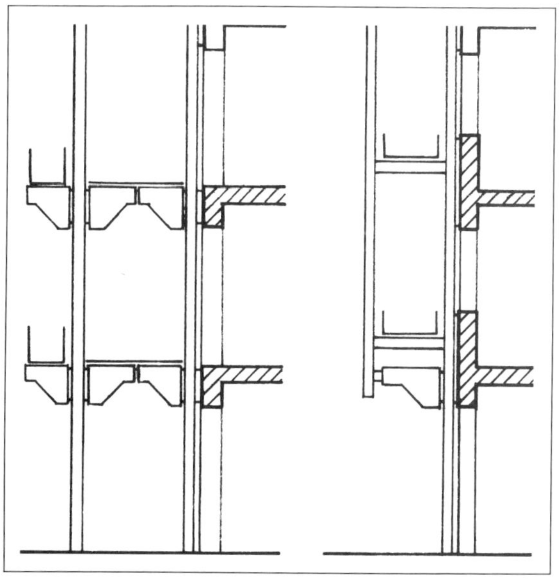
152

Pergolen

Pergolen stellen beliebte und geschützte Aufenthaltsplätze im Freien dar. Sie wurden ursprünglich in warmen, südlichen Ländern verwendet und auf Holz-, später auf Steinsäulen errichtet.

Ihre Entwicklung reicht von Weingerüsten, z.B. dem »Bozener Pergl«, über die mächtigen Laubengänge der Renaissance zu den heutigen, meist leichten Formen, welche ein schon klassisch zu nennendes Garteninventar mit nahezu unbegrenzten Möglichkeiten zur Gestaltung und Gliederung des Gebäudes, des gebäudenahen Umfeldes oder des Gartens darstellen. Sie können weitgehend in das Haus einbezogen sein, unmittelbar an dieses angrenzen oder frei im Garten stehen.

Pergolen sind in der Regel berankt.

Am Gebäude bildet die Pergola eine überleitende Architektur in den Garten. Sie stellt zumindest zu bestimmten Zeiten eine Erweiterung der Wohnung dar.

Sie können abgeschirmte, luftige, schattige Räume bilden, welche zum Gebäude oder zum Garten hin offen sind. Innen- und Außenräumen zugeordnete Pergolen lassen diese größer und weiter erscheinen oder begrenzen sie. Je nach Bauart und Bepflanzung können sie als Sonnenschutz- und Sichtschutzelemente eingesetzt werden. Sowohl gestalterisch als auch von ihren Nutzungsmöglichkeiten her gesehen können sie fließende Übergänge vom Gebäude in den Gartenraum darstellen. Pergolen können das gebäudenahe Mikroklima in vielfacher Hinsicht sehr günstig beeinflussen und neue Nutzungsbereiche mit zusätzlichen räumlichen und klimatischen Qualitäten schaffen.

Im Sommer bieten dichtberankte Pergolen und Laubengänge Schutz vor übermäßiger Strahlung und spenden durch Verdunstung der Pflanzen angenehme Kühle.

Die Schattenwirkung beruht in den meisten Fällen auf Bepflanzung, kann aber auch durch Ausrollen von Schilfmatten, Bespannen mit Tüchern o.ä. erreicht werden.

Im Frühjahr und Herbst schaffen sie windberuhigte Zonen, die es erlauben, bestimmte Nutzungen ins Freie zu verlagern, welche ohne Pergolen noch nicht oder nicht mehr möglich wären.

Konstruktion

Pergolen werden aus Stützen, Pfetten und

53

155

54

156

153 *Pergola, kunstvolle Ausgestaltung der einfachen Grundform (s. Abb. 156,158), Königliche Gärten, Potsdam*
154 *Garten Ludwig Winters, Bordighera, um 1900*
155 *Pergola auf einer Gartenmauer, um 1910*
156 *Ländliche Urform der südlichen Pergola: Steinpfeiler mit dünnen Pinienästen, Capri und Amalfi, Italien*

Sparren errichtet. Der traditionelle Werkstoff ist Holz.

Mögliche Materialien:

- ungeschälte Balken
- geschälte Rundhölzer
- Kanthölzer
- Metallpfosten
- Pfeiler aus Steinen und Ziegel
- gemauerte Bogengänge
- Spanndrähte
- Schilfmatten über Sparren gezogen (bei enger Sparrenlage ist keine zusätzliche Verschattung notwendig).

Bei der Dimensionierung sind je nach Bauart und Bepflanzung ganz erhebliche Wind- und Schneelasten zu berücksichtigen. Die weitgehende Gestaltungsfreiheit wird dadurch aber nicht wesentlich eingeschränkt.

Pergolen sollten gut imprägniert sein.

157 *Pergola auf Steinsäulen, um 1900*

158 *Ländliche Urform der südlichen Pergola: Steinpfeiler mit dünnen Pinienästen, Capri und Amalfi, Italien*

159–162 *Beispiele von verschiedenen Pergolenarten*

159

161

160

162

Zu Seite 90, 91:
163–164 *Leberecht Migge: Pergola, Entwurf für den Ehrengarten für deutsche Krieger, Brüssel/Evere, 1916*
165 *Leberecht Migge: Normengarten, Dessau-Ziebigk, 1927*
166 *Ludwig Schmieder, Karl Leubert: Laubengang mit Brunnen, Karlsruhe, um 1910*
167 *Oswald Matthias Ungers: Pergola, Innenhof Kammergericht Berlin, 1975/76*
168 *Leberecht Migge: Bambus-Pergola, Zeichnung von Rose Migge-Lenzner, um 1920*
169 *Bauarten von Pergolen*
170 *Auflagedetails von Stützen und Balken*

163

16

164

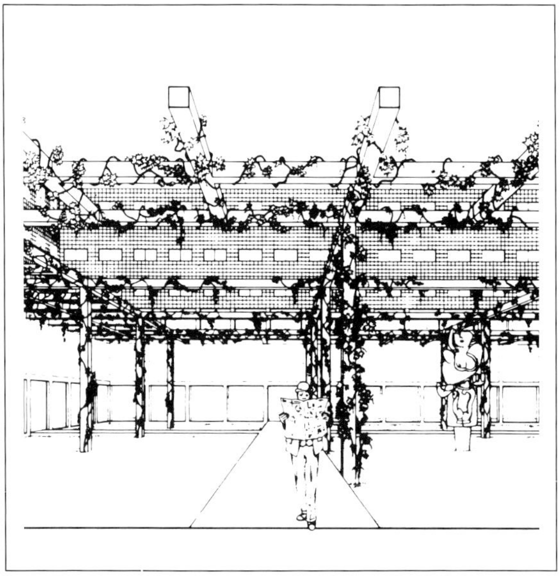

16

165

16

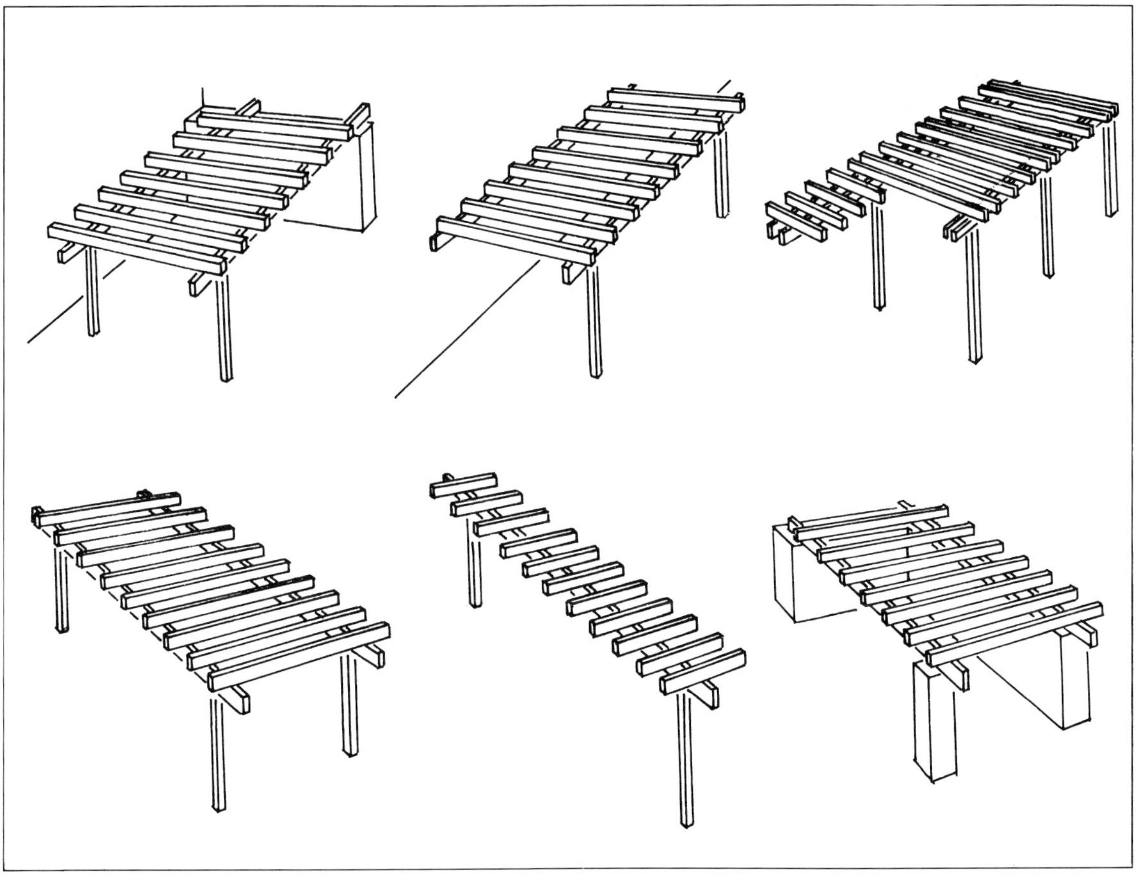

169

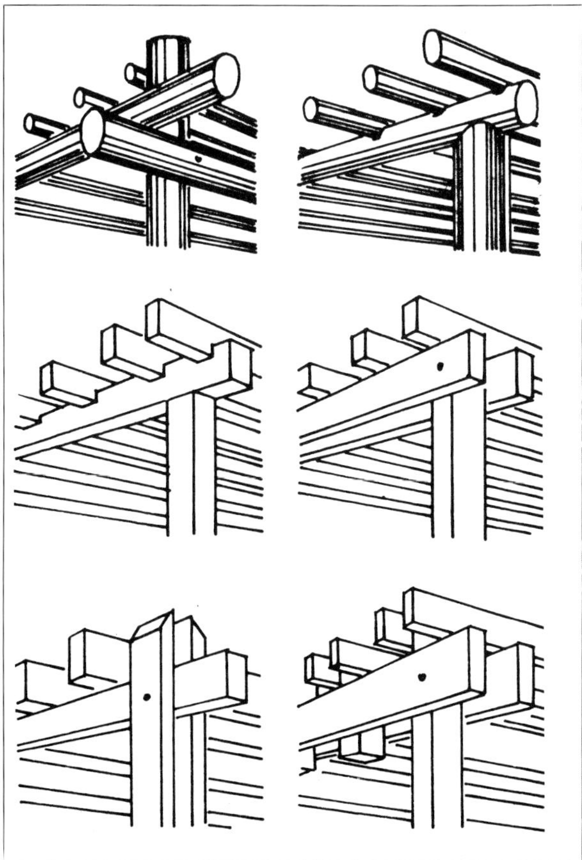

170

Lauben und Laubengänge

Die Gartenlaube stellte vor allem in den Gärten des 19. Jahrhunderts ein wichtiges architektonisches Element der Gartengestaltung dar.

Obwohl es schon immer Lauben auch in Deutschland gegeben hat, z.B. die oft zitierte Bohnenlaube, ist sie dennoch nicht so weit verbreitet wie in südlicheren Gegenden. Vor allem in Italien und Griechenland werden Weinstöcke über Sitzplätze gezogen, in Nordamerika die dortigen Vitisarten. In Japan bildet man Lauben aus Glycinen, in Mexiko läßt man Sitzplätze mit Glockenreben zuspinnen.

Die Laube hat sich als Schutzhaus im Garten gegen Sonne und Regen entwickelt. Sie steht entweder in der Nähe des Hauses oder an einem besonders schönen Platz im Garten an einem Weg.

Lauben stellen mit Pflanzen überwachsene Sitz- und Ruheplätze dar. Sie schützen vor Wind und Blicken, strahlen Ruhe und Geborgenheit aus. Sie werden zum wichtigsten Element des Wohnens im Garten. Sie bilden eine Art grünes Zimmer im Freien mit eigenen räumlichen und klimatischen Qualitäten und Nutzungsmöglichkeiten. Unter Lauben und Laubhütten entstehen angenehme schattige Aufenthaltszonen, welche auch zu Zeiten intensiver Sonneneinstrahlung einen Aufenthalt im Freien ermöglichen.

Die weiterentwickelte Form der Laube stellen Gartenhäuser oder Pavillons dar. Sie sind in den außenliegenden Gärten der Städter oder in größeren Parks verbreitet.

Die Laube stellt ein Gerüst für Schlingpflanzen dar, die Wände sollten in Spalierform ausgebildet werden. Sie wird wegen der einfachen Erstellung, des einfachen Unterhalts und der Wirkung des Materials häufig als Holzkonstruktion ausgeführt. Wird das Gerüst eines Laubenganges aus Stützen und Balken gebildet, so entsteht die Pergola. Die Stützen können aus Holz, Stahl, Kunststoff oder Stein sein. Häufig werden Laubengänge aus berankten Gitterstrukturen gebildet.

Geeignete Arten sind z.B.:
- Geißblatt
- Pfeifenwinde
- Clematis.

1

174

2

175

3

171 *Leberecht Migge: Laube aus den Werkstätten Jakob Ochs, Hamburg, 1911*
172 *Leberecht Migge: Garten Wegmann, Rhede, 1923*
173 *Leberecht Migge: Garten B., Hamburg-Bergedorf, 1912*
174 *Laube mit Schieferdeckung, um 1910*
175 *Sonnenschirmartige Laube, aus einem Baum gezogen, 19. Jh.*

176–178 *Laubengänge in Griechenland*
179 *Laubengang im Schloßpark Schwetzingen*
180 *Laubengang in München-Nymphenburg, Gitterwerk der Barockzeit, Foto um 1910*
181 *Laubengang aus ebenen Flächen, Stahlgitterkonstruktion*
182 *Laubengang auf Steinsäulen, Griechenland*
183 *Laubengang, gebildet aus Hainbuchen*
184 *Laubengang auf Steinsäulen*

1

1

79

182

30

183

81

184

185 *Laubengang in einfachster Ausführung aus unbearbeiteten Holzstämmen*
186 *Laubengang auf gemauerten Ziegelsäulen*
187 *Laubengang im Paradiesgarten zu Sanssouci, Potsdam*
188 *Leichte Laubenkonstruktion mit reiner Schutzfunktion über einer Bank, um 1920*
189 *Hans Bol (1534–1593): Ausschnitt aus dem Gemälde »Schloß in einer flachen Landschaft«, Gemäldegalerie Staatl. Museen Preußischer Kulturbesitz, Berlin*
190, 192, 193 *Willy Lange: Laube, Berlin, um 1910*
191 *Aneinandergereihte Lauben*

18

18

18

Zu Seite 98, 99:
194 *Leberecht Migge: Ausschnitt aus dem Pfirsichgarten Trunkhahn, Budapest, vor 1926*
195, 196 *Peter Latz: Ausschnitte aus Entwürfen zu Laubengängen, 1981*
197–199 *Leberecht Migge: Entwürfe zu Laubengängen aus den Jahren 1913–1918*
200–205 *Beispiele von verschiedenen Lauben*

38

191

39

192

0

193

OBST-LAUBENGANG
ALS
WIRTSCHAFTSWEG

194

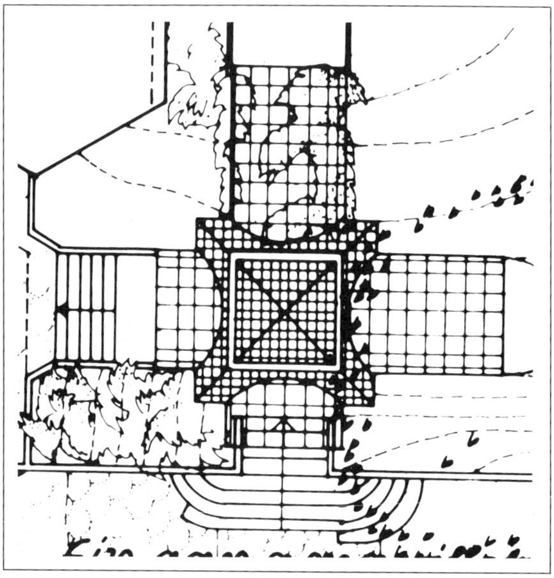

EHREN GARTEN

195

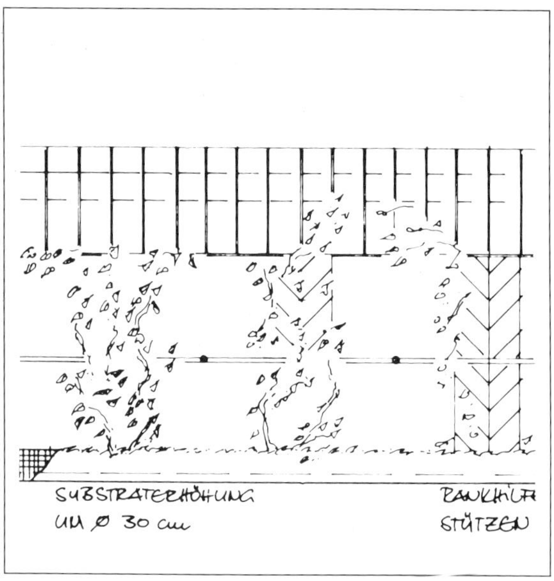
SUBSTRATERHÖHUNG
UM Ø 30 cm
RANKHILF
STÜTZEN

VOGELSCHAU ÖFFENTLICHER GARTEN HAMBURG-FUHLSBÜTTEL

196

00

01

2

203

204

205

206 

206 *Leberecht Migge: Ausführungsmöglichkeiten für Lauben, um 1913*
207–209, 211 *Ausführungsmöglichkeiten von Laubengängen*
210 *Anschlußmöglichkeiten von Laubengängen am Baukörper*

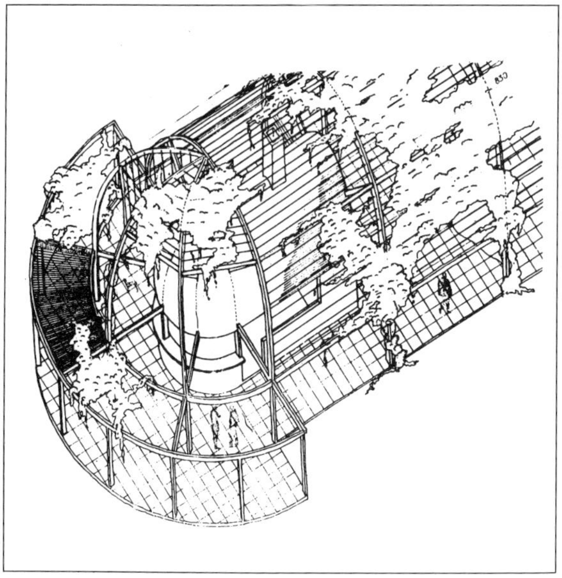

)7

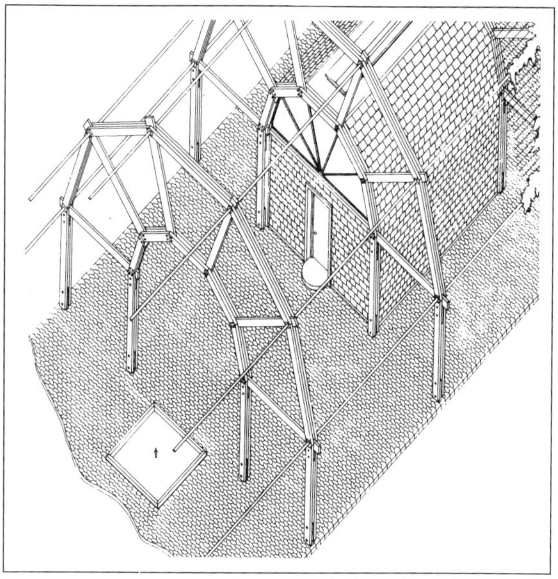

209

8

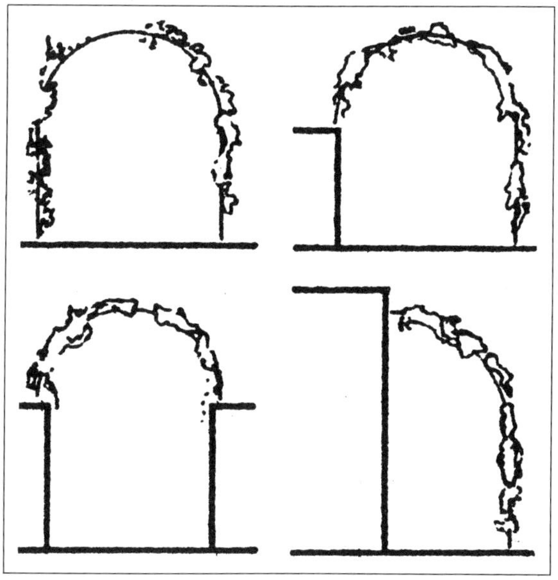

210

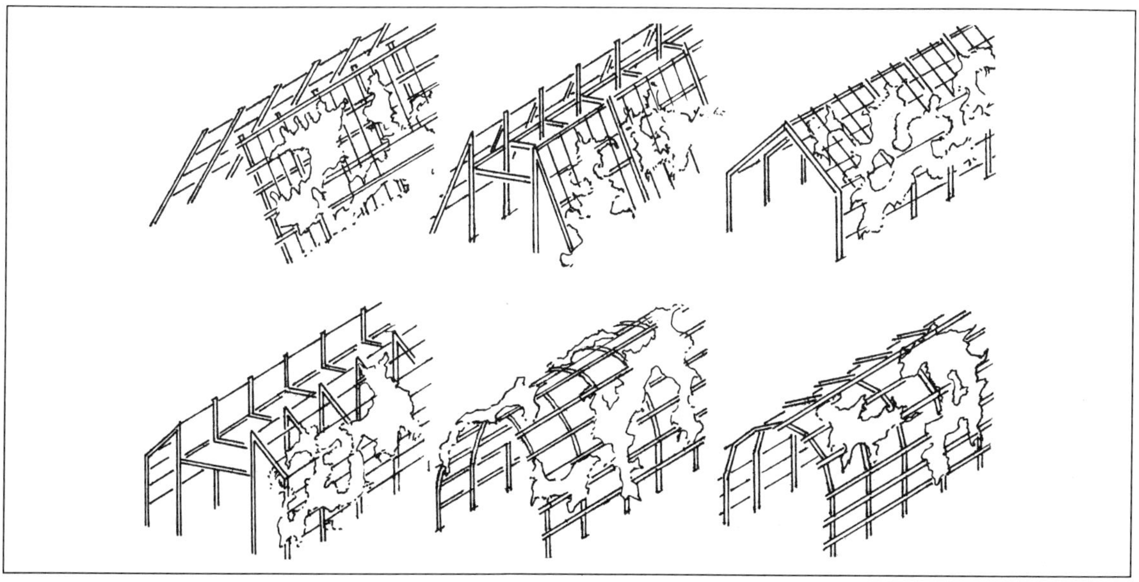

211

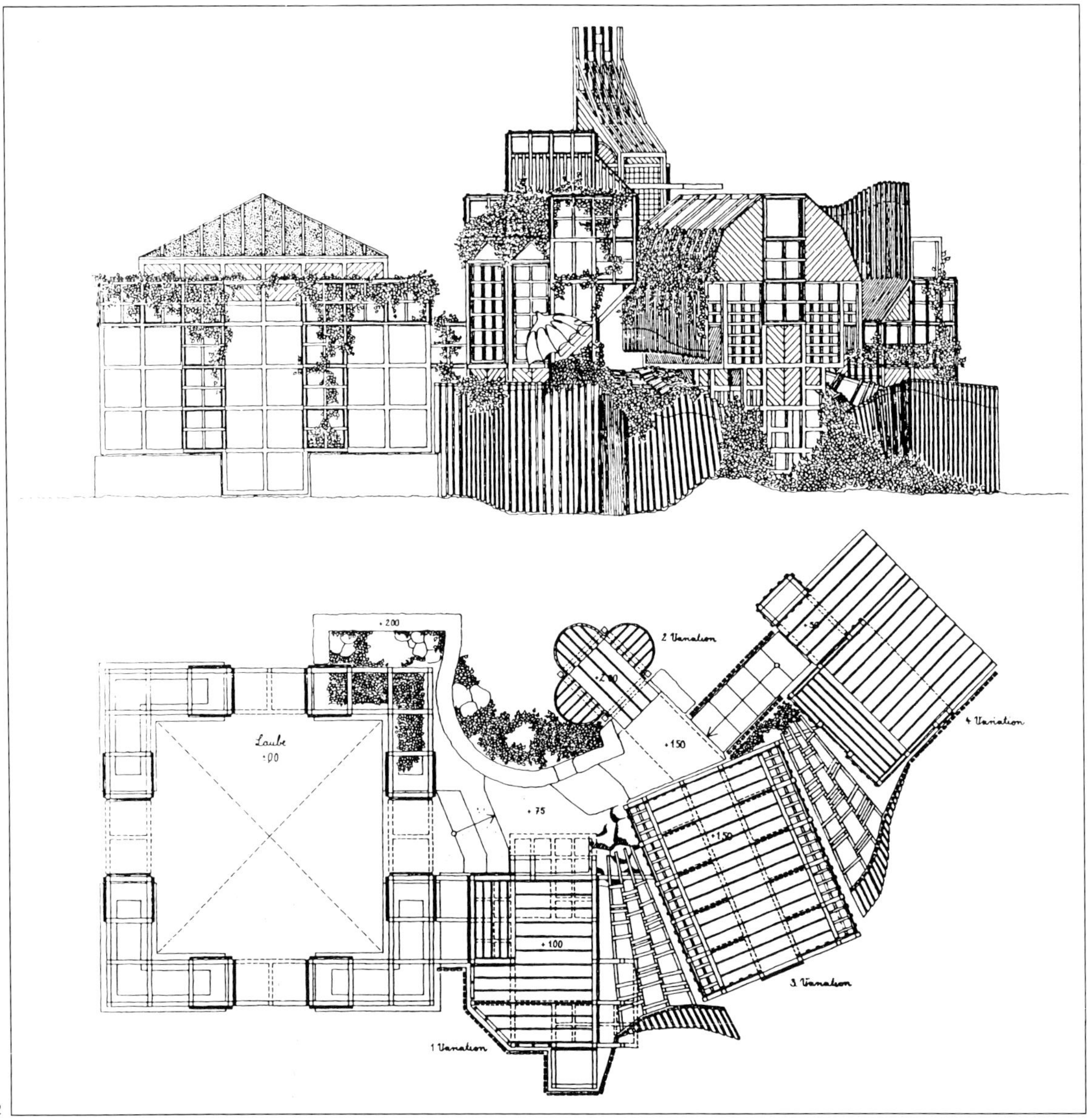

212

212 *Renate und Paul Trost: Ansicht und Grundriß, Wettbewerbsbeitrag Kunst am Bau – Internationales Begegnungszentrum in Berlin, 1982*
213 *Peter Latz: Ausschnitte aus verschiedenen Entwürfen für Pavillons und Laubengänge*

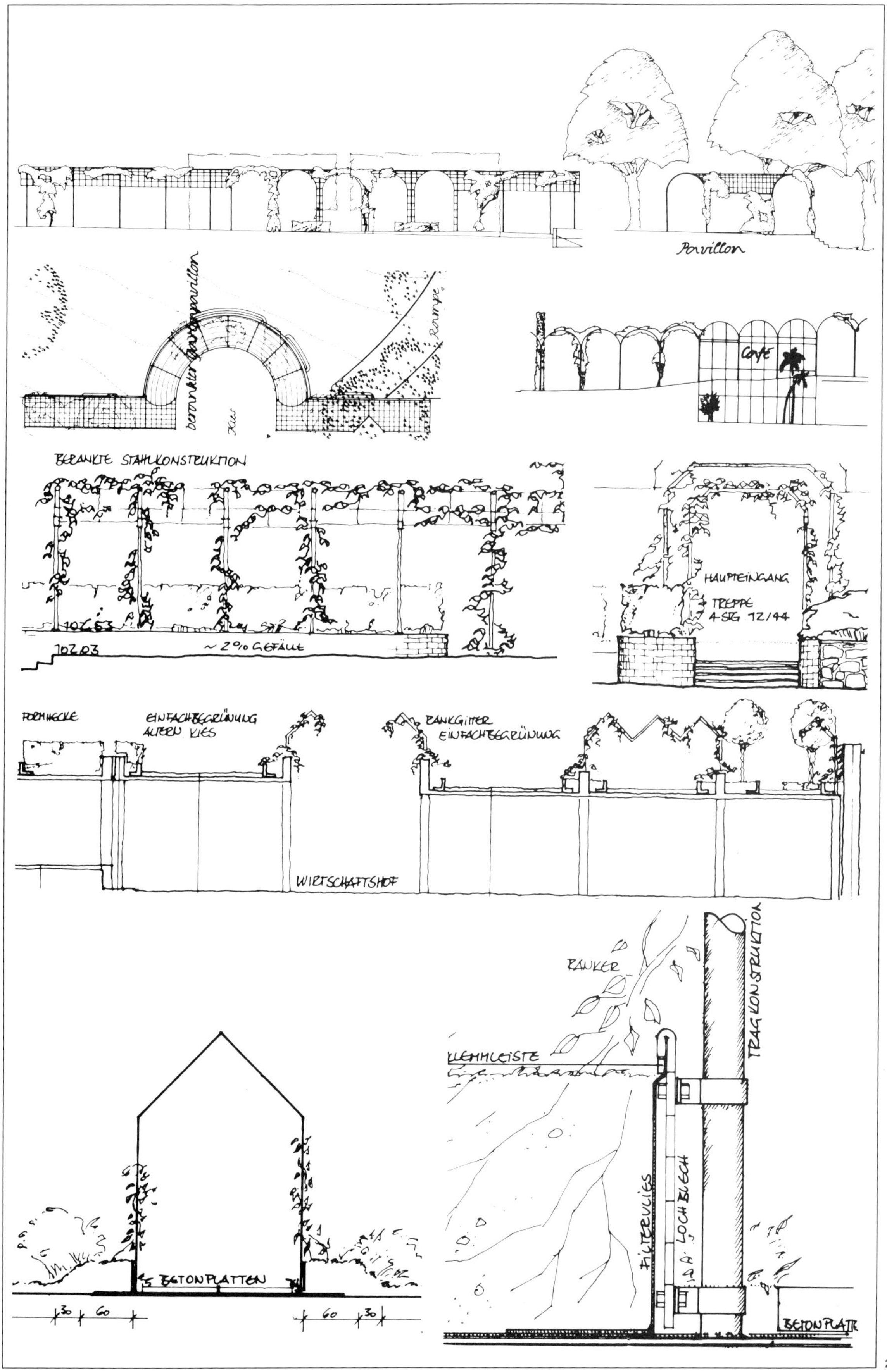
Pavillon
Café
Kies
BERANKTE STAHLKONSTRUKTION
102.63
102.03
~ 2% GEFÄLLE
HAUPTEINGANG
TREPPE
4 STG. 12/44
FORMHECKE
EINFACHBEGRÜNUNG
ALTERN. KIES
RANKGITTER
EINFACHBEGRÜNUNG
WIRTSCHAFTSHOF
RANKER
TRAGKONSTRUKTION
KLEMMLEISTE
FILTERVLIES
LOCHBLECH
BETONPLATTEN
30
60
60
30

214

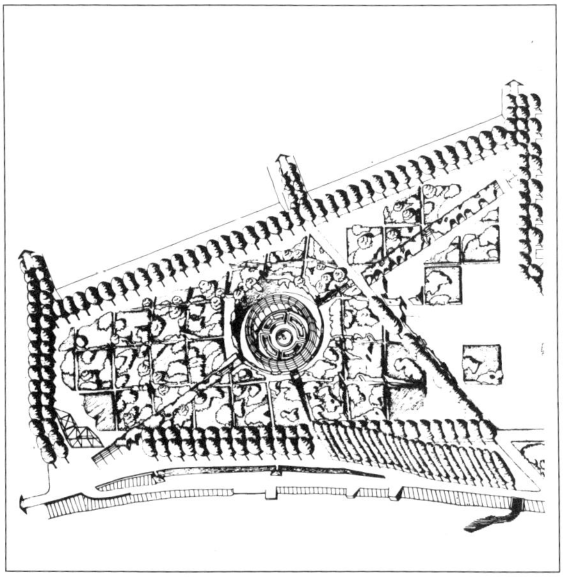

2

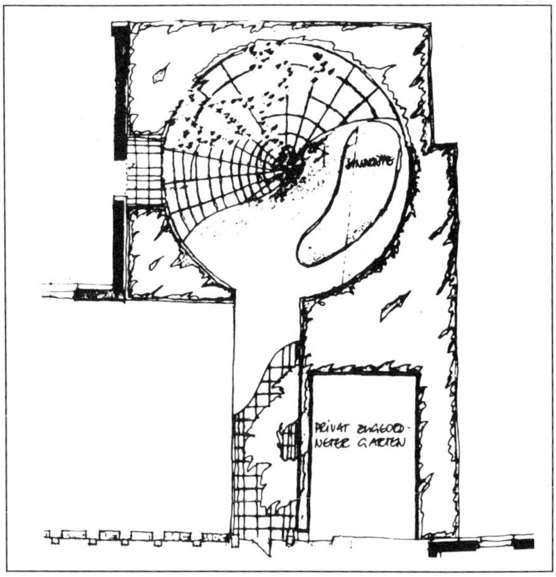

215

2

214 *Studentisches Entwurfsmodell für eine Laubenkonstruktion aus Holz*
215 *Peter Latz: Laubengang mit Laube auf einem Flachdach, Aufsicht, Nicolai-Zentrum Osnabrück, 1982/83*
216 *Gesamtplan der Hafeninsel Saarbrücken (s. Abb. 217, 218)*
217 *Einmündung einer Treillage (s. Abb. 216, 218)*
218 *Peter Latz: Entwurf von Treillagengängen für die Hafeninsel Saarbrücken (s. Abb. 216, 217), 1981*

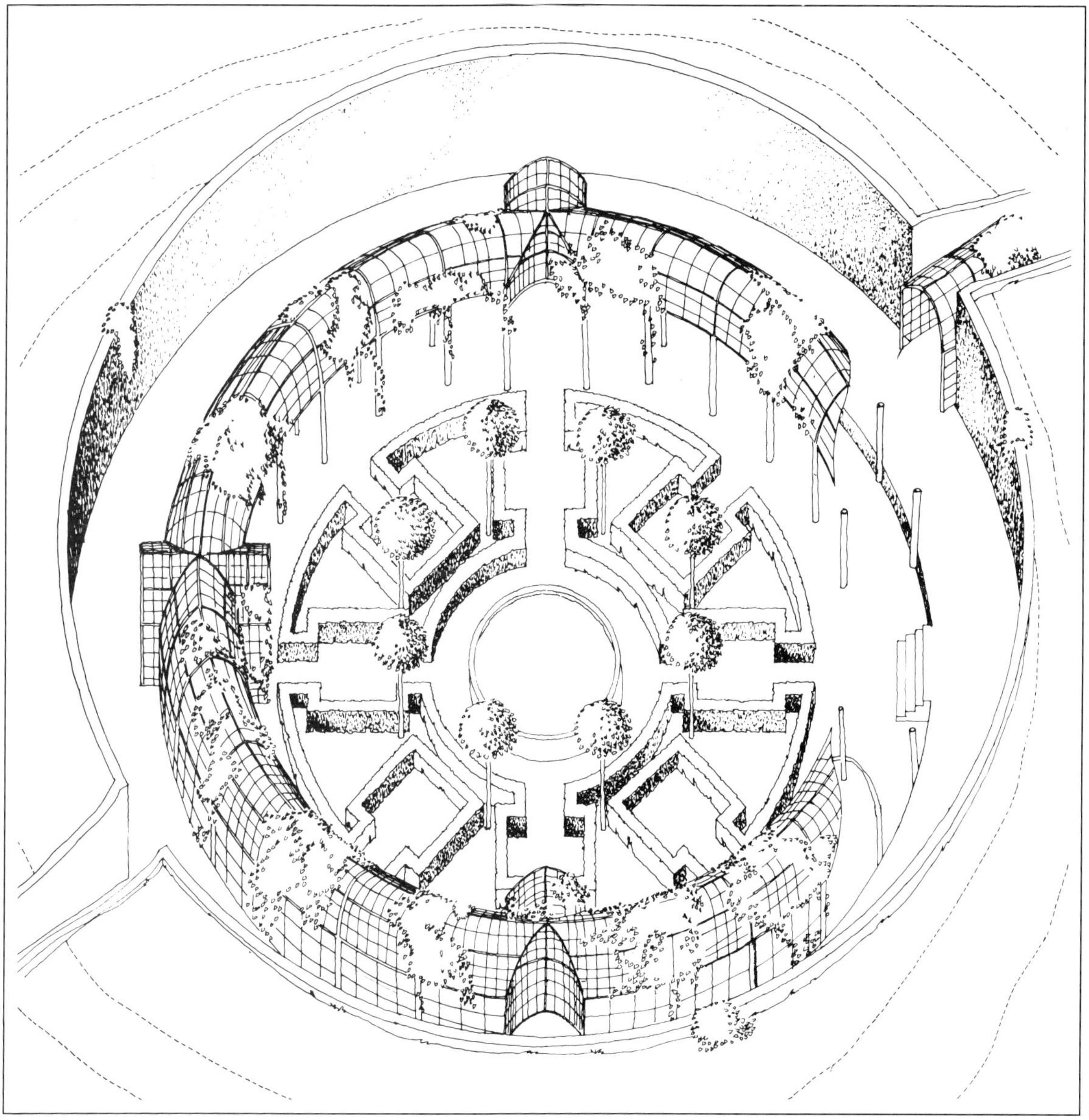

218

Pflanzenteil

Grundlagen

Die Kletterpflanzen, botanisch auch als Lianen bezeichnet (abgeleitet vom lat. »ligare« = verbinden bzw. vom griech. »liazomai« = seitwärts abbiegen, ranken), zeigen in Bau und Wuchs spezifische Eigenheiten.

Anders als alle anderen Pflanzen wachsen sie von Natur aus ohne Ausbildung eines eigenen vertikalen Traggerüstes. Sie können sich daher nicht selbst aufrecht halten wie z. B. Bäume durch Stamm und Krone, sondern sind auf Unterlagen oder Kletterhilfen angewiesen. Am natürlichen Standort im Wald oder am Waldrand benutzen sie hierzu Stämme und Äste anderer Pflanzen; diese können aber ebenso durch künstliche Kletterhilfen wie Spaliere und Mauern ersetzt werden.

Kennzeichnend für fast alle Kletterpflanzen sind deren meist lange und schlanke Sprosse, die jung und vielfach auch noch im Alter gut biege- und torsionsfähig sind. Interessant und für ihre Verwendung an Bauten von Bedeutung ist, daß sich im Lauf der Evolution verschiedene Klettertechniken herausgebildet haben. Dabei werden entweder Teile des Sprosses zu speziellen Haftorganen umgebildet, oder die Pflanze bewächst direkt ihre Unterlage. Es lassen sich grundsätzlich vier Haupttypen unterscheiden:

– windende Arten umschlingen mit ihren gesamten Sprossen und Stengeln geeignete Stützvorrichtungen (z. B. Feuerbohne, Geißblatt)
– rankende Arten finden Halt mit speziellen Rankorganen, die auf einen Berührungsreiz hin Stützen umwickeln (z. B. Waldrebe, Wein)
– kletternde Arten haften mit Hilfe besonderer Haftscheiben oder -wurzeln direkt auf der Wachstumsunterlage (z. B. Efeu, Wilder Wein)
– klimmende Arten halten sich durch Stacheln, Dornen oder spreizende Seitensprosse an Kletterhilfen fest (z. B. Kletterrose, Brombeere).

Diese unterschiedlichen Klettertechniken führten in der Vergangenheit zur Bildung der Begriffe Schling-, Rank- und Kletterpflanzen sowie Spreizklimmer; heute wird als Allgemeinbegriff für alle Typen meist der Begriff »Kletterpflanze« gebraucht. In diesem Sinne wird er auch hier verwendet.

Standort und Artenwahl

Pflanzen sind Lebewesen mit bestimmten Lebensansprüchen; eine wesentliche Voraussetzung für ihr Wachstum ist eine ausreichende Versorgung mit Licht, Wärme, Wasser und Nährstoffen.

Die Wahl einer Kletterpflanze ist zunächst abhängig vom Standort und damit von dessen Klima.

In Mitteleuropa ist vor allem die unterschiedliche Frostresistenz der einzelnen Pflanzenarten von Bedeutung.

Das Großklima einer Region oder Landschaft kann allerdings durch kleinräumige Besonderheiten positiv oder negativ modifizieren. So sind innerhalb der Stadt die Temperaturen meist höher als am Stadtrand oder der umgebenden freien Landschaft.

Auch in der Stadt gibt es Unterschiede: An Gebäuden sind Pflanzen in stärkerem Maß der Witterung (Sonne, Wind usw.) oder Belastungen (Abgase, Staub usw.) ausgesetzt als an ihrem natürlichen Standort.

Zweiter wichtiger Faktor neben dem Klima ist die Lage und Exposition des Standortes. Straßenschluchten und Gebäudeecken lassen oft Zugluft entstehen, die sich auf das Pflanzenwachstum hemmend auswirken kann.

Andererseits können Mauern und Gebäude durch ihre stärkere Erwärmung gegenüber ihrer Umgebung wiederum wärmeliebenden Arten vorteilhafte Lebensbedingungen bieten.

Südseiten

An Südseiten werden Pflanzen vor allem wegen ihrer Kühl- und Sonnenschutzwirkung eingesetzt. Sommergrüne Arten können bei flächendeckend dichtem Bewuchs eine hochwirksame Maßnahme zum sommerlichen Wärmeschutz darstellen. Maßgebend ist dabei der Verschattungseffekt und die Verdunstungskühlung.

Werden die Pflanzen mit einem Abstand zur Wand angebracht, erhöht sich der Kühleffekt durch verstärkte Abführung warmer Luft an der Gebäudeoberfläche infolge Kaminwirkung.

Nach erfolgtem Blattabwurf im Herbst kann dann die Sonne annähernd uneingeschränkt auf die Gebäudeoberflächen einwirken. Durch transparente Teile kann kurzwellige Strahlung direkt in das Gebäudeinnere gelangen. Bei massiven Bauteilen kann durch dunkle Farbgebung die absorbierte Strahlungsenergie gesteigert werden.

Früchtetragende Arten lassen an Südseiten qualitativ sowie quantitativ die höchsten Erträge erwarten.

Ost- und Westseiten

Stark besonnte Ost- und Westseiten in geschützten Lagen können wie Südseiten behandelt werden. Pflanzen erfüllen dabei vor allem die Aufgaben des sommerlichen Wärmeschutzes. Ansonsten empfiehlt sich immergrüner Bewuchs, welcher nahe an die Gebäudeoberfläche herangeführt wird, am besten mit Hilfe eines Spaliers. Durch die Entstehung von windberuhigten Luftschichten ergeben sich bei ausreichender Dicke annähernd stehende Luftpolster, die die Wärmeverluste der Außenwand reduzieren. Die Kaminwirkung zwischen Gebäudeoberfläche und Pflanzenschicht wirkt sich dabei negativ aus.

Nordseiten

Da auf Nordseiten kein wesentlicher Strahlungsanfall zu erwarten ist, sollten diese vor allem zum Zwecke des Wärmeschutzes mit immergrünen Arten, auch im Direktbewuchs, bewachsen werden. Bei ausreichender Dicke bilden sich in der Pflanzenschicht annähernd stehende Luftschichten. Bei eigenen Messungen mit einem Flügelradanemometer konnten an efeubewachsenen Wänden ab einer Dicke von ca. 50 cm keine Luftbewegungen mehr festgestellt werden.

Durch Anbringen von berankten Spalieren im Abstand von der Fassade können ebenfalls windberuhigte Zonen entstehen, welche die konvektiven Wärmeverluste reduzieren.

Dritter wichtiger Standortfaktor ist der Boden. Während Klima und Lage kaum nachhaltig veränderbar sind, läßt sich der Boden oft durchaus den Lebensansprüchen der Pflanzen entsprechend abändern. Ohne auf Einzelheiten einzugehen, bleibt festzustellen, daß er ausreichend Nährstoffe und Wasser enthalten muß; außerdem muß er diese bei Bedarf an die Pflanze abgeben können.

Neben den Standortfaktoren Klima, Lage und Boden sind für die Wahl der Pflanzenart auch Gestaltungsziele und die pflanzenspezifischen Wuchsmerkmale von ausschlaggebender Bedeutung. Erscheinung und Wirksamkeit von Pflanzen werden wesentlich von morphologischen Aspekten beeinflußt:

- Habitus der Pflanze und Art ihres Kletterns
- Veränderung des Habitus während der Vegetationsperiode (Austrieb, Blüte, Laubfall usw.)
- Veränderung von einer Vegetationsperiode zur anderen (Wachstum, Verholzung usw.)
- Form, Struktur, Dicke und Farbe der Blätter sowie deren Verteilung (alte/junge Blätter, Licht/Schattenblätter usw.)
- Verhältnis der Gesamtblattfläche zur bedeckten Grundfläche (Bedeckungsgrad) und Dicke des Systems (Bedeckungsdichte)
- relative Lage der Blattflächen in der zu verschattenden Gebäudeoberfläche (gleichbleibend oder veränderlich)
- Veränderungen der Relativlage der Blattflächen als Folge äußerer Einflüsse (Luftbewegung oder reizphysiologische Vorgänge)
- Grad der Verankerung mit Unterkonstruktionen und Freiheitsgrad für passive Bewegungen.

Je nach Pflanzenart, Exposition, Jahreszeit usw. entstehen unterschiedliche Wirkungen auf das Gebäude. Die Pflanzenauswahl sollte entsprechend der angestrebten Ziele und Wirkungen erfolgen. Es sollten immer nur Arten gepflanzt werden, die an die jeweiligen Standortbedingungen angepaßt sind. Nur so wird ein gutes, gesundes und dauerhaftes Wachstum gewährleistet.

Von grundsätzlicher Bedeutung ist die Frage, ob einjährige oder ausdauernde, ob sommergrüne oder immergrüne Pflanzen verwendet werden sollen. Für eine Entscheidung sind die Lage des Bauteiles, dessen Orientierung und Bauweise, gegebenenfalls der Fensterflächenanteil sowie das Gesamtenergiekonzept von Bedeutung. Auch der bauliche Zustand eines Gebäudes kann für die Artenwahl entscheidend sein.

Als Faustregel für die Pflanzenwahl kann gelten, daß die Besonnung um so wichtiger ist, je mehr Blüten von den Pflanzen erwartet werden.

Immergrüne Pflanzen bevorzugen eher schattige bis halbschattige Standorte, sommergrüne Pflanzen hingegen mehr halbschattige bis sonnige Plätze.

Welche Pflanzen wo?

– Südseite: Sommergrüne, früchtetragende Arten; einige Zentimeter Wandabstand (Kaminwirkung); im Winter kann Sonne auf die Gebäudeoberfläche einwirken.
– West- und Ostseite: Bei viel Sonne und wenig Schlagregen wie Südwand, sonst immergrüner Bewuchs auf Spalier und zwar so, daß Luftpolster entstehen können. Westseite bedingt für obsttragende Arten geeignet. An stark besonnten Westseiten ist Direktbewuchs mit immergrünen Pflanzen nicht zu empfehlen.
– Nordseite: Immergrüne Arten auf Klettergerüsten, so daß sich Luftpolster bilden können.

Sehr wichtig ist es, Wuchskraft und erreichbare Größe der Pflanzen auf Breite und Höhe des zu begrünenden Bauteiles abzustimmen. Wuchskräftige Pflanzen brauchen immer viel Platz zu ihrer Entwicklung und sollten daher z. B. nicht an kleinere Wände gepflanzt werden. Umgekehrt werden kleiner bleibende Pflanzen an großen Wänden wohl kaum die gewünschte Begrünung erreichen können; sie sollten daher nur an kleineren Objekten oder zur Vorpflanzung vor größer werdende Kletterpflanzen verwendet werden.

Kletterpflanzen sind vielfach Individualisten, die sich aufgrund ihrer Vitalität und Wuchskraft nicht beliebig zusammenpflanzen lassen. Dennoch bieten sich vor allem an ausreichend großen Flächen oft Möglichkeiten, verschiedene Pflanzenarten zu kombinieren:
– einjährige und ausdauernde Arten
– sommergrüne und immergrüne Arten
– Blatt- und Blütenpflanzen
– kletternde und schlingende Arten usw.

Solche Polykulturen sind interessanter, ökologisch oft stabiler als Monokulturen und eröffnen die Möglichkeit, die Vorteile einzelner Arten gestalterisch und funktional im Hinblick auf die Gesamtwirkung zu nutzen.

Beispiele für derartige Wuchsgemeinschaften könnten sein:
– im Schatten: Efeu und Pfeifenwinde; Efeu und Kletterhortensie; Efeu und Knöterich
– im Halbschatten: Efeu und Japan-Hopfen; Wilder Wein und Pfeifenwinde; Wilder Wein und Geißblatt; Efeu und Wilder Wein
– in der Sonne: Wilder Wein und Kletterrosen; Rebe und Blauregen; Trompetenwinde und Wilder Wein; Akebie und Clematis.

Pflanzung und Pflege

Kletterpflanzen brauchen vergleichsweise nur wenig Platz zum Wachsen. Während einjährige Arten sich am besten in Behältern ziehen lassen, sollten ausdauernde möglichst direkt in den Boden gepflanzt werden. Bei vielen Arten ist aber auch hier Containerhaltung möglich. Die Pflanzgrube sollte 40–50 cm zu 60–80 cm groß und ca. 50 cm tief sein; falls nötig sollte zudem der Untergrund gelockert werden. Der Aushub sollte vor dem Wiedereinfüllen mit Kompost verbessert werden. Besonders Standorte an Wänden und Fassaden sind durch die mit der Fundamentierung verbundene Bodenlockerung und Drainage für Kletterpflanzen gut geeignet, sofern sie nur tiefgründig genug sind und keine Bauabfälle enthalten.

Rank- und Schlingpflanzen werden am besten über die mitgelieferten Stäbe an die Kletterhilfen geleitet, während selbstkletternde Pflanzen kurz über dem Boden zur Mauer oder Stütze geleitet und mit Hilfe eines Stabes, Bandes o. ä. zunächst befestigt werden. So gewinnen sie Halt bis zur Entwicklung eigener Haftorgane. Spreizklimmer müssen immer aufgebunden werden.

Die jungen Pflanzen sollten an besonders gefährdeten Standorten mit Hilfe von Gittern o. ä. vor Beschädigungen geschützt werden. Angießen sowie Mulchen der Wurzelscheibe und eventuelles Schattieren der jungen Pflanzen bei empfindlichen Arten sind die letzten Pflanzarbeiten.

Die Pflege von Kletterpflanzen verursacht weder viel Zeitaufwand noch große Kosten und beschränkt sich im allgemeinen auf wenige und einfache Arbeiten. Wichtig ist, die Pflanzen im Frühjahr und bei Trockenheit gründlich zu wässern und je nach Art ausreichend mit Dünger zu versorgen. Ein Festbinden der Triebe ist nur bei klimmenden Arten erforderlich, ein Zurückschneiden der Triebe mit Ausnahme weniger Arten (z. B. Rosen, Wein) ist kaum erforderlich. Das im Herbst abgefallene Laub sollte gesammelt und möglichst zur Herstellung von Kompost verwendet werden. Für all diese Arbeiten sind insgesamt nur wenige Stunden im Jahr erforderlich.

Artenbeschreibung

Die Darstellung der einzelnen Kletterpflanzen erfolgt zur besseren Vergleichbarkeit nach einem festen Schema:
- einleitender Text mit den wichtigsten Charakteristika der Art
- detaillierte Beschreibung der Pflanze im Hinblick auf ihre gestalterisch relevanten Wuchsmerkmale sowie Hinweise zur Verwendung
- Kurzporträt, das alle wichtigen Angaben zusammenfassend darstellt
- begleitend dazu Fotos und Skizzen, die den Wuchs der Pflanze dokumentieren und Verwendungsbeispiele aufzeigen.

Stärker differenziert wird lediglich zwischen einjährigen und ausdauernden Arten, da deren unterschiedliche Lebensweise naturgemäß Konsequenzen im Hinblick auf Planung und Gestaltung hat. Entsprechend ihrem breiteren Verwendungspotential werden die ausdauernden Pflanzen ausführlicher beschrieben als die nur für kurzfristige Begrünungen geeigneten einjährigen Kletterpflanzen.

Beide Gruppen folgen im Aufbau der Beschreibung jeweils dem Schema:
- Pflanzenname
- Wuchsmerkmale
- Verwendung.

Der wissenschaftliche oder botanische Name der Pflanze bestimmt die Abfolge der Pflanzenarten und folgt dem »Zander – Handbuch der Pflanzennamen«, 12. Auflage 1980. Ausgehend vom Namen der Gattung wird die Art und gegebenenfalls Form, Sorte oder Varietät benannt, wie auch die Zugehörigkeit zur Pflanzenfamilie angegeben. Der deutsche Name der Pflanze ist weniger genau zu fassen: Je nach Region kann er unterschiedlich sein. Es wird grundsätzlich der am weitesten verbreitete Name angeführt.

Die Wuchsmerkmale der Pflanze sind ein entscheidendes Kriterium der Artenwahl und enthalten Angaben zu Pflanzengröße, zur Wuchskraft und zum Aufbau der Pflanze. Da es entsprechend den unterschiedlichen Standortvoraussetzungen nicht möglich ist, allgemeingültige Größen anzugeben, werden Größenbereiche genannt. Deren unterer Wert bezieht sich auf durchschnittlich gute, deren oberer Wert immer auf optimale Wuchsbedingungen. Entsprechendes gilt für Angaben zum Wachstum der Pflanzen. Falls nicht besonders spezifiziert, bedeutet dort langsamwüchsig immer bis 0,5 m, gut wüchsig 0,5–1 m und raschwüchsig mehr als 1 m vertikalen Zuwachs pro Jahr. Angaben zum Habitus der Pflanze versuchen ein Bild von deren äußerer Erscheinung, also optisch-ästhetischen Qualitäten, zu vermitteln. Sie beziehen sich immer auf die Pflanze im erwachsenen Zustand. Angaben zu Klettertechnik, Blatt, Blüte, Frucht oder Sproßsystem unterliegen nur wenig standortsbedingten Modifikationen und bedürfen deshalb keiner weiteren Erläuterung.

Hinweise zur Verwendung der Pflanze sind das zweite entscheidende Kriterium für eine sinnvolle Artenwahl. Neben den Angaben zu Ansprüchen der Pflanze im Hinblick auf Standort und Pflege werden vor allem Hinweise auf mögliche begrünbare Objekte gegeben. Des weiteren werden Angaben über Kletterhilfen gemacht, wenn die pflanzliche Klettertechnik diese notwendig macht. Gegebenenfalls wird angegeben, ob lineare oder flächige Kletterhilfen verwendet werden sollten und inwieweit ein zusätzliches Anbinden erforderlich ist.

Alle weiteren Angaben zu Standort, Pflanzung und Pflege bedürfen keiner besonderen Erläuterung. Unter »Bezugsquelle« werden Angaben zum Preisniveau der einzelnen Arten gebracht. Die Gliederung wurde so gewählt, daß die untere Kategorie einen Preis bis maximal 10 DM, die mittlere Kategorie einen Preis von 10–25 DM und die obere Kategorie einen Preis von mehr als 25 DM pro Einzelpflanze umfaßt.

Erläuterungen zum Kurzporträt

Einzelaspekte zu Wuchs und Verwendung:

■ gut geeignet / zutreffend

◩ geeignet / bedingt zutreffend

□ nicht geeignet / unzutreffend

Pflanzrichtung:

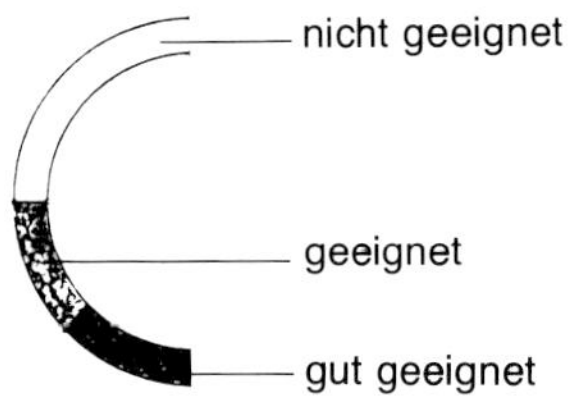

Entwicklungsstadien und Erscheinungsbild:

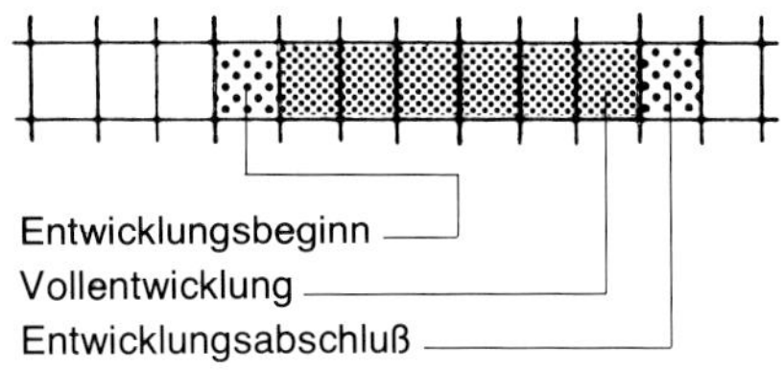

Ausdauernde Arten

Botanischer Name: Actinidia
Deutscher Name: Strahlengriffel
Familie: Actinidiaceae

Strahlengriffel sind schöne, bei zusagendem Standort üppig wachsende, sommergrüne Schlinger, deren deutscher Name sich auf die Form ihrer Blüte bezieht. Bei etlichen Arten sind die Früchte eßbar und bei uns unter dem Namen »Kiwi« bekannt geworden.

Aus der in Ostasien beheimateten Gattung sind bei uns drei Arten verwendbar, davon die eigentliche Kiwi-Pflanze nur im Weinbauklima. Wenn auch die Pflanzen nicht immer zufriedenstellend blühen und fruchten, so sind sie aufgrund ihres interessanten Laubes und der rotbehaarten Jungtriebe doch gut zu verwenden. Das Laub haftet oft weit bis in den Herbst.

Strahlengriffel benötigen Rankgerüste und wachsen bei warmem und geschütztem Stand in jedem Gartenboden. Zur Bildung von Früchten sind immer männliche und weibliche Pflanzen erforderlich.

219 *Actinidia kolomikta*

ACTINIDIA

219

220

2

221

2

220, 222, 223 *Actinidia kolomikta*
221 *Jungpflanze an einer Südwand*

Zu Seite 120, 121:
224 *Actinidia arguta, Blüten*
225 *Actinidia arguta, Früchte*
226 *Actinidia chinensis*
227 *Actinidia arguta*
228 *Sproß im Winter*

Beschreibung der Pflanze	**Actinidia-Arten** Gehölze, werden Jahrzehnte alt
Wuchsmerkmale	
Höhe und Breite	je nach Art 2–8 m hoch, 2–6 m breit
Wachstum	je nach Art einige Dezimeter bis Meter/Jahr
Art des Kletterns	Schlinger, rechtswindend
Laub und Habitus	sommergrün, meist üppig dicht
Sproßsystem	Triebe je nach Art kahl oder behaart, dichtverzweigt, braunrot
Wurzelsystem	
Blatt	
Form	herzförmig, meist lang gestielt, wechselständig
Farbe	je nach Art hell- oder dunkelgrün oder bunt, im Herbst gelblich
Spezielles	früher Austrieb, haftet oft bis in den Spätherbst
Blüte	
Form	achselständige Scheindolden
Farbe	je nach Art weiß oder weißgelb
Blütezeit	Juni
Spezielles	zweihäusig: männliche und weibliche Pflanzen; am einjährigen Holz, mehr oder weniger duftend, oft vom Laub verdeckt
Frucht	
Form	je nach Art kahle oder behaarte Beere
Farbe	je nach Art grüngelb bis braungrün
Nutzung	eßbar: grünfleischig, süßsauer, sehr vitaminreich
Verwendung	
Spaliere und Zäune	kaum geeignet
Pergolen und Lauben	gut geeignet, bietet langdauernden Sichtschutz
Fassaden und Wände	sehr gut geeignet, nutzt Wand als Wärmespender
Sonstiges	gut auch an Bäumen
Kletterhilfen	Spanndraht, stabiles Rankgerüst; Anbinden erforderlich
Standort	
Lage	warm und geschützt, bis 600 m Höhe
Exposition	Sonne bis Halbschatten
Boden	frisch bis feucht, gut drainiert, sonst ohne besondere Ansprüche
Spezielles	Arten sehr unterschiedlich
Pflanzung und Pflege	
Bezugsquelle	nur vereinzelt im Handel, mittlere Preiskategorie
Pflanzung	im Frühjahr, Boden eventuell vorher drainieren
Wasserbedarf	Boden darf nicht austrocknen, gut wässern
Nährstoffbedarf	ohne besondere Ansprüche
Winterschutz	je nach Art verschieden
Schnitt	wird vertragen, Zeitpunkt abhängig von der Art
Vermehrung	am besten Aussaat, auch Stecklinge, Ableger
Tips	früher Austrieb bisweilen spätfrostgefährdet, für Fruchtansatz männliche und weibliche Pflanzen erforderlich; Abkneifen der Triebspitzen im zeitigen Frühjahr regt zu dichterem Wachstum an, vor allem A. arguta und A. chinensis; A. chinensis-Sorten erhalten bei Plantagenanbau 7 m Pflanzabstand; Früchte müssen vor dem ersten Frost geerntet werden, sie reifen im Kühlschrank nach.

224

2

	Wuchs	Blätter	Blüten	Frucht	Besondere Hinweise
Actinidia arguta »Kleine Kiwi«	5–8 m hoch, 3–6 m breit, raschwüchsig, bis 2 m/Jahr, üppiges Laubwerk, Triebe kahl	ca. 8–12 cm lang, mit rötlichem Stiel, oft bis weit in den November haftend, dunkelgrün	im Juni, weiß, ∅ 2 cm, leicht duftend, meist vom üppigen Laub verdeckt	grüngelb, eiförmig, etwa 2,5 cm lang, eßbar, September/ Oktober	Winterschutz für Jungpflanzen, Schnitt ganzjährig möglich
Actinidia chinensis »Kiwipflanze«	4–8 m hoch, bis 6 m breit und mehr, raschwüchsig, bis 2 m/Jahr und mehr, junge Triebe oft braunrotfilzig behaart	ca. 10–12 cm lang, dunkelgrün, unterseits weißlichfilzig	Mai–Juni, gelb-weiß, ∅ 3–4 cm, leicht duftend, reichblühend	braungrün, eiförmig, 3–5 cm lang, behaart, eßbar, als »Kiwi« bekannt	schönste Art, nur bedingt winterhart, benötigt Winterschutz, an geschützten Stellen im Weinbaugebiet
Actinidia kolomikta	2–3 m hoch, 3–5 m breit, nur schwachwindend, langsamwachsend, einige Dezimeter pro Jahr, junge Triebe leicht behaart, braun	ca. 8–15 cm lang, hellgrün, Blattspitzen bei männlichen Pflanzen weiß bis rosa gefärbt	im Juni, weiß, ∅ 1,5 cm, duftend, meist unter dem Laub versteckt	gelblichgrün, eiförmig, 2,5 cm lang, eßbar	meist nur die auffallend belaubten männlichen Pflanzen im Handel, Blattfärbung soll auf kalkhaltigen Böden am besten sein

226 

VOLLSONNIG	■		
SONNIG	■		
ABSONNIG	□		
HALBSCHATTIG	■		
SCHATTIG	□		
S SOMMERGRÜN	■		
I IMMERGRÜN	□		
BLÜTENSCHMUCK	■		
BLATTSCHMUCK	◩		
FRUCHTSCHMUCK	■		
HERBSTFÄRBUNG	□		
VOGELNAHRUNG	■	RAUCHHART	■
BIENENWEIDE	■	KLETTERFORM	■
D DUFTPFLANZE	◩	HÄNGEFORM	□
WINTERSCHUTZ	■	KRIECHFORM	□

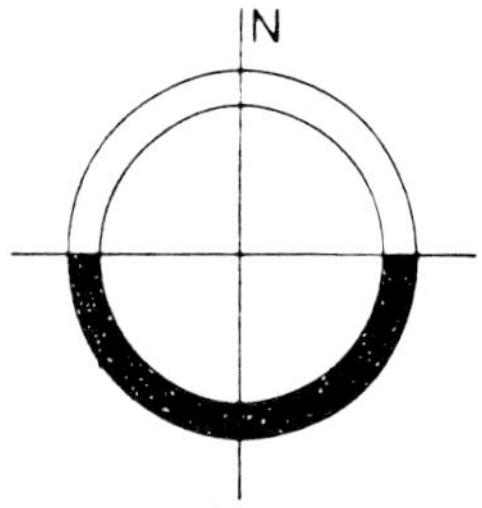

227 

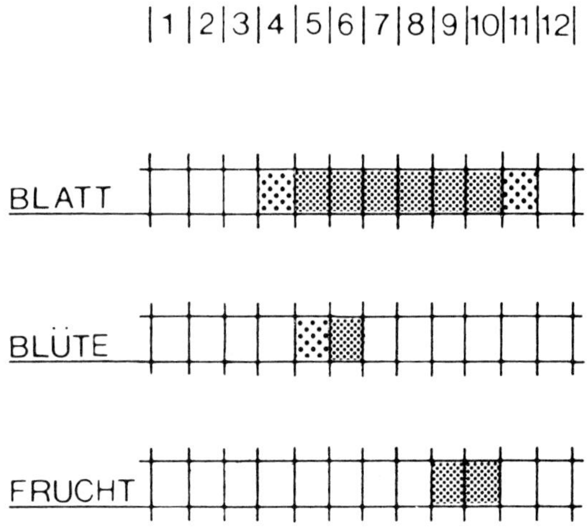

228 

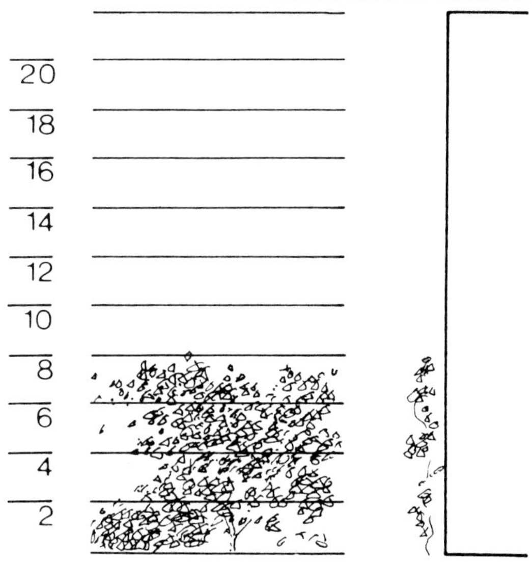

Botanischer Name: Akebia quinata
Deutscher Name: Akebie
Familie: Lardizabalaceae

Die Akebie ist ein aus Japan stammender Schlinger, der bei uns so wenig bekannt ist, daß er noch keinen eigenen deutschen Namen besitzt. Aus der kleinen, insgesamt nur zwei Arten umfassenden Gattung ist in unserem Klima nur Akebia quinata gut verwendbar.

Die Pflanze ist ein sommergrünes, raschwachsendes Schlinggehölz und blüht als eine der ersten Kletterpflanzen bereits ab April. Wegen der zu diesem Zeitpunkt noch häufig auftretenden Spätfröste erfrieren die Blüten jedoch gelegentlich. Besonders wertvoll für die Verwendung ist ihr lange haftendes Laub; in milden Lagen ist die Pflanze sogar immergrün.

Akebien sind allenfalls als junge Pflanzen empfindlich, später aber ausreichend gut winterhart und anspruchslos an Lage und Boden. Zu ihrer Entwicklung brauchen sie ein Rankgerüst, wachsen aber auch gern an anderen Pflanzen empor.

229 *Akebia quinata*

AKEBIA

229

230

2

231

2

230, 231, 232 *Verwendungsbeispiele*
233 *Blüten*

Beschreibung der Pflanze	**Akebia quinata** Gehölz, wird Jahrzehnte alt
Wuchsmerkmale	
Höhe und Breite	5–8 m hoch, 2–4 m breit
Wachstum	jung träg-, später raschwachsend, mehrere Meter/Jahr
Art des Kletterns	Schlinger, rechtswindend
Laub und Habitus	sommergrün, raumbildend
Sproßsystem	dicht verzweigt, Triebe rundlich und dünn, violettpurpur, später braun
Wurzelsystem	grobfaserig, zu Laufwurzeln neigend
Blatt	
Form	5fingerteilig, ∅ 6–12 cm, langgestielt, wechselständig
Farbe	dunkelgrün, unterseits heller, im Herbst purpurbraun
Spezielles	Laub haftet sehr lange, in milden Lagen auch wintergrün, ledrig-fest
Blüte	
Form	achselständige Trauben, einhäusig: weibliche 2–3 cm breit, männliche 0,5 cm
Farbe	weiblich: purpur, männlich: hellpurpur bis rosa
Blütezeit	April – Mai, erstmals nach 5–10 Standjahren
Spezielles	blüht nur in milden Gegenden, erfriert sonst, duftend, Bienenweide
Frucht	
Form	nierenförmige Balgfrüchte, 5–12 cm lang, bei Vollreife aufplatzend
Farbe	braunrot bis hellviolett, bereift
Nutzung	eßbar, auch Vogelfutter
Spezielles	fruchtet nur in warmen Lagen oder heißen Sommern
Verwendung	
Spaliere und Zäune	gut geeignet, z. B. als Sichtschutz
Pergolen und Lauben	sehr gut geeignet
Fassaden und Wände	gut geeignet, zur Flächendeckung Triebe leiten
Sonstiges	auch über Hecken, in Sträuchern und Bäumen, als Bodendecker
Kletterhilfen	Spanndraht, Stab, Rankgerüst
Standort	
Lage	geschützt, bis 600 m Höhe
Exposition	Sonne bis Halbschatten
Boden	sandig-humos, frisch, gut drainiert
Spezielles	am besten im Weinbauklima
Pflanzung und Pflege	
Bezugsquelle	vereinzelt im Handel, mittlere Preiskategorie
Pflanzung	im Frühjahr, Boden eventuell vorher drainieren, junge Triebe anbinden
Wasserbedarf	keine besonderen Ansprüche
Nährstoffbedarf	keine besonderen Ansprüche
Winterschutz	bei Jungpflanzen erforderlich
Schnitt	wird gut vertragen, am besten nach der Blüte, fördert Wuchsdichte
Vermehrung	am besten Ableger, auch Aussaat
Tips	Triebe winden gerne umeinander, deshalb junge Pflanzen auseinanderziehen; im Alter von unten leicht aufkahlend, Abhilfe durch Rückschnitt; bei starkem Frost Neigung zu Holzschäden, treibt im Frühjahr wieder durch; Bestäubung von Hand erleichtert Fruchtbildung.

234, 235 *Blüten*
236 *Früchte*
237 *Junger Trieb*
238, 239 *Im Winter*

23

23

2

37

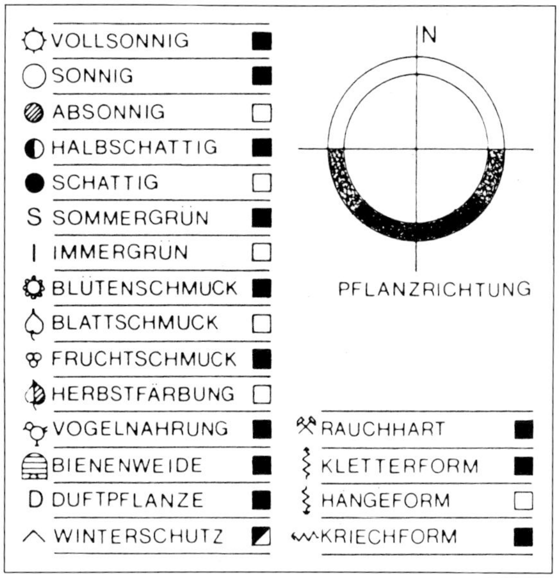
VOLLSONNIG
SONNIG
ABSONNIG
HALBSCHATTIG
SCHATTIG
S SOMMERGRÜN
I IMMERGRÜN
BLÜTENSCHMUCK
BLATTSCHMUCK
FRUCHTSCHMUCK
HERBSTFÄRBUNG
VOGELNAHRUNG
BIENENWEIDE
D DUFTPFLANZE
WINTERSCHUTZ
N
PFLANZRICHTUNG
RAUCHHART
KLETTERFORM
HANGEFORM
KRIECHFORM

8

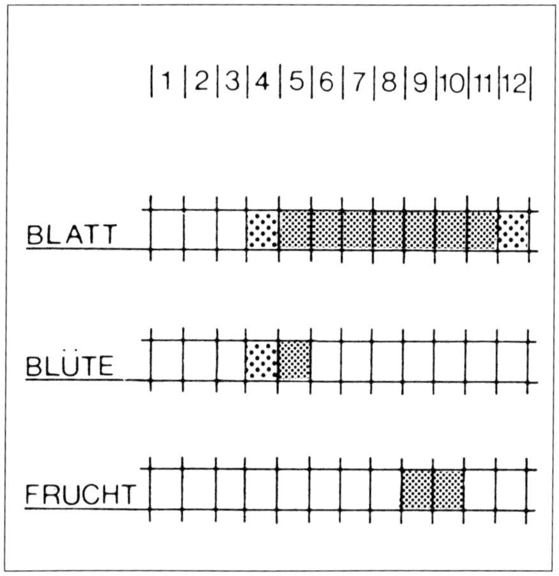
1 2 3 4 5 6 7 8 9 10 11 12
BLATT
BLÜTE
FRUCHT

9

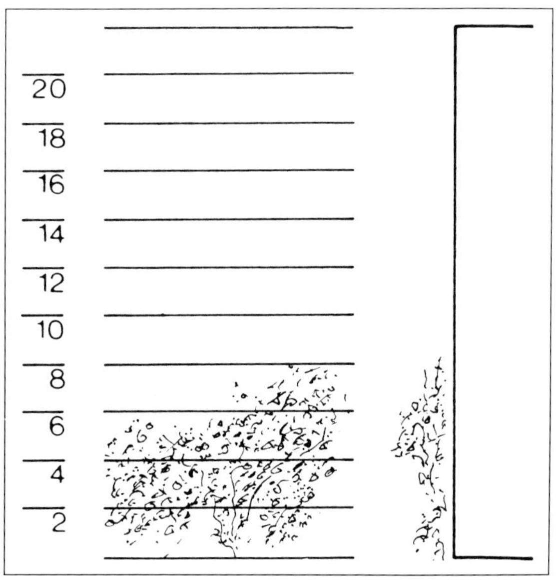
20
18
16
14
12
10
8
6
4
2

Botanischer Name: Aristolochia macrophylla
Deutscher Name: Pfeifenwinde
Familie: Aristolochiaceae

Kaum eine andere Kletterpflanze vermag derart dichte grüne Wände zu bilden wie die Pfeifenwinde. Ihre großen, sich dachziegelartig überlappenden Blätter sind auch ihr besonderes Kennzeichen.

Die tabakspfeifenähnlichen Blüten, denen die Pflanze ihren Namen bei uns verdankt, sind zwar botanisch interessant, treten aber in gestalterischer Hinsicht eher in den Hintergrund. Sie sind unter dem Laub versteckt.

Die sommergrüne Pfeifenwinde stammt aus Nordamerika. Noch im 19. Jahrhundert galt sie als eine der klassischen Laubenpflanzen, die man ihres tiefen Schattens wegen sehr schätzte. Derzeit ist die robuste Pflanze leider noch viel zu wenig in Verwendung. Erhält sie einen windgeschützten und bodenfeuchten Standort, entwickelt sie sich dort zu beachtlicher Größe.

240 *Aristolochia macrophylla*

ARISTOLOCHIA

240

241 

 2

242 

241–243 *Verwendungsbeispiele*
244 *Verschattung von Balkonen*

Beschreibung der Pflanze	**Aristolochia macrophylla** Gehölz, wird viele Jahrzehnte alt
Wuchsmerkmale	
Höhe und Breite	6–10 m hoch, je nach Kletterhilfe 2–4 m breit
Wachstum	nach Verpflanzen zögernd, später raschwüchsig, 1 m/Jahr und mehr
Art des Kletterns	Schlinger, rechtswindend
Laub und Habitus	sommergrün, gleichmäßig üppig, bildet dichten Vorhang
Sproßsystem	Triebe derb und zäh, jung grün, alt braungrau
Wurzelsystem	kräftig, tief- und weitstreichend
Blatt	
Form	herzförmig, 10–30 cm groß, wechselständig
Farbe	sattgrün, unterseits heller, im Herbst kurz gelblich
Spezielles	lange haftend und grünbleibend
Blüte	
Form	tabakspfeifenartig, lang gestielt, 3–4 cm lang,
Farbe	außen gelbgrün, innen purpurbraun
Blütezeit	Juni – Juli, erst an älteren Pflanzen
Spezielles	leicht riechend, wenig auffallend, da unter dem Laub
Frucht	
Form	unscheinbare Kapsel
Spezielles	kommt selten zur Reife
Verwendung	
Spaliere und Zäune	sehr gut geeignet, z. B. als Sichtschutz
Pergolen und Lauben	sehr gut geeignet, gibt tiefen Schatten
Fassaden und Wände	sehr gut geeignet
Sonstiges	auch gut an Baumstämmen, Masten usw.
Kletterhilfen	Spanndraht, stabiles Rankgerüst
Standort	
Lage	etwas windgeschützt, bis 600 m Höhe
Exposition	Halbschatten bis Schatten
Boden	frisch bis feucht, sonst anspruchslos, kalktolerant
Spezielles	verträgt vorübergehende Bodennässe
Pflanzung und Pflege	
Bezugsquelle	im Handel erhältlich, obere Preiskategorie
Pflanzung	im Frühjahr und im Herbst, junge Triebe anbinden
Wasserbedarf	verträgt keine Bodentrockenheit, in warmen Sommern gut wässern
Nährstoffbedarf	jährliches Düngen vorteilhaft
Winterschutz	junge Pflanzen vor Frost schützen
Schnitt	kaum nötig, doch wird vertragen, auch starker Rückschnitt
Vermehrung	am besten Aussaat, auch Ableger, Veredelung
Tips	ein- bis zweimaliges Abkneifen der Triebspitzen während des Wachstums regt zu stärkerer Verzweigung an.

245 *Im Winter*
246 *Blüten*
247 *Frucht*
248, 249 *Schlingende Triebe im Winter*
250 *Blätter*

2

2

2

8

VOLLSONNIG	□
SONNIG	■
ABSONNIG	■
HALBSCHATTIG	■
SCHATTIG	■
S SOMMERGRÜN	■
I IMMERGRÜN	□
BLÜTENSCHMUCK	□
BLATTSCHMUCK	■
FRUCHTSCHMUCK	□
HERBSTFÄRBUNG	□
VOGELNAHRUNG	□
BIENENWEIDE	□
D DUFTPFLANZE	□
WINTERSCHUTZ	□

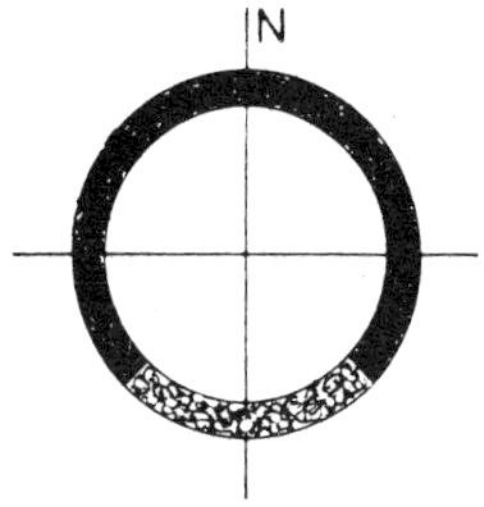

RAUCHHART	■
KLETTERFORM	■
HANGEFORM	□
KRIECHFORM	□

9

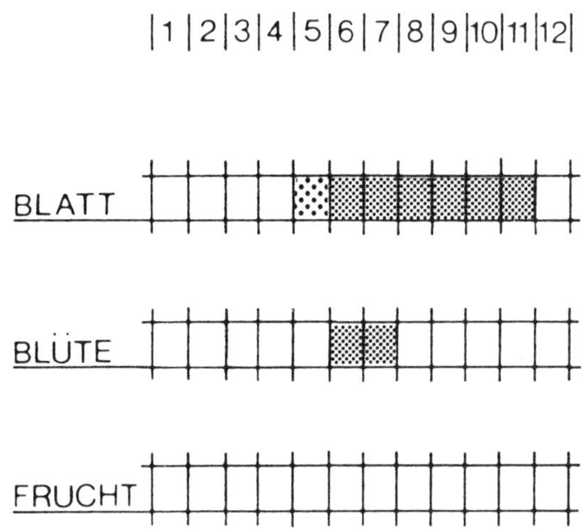

0

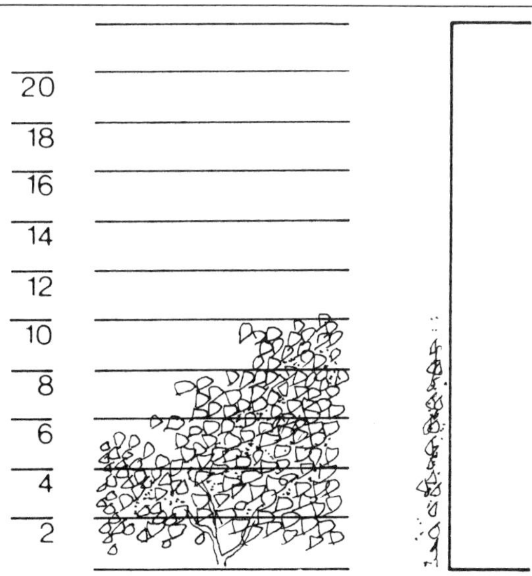

Botanischer Name: Campsis radicans
Deutscher Name: Trompetenwinde
Familie: Bignoniaceae

Trompetenwinden sind mit Haftwurzeln kletternde, sommergrüne Gehölze, deren deutscher Name sich auf die auffallenden Trichterblüten bezieht. Diese sind orangerot und erscheinen in großer Zahl vom Juli bis in den September.

In unserem Klima ist nur die aus Nordamerika stammende Campsis radicans gut verwendbar. Es ist eine kräftig wachsende, noch viel zu wenig verbreitete Art. In sehr kalten Wintern gefriert sie gelegentlich zurück, doch treibt sie im Frühjahr meist wieder gut durch.

Die Trompetenwinde liebt einen warmen und geschützten, aber stets bodenfrischen Standort. Sie eignet sich besonders zur Begrünung von Mauern und Hauswänden und kann sich dort zu beachtlicher Höhe und Breite entwickeln.

251 *Campsis radicans*

CAMPSIS

251

252

2

253

2

252–255 *Verwendungsbeispiele*

Beschreibung der Pflanze	**Campsis radicans** Gehölz, wird mehrere Jahrzehnte alt
Wuchsmerkmale	
Höhe und Breite	6–10 m hoch, 3–6 m breit
Wachstum	anfangs zögernd, später gut wachsend, bis 1 m/Jahr
Art des Kletterns	Wurzelkletterer, haftet mit Luftwurzeln
Laub und Habitus	sommergrün, meist locker buschig, gut raumbildend
Sproßsystem	Triebe hellbraun, Luftwurzeln dunkler, Rinde graubraun und im Alter längs abfasernd, ∅ Stämme bis 10 cm
Wurzelsystem	fleischig, flach und in Stammnähe bleibend
Blatt	
Form	fiederteilig, bis 25 cm lang, gegenständig
Farbe	hellgrün
Blüte	
Form	Trugdolden, Einzelblüte kelchartig, 5–8 cm lang
Farbe	orange mit scharlachrotem Saum, innen gelb
Blütezeit	Juli–September, erstmals nach 5–8 Standjahren
Spezielles	erscheint am jungen Holz, bleibt in kalten und nassen Sommern aus
Frucht	
Form	ledrige Kapsel, 8–10 cm lang
Verwendung	
Spaliere und Zäune	wenig geeignet
Pergolen und Lauben	geeignet
Fassaden und Wände	sehr gut geeignet, nutzt Wand als Wärmespender
Sonstiges	gut vor und zum Überziehen von Mauern und Baumstümpfen
Kletterhilfen	trotz Haftwurzeln vorteilhaft, z. B. Spanndraht, Rankgerüst
Standort	
Lage	warm und windgeschützt, bis 450 m Höhe
Exposition	Sonne
Boden	frisch, sonst anspruchslos, kalktolerant
Spezielles	zugempfindlich
Pflanzung und Pflege	
Bezugsquelle	im Handel bisweilen erhältlich, untere Preiskategorie
Pflanzung	im Frühjahr, Pflanzschnitt notwendig
Wasserbedarf	bei Trockenheit gut wässern
Nährstoffbedarf	ohne besondere Ansprüche
Winterschutz	untere Partien vor Frost schützen, besonders bei jungen Pflanzen
Schnitt	Rückschnitt im Spätwinter erhöht Blütenfülle, fördert Verzweigung
Vermehrung	am besten Wurzelschnittlinge, auch Steckholz, Veredelung
Tips	Boden im Wurzelbereich beschatten, z. B. mit Stauden, noch nicht verholzte Teile frieren in strengen Wintern zurück, treiben meist gut durch, neue Triebe an Stützen anbinden.

256 *Blüte*
257 *Blatt*
258 *Im Winter*
259–261 *Sproßsystem im Winter*

59

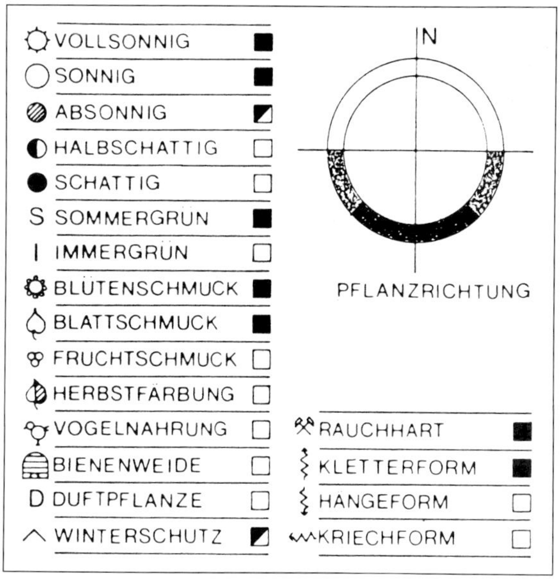
VOLLSONNIG
SONNIG
ABSONNIG
HALBSCHATTIG
SCHATTIG
S SOMMERGRÜN
I IMMERGRÜN
BLÜTENSCHMUCK
BLATTSCHMUCK
FRUCHTSCHMUCK
HERBSTFÄRBUNG
VOGELNAHRUNG
BIENENWEIDE
D DUFTPFLANZE
WINTERSCHUTZ
N
PFLANZRICHTUNG
RAUCHHART
KLETTERFORM
HANGEFORM
KRIECHFORM

0

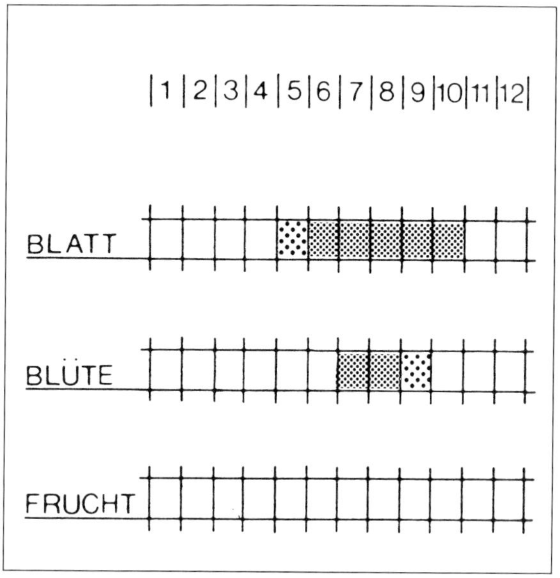
1 2 3 4 5 6 7 8 9 10 11 12
BLATT
BLÜTE
FRUCHT

1

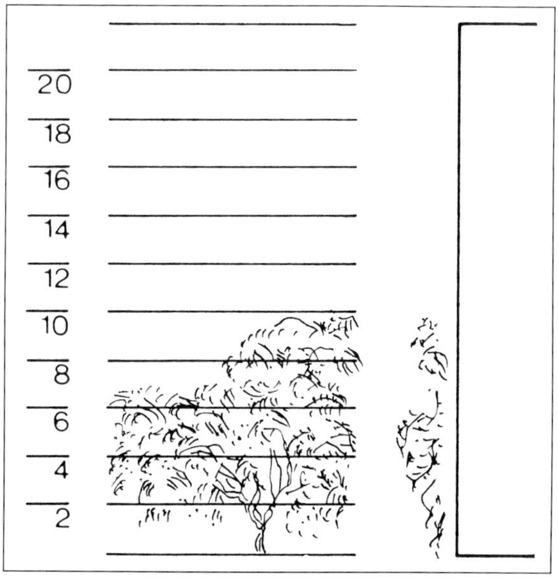
20
18
16
14
12
10
8
6
4
2

Botanischer Name: Celastrus orbiculatus
Deutscher Name: Baumwürger
Familie: Celastraceae

Baumwürger sind Pflanzen mit gefährlich klingendem und furchteinflößendem Namen. Es sind sommergrüne Schlinger, deren Name allein darauf Bezug nimmt, daß die Triebe der Pflanze sich sehr fest um Baumstämme schlingen und junge Bäume dadurch absterben können.

In unseren Breiten wird eigentlich nur die Art Celastrus orbiculatus verwendet. Es ist eine aus Ostasien stammende Pflanze, die den ganzen Sommer über eigentlich wenig auffällt. Erst mit ihrer intensiv gelben Herbstfärbung sowie den nach dem Laubfall auffallend gelb-roten Früchten kommt sie sehr wirkungsvoll zur Geltung. Die Früchte haften oft bis weit in den Januar an der Pflanze.

Der Baumwürger ist bescheiden in seinen Ansprüchen und universell in seiner Verwendung: mit Kletterhilfen wächst er an Wänden und Zäunen, über Lauben und Pergolen und bis hinauf in die Kronen großer Bäume.

262 *Celastrus orbiculatus*

CELASTRUS

262

263

2

264

2

263 *An einer Pergola*
264 *Im Spätwinter*
265 *An einem alten Baum*
266 *Früchte aufgesprungen, roter Samen sichtbar*

Beschreibung der Pflanze	**Celastrus orbiculatus** Gehölz, wird einige Jahrzehnte alt
Wuchsmerkmale	
Höhe und Breite	10–12 m hoch, 2–4 m breit
Wachstum	raschwüchsig, etwa 1–2 m/Jahr
Art des Kletterns	Schlinger, rechtswindend
Laub und Habitus	sommergrün, unregelmäßig dicht und raumbildend
Sproßsystem	Zweige rund und dünn, Triebe grün, später braungrau
Wurzelsystem	lange Laufwurzeln, stark mit Faserwurzeln besetzt
Blatt	
Form	eiförmig, 5–12 cm lang, wechselständig
Farbe	beiderseits hellgrün, im Herbst auffallend gelb
Blüte	
Form	achselständige Trugdolden
Farbe	blaßgrün, wenig auffallend
Blütezeit	Juni
Spezielles	zweihäusig: männliche und weibliche Pflanzen; am jungen Holz
Frucht	
Form	kugelige Kapsel, erbsengroß
Farbe	Hülle gelb, Samen leuchtend rot
Nutzung	Vogelfutter, auch guter Vasenschmuck
Spezielles	nach dem Laubfall von Oktober bis Januar haftend, sehr auffallend
Verwendung	
Spaliere und Zäune	gut geeignet, werden schnell überwuchert
Pergolen und Lauben	sehr gut geeignet, vor allem an größeren Objekten
Fassaden und Wände	sehr gut geeignet, mehr oder weniger flächendeckend
Sonstiges	sehr gut an alten Bäumen (junge werden erdrückt), an Lichtmasten usw.
Kletterhilfen	Spanndraht, Rankgerüst
Standort	
Lage	ohne besondere Ansprüche, bis 800 m Höhe
Exposition	Sonne bis Halbschatten
Boden	frisch, sonst ohne besondere Ansprüche
Spezielles	fruchten am besten bei sonnigem Stand
Pflanzung und Pflege	
Bezugsquelle	im Handel erhältlich, untere Preiskategorie
Pflanzung	im Frühjahr und im Herbst
Wasserbedarf	ohne besondere Ansprüche
Nährstoffbedarf	ohne besondere Ansprüche
Winterschutz	nicht erforderlich
Schnitt	wird gut vertragen, auch starker Rückschnitt möglich
Vermehrung	am besten Wurzelschnittlinge, auch Aussaat
Tips	für Fruchtansatz männliche und weibliche Pflanzen erforderlich; falls Wurzelausläufer lästig, diese mit Spaten abstechen.

267, 268 *Früchte geschlossen*
269 *Im Herbst, Früchte*
270, 271 *Sproßsystem, Winter*
272 *Früchte*

26

26

26

0

VOLLSONNIG	■				
SONNIG	■				
ABSONNIG	■				
HALBSCHATTIG	■				
SCHATTIG	□				
S	SOMMERGRÜN	■			
I	IMMERGRÜN	□			
BLÜTENSCHMUCK	□				
BLATTSCHMUCK	□				
FRUCHTSCHMUCK	■				
HERBSTFÄRBUNG	■				
VOGELNAHRUNG	■		RAUCHHART	■	
BIENENWEIDE	□		KLETTERFORM	■	
D	DUFTPFLANZE	□	HÄNGEFORM	□	
WINTERSCHUTZ	□		KRIECHFORM	□	

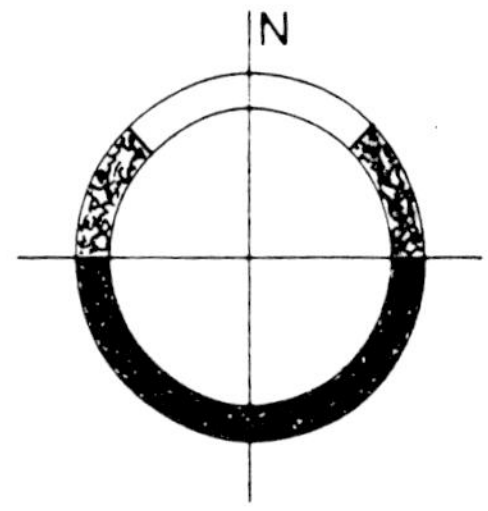

1

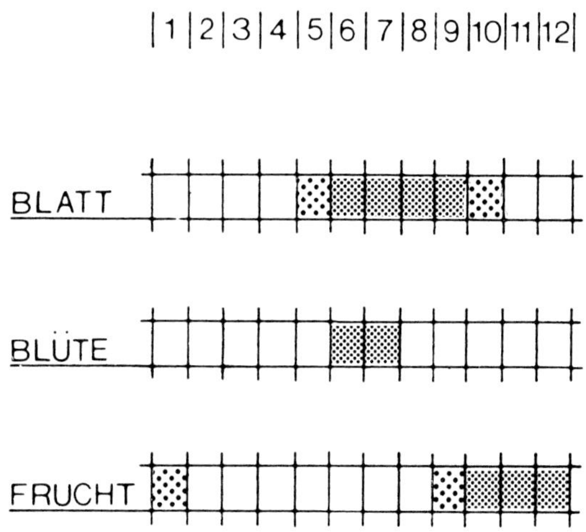

2

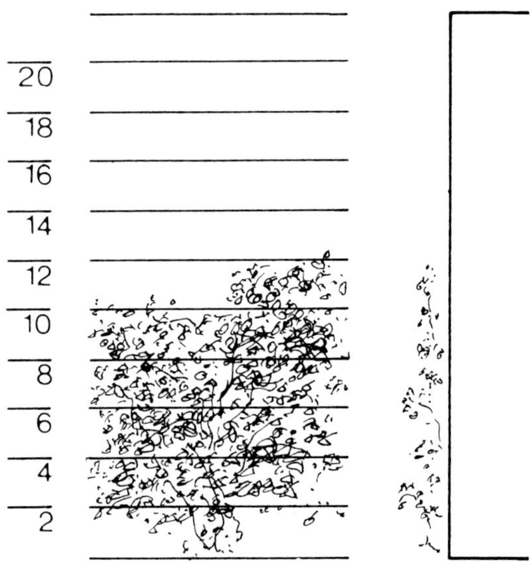

Botanischer Name: Clematis
Deutscher Name: Waldrebe
Familie: Ranunculaceae

Waldreben sind in fast allen Gebieten der Erde zu Hause und umfassen zahlreiche Arten. Die meist sommergrünen Schlinger sind vor allem als Gartenpflanzen geschätzt und weithin bekannt, ihr Blütenreichtum scheint kaum zu übertreffen zu sein.

Die Waldreben werden in zwei Gruppen aufgeteilt: Wildarten samt Formen einerseits und Hybriden oder Züchtungen andererseits.

Wildarten und ihre Formen sind robuste und anspruchslose Schlinggehölze, die leicht gedeihen und sich besonders zum Beranken auch größerer Flächen gut eignen. Sie sind kleinblumig und überraschen durch ihren enormen Blütenreichtum.

Clematis-Hybriden hingegen werden vor allem ihrer großblumigen Blüten wegen sehr geschätzt, sind aber wesentlich anspruchsvoller an ihren Standort und bleiben vom Wuchs her meist kleiner. Sie eignen sich hauptsächlich für Stellen, an denen ihre Blütenpracht voll zur Geltung kommt.

273 *Clematis vitalba*

CLEMATIS

273

274

2

275

2

274 *Clematis montana »Rubens«*
275 *Clematis lanuginosa »Nelly Moser«*
276 *Berankte Scheune*
277 *An einer Laube*

Zu Seite 150:
278 *Clematis alpina*
279 *Clematis tangutica, Blüten- und Fruchtstände*
280 *Clematis maximowicziana*
281 *Clematis montana*
282 *Clematis vitalba, Blüten*
283 *Clematis vitalba, Fruchtstände*

Zu Seite 152:
284, 285 *Pergola im Sommer und Winter*
286 *An einer Terrassenbrüstung, Winter*
287, 288 *Clematis jackmanii »Superba«*
289 *Clematis lanuginosa »Nelly Moser«*

Beschreibung der Pflanze	**Clematis-Wildarten** Gehölze, werden mehrere Jahrzehnte alt
Wuchsmerkmale	
Höhe und Breite	je nach Art 3–10 m hoch, 1–6 m breit
Wachstum	unterschiedlich: schwachwachsend (kleinbleibende Arten) oder raschwachsend (hochwerdende Arten)
Art des Kletterns	Ranker, mit Blattranken kletternd
Laub und Habitus	sommergrün, kleinbleibende Arten locker, hochwachsende Arten üppig dicht
Sproßsystem	gut verzweigt, Triebe dünn, braungelb bis -grau, etwas brüchig
Wurzelsystem	fleischig, feintriebig und tief wurzelnd
Blatt	
Form	3–7zählig gefiedert, gegenständig
Farbe	je nach Art satt- bis dunkelgrün, unterseits meist heller
Blüte	
Form	einzeln oder in Rispen, nach Art und Sorte glocken- bis tellerförmig, kleinblumig, ∅ maximal 8 cm
Farbe	je nach Art und Sorte verschieden
Blütezeit	je nach Art Mai – Oktober
Spezielles	am einjährigen oder jungen Holz, Bienenweide, manche Arten duftend, reichblühend
Frucht	
Form	Nüßchen, fast alle mit Haarschweif versehen
Farbe	silbrig-weiß, sehr auffallend
Spezielles	über den Winter haftend
Verwendung	
Spaliere und Zäune	sehr gut geeignet, geben meist dichte Matten
Pergolen und Lauben	sehr gut geeignet, werden z. T. überwuchert
Fassaden und Wände	sehr gut geeignet für hochwachsende Arten
Sonstiges	sehr gut an alten Bäumen, an Felsen, an Böschungen
Kletterhilfen	Spanndraht, Rankgerüst
Standort	
Lage	warm und geschützt, je nach Art 600–900 m Höhe
Exposition	Halbschatten
Boden	frisch bis feucht, gut drainiert, sonst anspruchslos, kalktolerant
Spezielles	reine Süd- und reine Nordlagen meiden
Pflanzung und Pflege	
Bezugsquelle	im Handel meist erhältlich, untere Preiskategorie
Pflanzung	im Frühjahr und im Herbst, eventuell Drainage einbauen, an Mauern mit 30–40 cm Abstand und über Stab schräg zuleiten, Wurzelscheibe beschatten, junge Triebe anheften
Wasserbedarf	bei Trockenheit gut wässern
Nährstoffbedarf	ohne besondere Ansprüche
Winterschutz	bei kleinbleibenden Arten vorteilhaft
Schnitt	gut möglich, Zeitpunkt und Umfang je nach Art verschieden: bei Blüte am diesjährigen Holz im Spätwinter/Frühjahr, bei Blüte am alten Holz unmittelbar nach der Blüte
Vermehrung	je nach Art Aussaat oder Stecklinge
Tips	nach gelegentlichen Frostschäden von der Basis her gut durchtreibend; Wildarten weniger anfällig gegen Clematis-Krankheit als Hybriden!

278

2

279

2

280

2

Kleinbleibende Wildarten	Wuchs	Blüte	Besondere Hinweise
Clematis alpina Alpenwaldrebe	1–2 m hoch, kletternd oder kriechend, lockerverzweigt, rankende Blattstiele	Mai–Juni, violettblau, am alten Holz, einzeln, langgestielt, glockig, 3–4 cm lang	nicht in der vollen Sonne, besonders wirkungsvoll über Felsen und in Gehölzen, auch Flächenbegrünung
Clematis tangutica Goldwaldrebe	2–3 m hoch, kletternd oder kriechend, dichtverzweigt, Triebe anfangs zottig behaart	Juni Hauptblüte, einzelne Nachblüten bis Herbst, gelb, am diesjährigen Holz, einzeln, glockig, bis 8 cm lang, ab 5–8 Standjahren	liebt warmen Stand, dekorative Fruchtstände ab dem Spätsommer, gleichzeitig noch einzelne Blüten
Clematis viticella Italienische Waldrebe	2–4 m hoch, kletternd oder kriechend, feintriebig und dicht verzweigt, Zweige rotbraun	Juni Hauptblüte, Nachblüte bis August, purpur bis violett, am diesjährigen Holz, glockig, zu 1–3, 3–5 cm breit, ab 5–8 Standjahren	liebt warmen Stand, mehrere Gartenformen im Handel erhältlich

Hochwachsende Wildarten	Wuchs	Blüte	Besondere Hinweise
Clematis maximowicziana Herbstwaldrebe	8–10 m hoch, leicht glänzendes Laub, dicht und reichverzweigt, lange Ranken	September–Oktober, weiß, am diesjährigen Holz, vielblütige Rispen, Einzelblüte 3 cm breit, stark duftend, ab 8–10 Standjahren	im Handel meist als C. paniculata angeboten, Spätblüher, Früchte reifen bei uns meist nicht aus
Clematis montana Bergwaldrebe	6–8 m hoch, 4–6 m breit, lockerverzweigt, Laub oft bis zum Austrieb haftend, Austrieb bei botanischen Formen purpur	Mai–Juni, Nachblüte möglich, am vorjährigen Holz, weiß, auch rosa Formen, Einzelblüte 4–6 cm ∅, leicht duftend, nach 3–5 Standjahren	Stammform kaum im Handel, meist Sorte »Rubens« (rosa) oder »Superba« (weiß), bedeckt schnell große Flächen, regeneriert sich gut nach gelegentlichem Rückfrieren in strengen Wintern
Clematis vitalba echte Waldrebe	8–10 m hoch, 5–8 m breit, reichverzweigt, bildet oft auch Schleppen aus, alte Triebe im ∅ bis 3 cm	August–Oktober, am diesjährigen Holz, weiß, in Rispen, Einzelblüte 2 cm ∅, leicht duftend, nach 3–8 Standjahren	nur bei ausreichend Platz, überwuchert Bauten und Pflanzen, auch an Böschungen, verträgt auch stark alkalische Böden, dekorative Fruchtstände halten über den Winter

284

2

285

2

286

2

Beschreibung der Pflanze	**Clematis-Hybriden** Gehölze, werden Jahrzehnte alt
Wuchsmerkmale	
Höhe und Breite	je nach Sorte 2–4 m hoch, 1–3 m breit
Wachstum	schwachwachsender als die Wildarten, 1–2 m/Jahr
Art des Kletterns	Ranker, mit Blattranken kletternd
Laub und Habitus	sommergrün, locker buschig, mehr oder weniger raumbildend
Sproßsystem	dünntriebig und reichverzweigt, Holz grau- bis hellbraun, nicht immer ganz verholzend
Wurzelsystem	fleischig, feintriebig, mehrere Wurzeletagen
Blatt	
Form	3–5zählig fiederteilig, gegenständig
Farbe	je nach Sorte hell- bis dunkelgrün, unterseits lichter
Blüte	
Form	tellerförmig, je nach Sorte 10–20 cm ∅
Farbe	je nach Sorte unterschiedlich, viele Farben
Blütezeit	je nach Sorte Juli–Oktober, etwa 3–5 Jahre nach der Veredelung
Spezielles	reichblütig, je nach Sorte am alten oder jungen Holz, Bienenweide
Frucht	
Form	Nüßchen, meist mit Haarschweif versehen
Farbe	silbrig-weiß
Verwendung	
Spaliere und Zäune	sehr gut geeignet
Pergolen und Lauben	sehr gut geeignet, vor allem kleinere Objekte
Fassaden und Wände	sehr gut geeignet, aber nicht flächendeckend
Sonstiges	auch gut an Säulen, Bögen, Hauseingängen, Containerhaltung möglich
Kletterhilfen	Spanndraht, Rankgerüst
Standort	
Lage	warm und windgeschützt, bis 600 m Höhe
Exposition	Sonne bis Halbschatten, braucht Mittagsschatten
Boden	sandig-humos, frisch, gut drainiert, kalkliebend
Spezielles	keine reinen Süd- oder Nordlagen, nicht im Traufbereich von Dachrinnen
Pflanzung und Pflege	
Bezugsquelle	überall im Handel erhältlich, untere Preiskategorie
Pflanzung	im Frühjahr, vorher Drainage einbauen, Veredelungsstelle 5 cm unter Bodenoberfläche, Rückschnitt der Triebe auf 5–7 Augen, an Mauern mit 30–40 cm Abstand, Triebe mit Stab schräg zur Mauer leiten, junge Triebe anheften, Wurzelbereich beschatten
Wasserbedarf	regelmäßig, aber insbesondere bei Trockenheit gut wässern
Nährstoffbedarf	gelegentliches Düngen vorteilhaft
Winterschutz	Wurzelbereich mulchen, Triebe mit Reisig umbinden
Schnitt	je nach Hybrid-Gruppe verschieden, auch radikaler Rückschnitt
Vermehrung	Stecklinge, Veredelung
Tips	treibt nach Frostschäden gut durch, Graben im Wurzelbereich schadet; Clematis-Krankheit: Innerhalb weniger Tage werden Triebe krank und sterben ab; nach Fisk (1975) ist die Ursache wahrscheinlich keine Krankheit, sondern nur Wassermangel der Pflanze. Fisk empfiehlt, im Hochsommer dreimal wöchentlich zu wässern und einmal wöchentlich zu düngen; werden geschädigte Triebe entfernt und Wurzeln feucht und schattig gehalten, treibt die Pflanze meist wieder durch.

Beschreibung der Pflanze	**Clematis jackmanii-Hybriden**
Wuchshöhe	3–4 m
Blüte	10–12 cm ∅, am diesjährigen Holz, 2–3 Stück, langgestielt, purpurviolett, Staubgefäße gelb, Juli–Oktober
Schnitt	im Spätwinter oder Frühjahr kräftiger Rückschnitt bis auf 60 cm
Empfehlenswerte Sorten	
»Gipsy Queen«	Blüte tiefpurpur, dunkle Staubgefäße, Juli–Oktober
»Superba«	Blüte purpurviolett, bis 15 cm ∅, Juli–August

Beschreibung der Pflanze	**Clematis lanuginosa-Hybriden**
Wuchshöhe	2–3 m
Blüte	15–20 cm ∅, am diesjährigen Holz, Blütenstiel und Knospe stark wellig und behaart, locker verteilt, Juni–September
Schnitt	im Spätwinter oder zeitigen Frühjahr kräftiger Rückschnitt
Empfehlenswerte Sorten	
»Lady Northcliff«	Blüte lavendelblau, weiße Staubgefäße, reichblühend, Juni–Juli, bei Rückschnitt Nachblüte im September
»Nelly Moser«	Blüte leicht lilarosa mit rotem Mittelband, rote Staubgefäße, Juni–Juli, bei Rückschnitt Nachblüte im September
»Ville de Lyon«	Blüte karmin mit dunklerem Saum, helle Staubgefäße, Juni–September, gilt als sehr robust

Beschreibung der Pflanze	**Clematis patens-Hybriden**
Wuchshöhe	3–4 m, kräftig wachsend
Blüte	10–15 cm ∅, am vorjährigen Holz, flach und einzeln stehend, Mai–August
Schnitt	falls nötig nur nach der Blüte, Schnitt zu einem anderen Zeitpunkt kann Pflanze schädigen
Besonderes	nur für milde Lagen, frostempfindlich
Empfehlenswerte Sorten	
»Lasurstern«	Blüte blauviolett, Staubgefäße gelblich-weiß, Juni–Juli, Nachblüte im September
»Marie Boisselot«	Blüte weiß, Staubgefäße gelblich, Juni–August, abgerundete Blütenblätter
»The President«	Blüte dunkelviolett, dunkelbraune Staubgefäße, Juni–Juli, Nachblüte im Oktober, blüht am alten und jungen Holz

Beschreibung der Pflanze	**Clematis viticella-Hybriden**
Wuchshöhe	2–4 m, kräftig wachsend
Blüte	10–12 cm ∅, am diesjährigen Holz, Juli–Oktober
Schnitt	im Spätwinter oder Frühjahr zurückschneiden
Empfehlenswerte Sorten	
»Ernest Markham«	Blüte petunienrot, gelbe Staubgefäße, Juli–September
»Huldine«	durchscheinend weiß, Rückseite blaßrosa, helle Staubgefäße, Juli–September
»Lady Betty Balfour«	Blüte dunkelviolett, Staubgefäße gelb, August–Oktober

290 *Clematis patens »Lasurstern«*
291 *Blattranken an Stahldraht*
292 *Blattranken an Baustahl*

90 

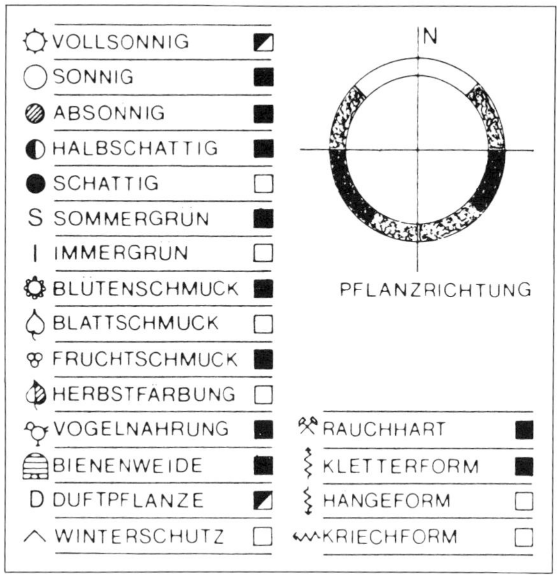
VOLLSONNIG
SONNIG
ABSONNIG
HALBSCHATTIG
SCHATTIG
S SOMMERGRÜN
I IMMERGRÜN
BLÜTENSCHMUCK
BLATTSCHMUCK
FRUCHTSCHMUCK
HERBSTFÄRBUNG
VOGELNAHRUNG
BIENENWEIDE
D DUFTPFLANZE
WINTERSCHUTZ
N
PFLANZRICHTUNG
RAUCHHART
KLETTERFORM
HÄNGEFORM
KRIECHFORM

91 

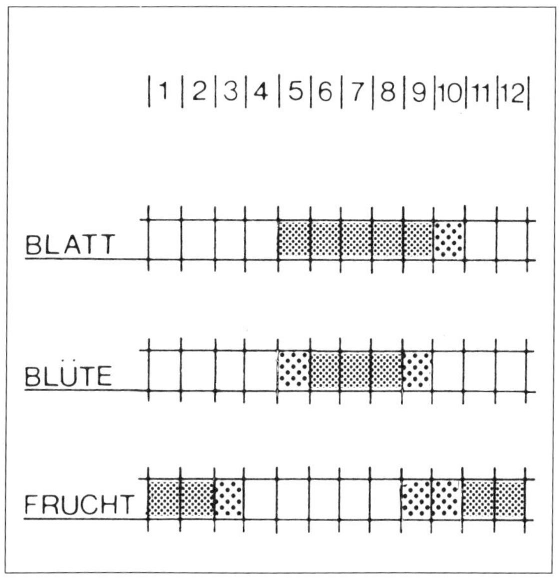
1 2 3 4 5 6 7 8 9 10 11 12
BLATT
BLÜTE
FRUCHT

2 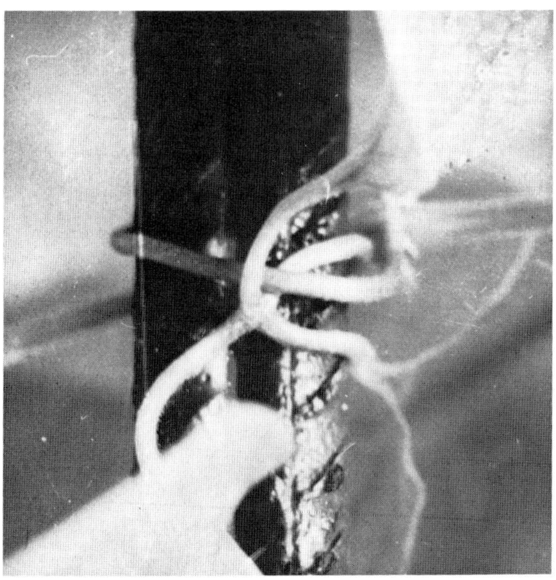

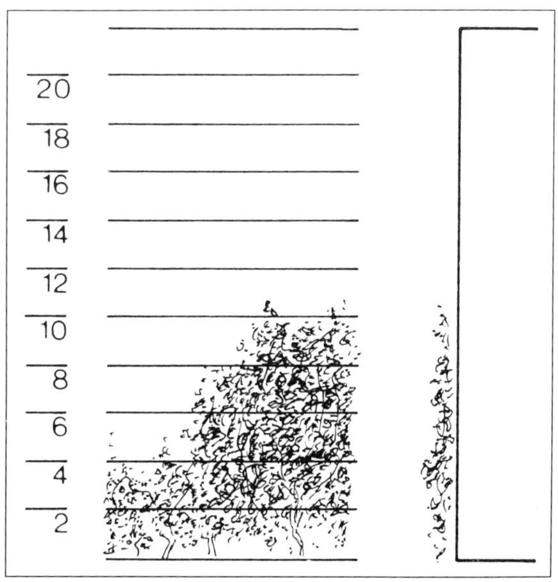
20
18
16
14
12
10
8
6
4
2

Botanischer Name: Fallopia
Deutscher Name: Knöterich
Familie: Polygonaceae

Von allen für unser Klima geeigneten Schlinggehölzen ist der Knöterich die mit Abstand am schnellsten wachsende Pflanze. Das hat ihm in Berlin den Namen »Klettermaxe« eingebracht. Sein botanischer Gattungsname ist nunmehr Fallopia, doch wird er im Handel meist noch unter dem Namen Polygonum geführt.

In unserem Klima sind zwei Arten des Schlingknöterich verwendbar: der aus China stammende, weißblühende Fallopia aubertii sowie der aus der Bucharei kommende, leicht rosa blühende Fallopia baldschuanica. Letzterer ist allerdings nur selten im Handel zu finden.

Beide Arten sind gleichermaßen robust und anspruchslos und blühen mit dekorativen Blütenrispen vom Hochsommer bis zum ersten Frost. Aufgrund ihres üppigen und überschäumenden Wachstums sind sie nur dort zu empfehlen, wo ihnen reichlich Platz zur Verfügung steht. Kleinere Bauten wie Garagen oder Schuppen sind binnen weniger Wochen oder Monate oft schon überwachsen.

293 *Fallopia aubertii*

FALLOPIA

293

294

29

295

2

294, 295 *Verwendungsbeispiele*
296, 297 *Beispiele in Sommer und Winter*

Zu Seite 160, 161:
298–302 *Verwendungsbeispiele*
303 *Blüten*
304 *Schlingen eines Jungtriebs*
305, 306 *Sproßsystem im Winter*

Beschreibung der Pflanze	**Fallopia aubertii** Gehölz, wird einige Jahrzehnte alt
Wuchsmerkmale	
Höhe und Breite	8–12 m hoch, 5–8 m breit
Wachstum	sehr raschwüchsig, bis 6 m/Jahr und mehr
Art des Kletterns	Schlinger
Laub und Habitus	sommergrün, üppig und flächendeckend, raumbildend, einzelne Triebe abstehend und überhängend
Sproßsystem	junge Triebe: karmin, dünn, kahl; alte Triebe: graubraun, zäh, verholzt
Wurzelsystem	fleischig, weitstreichend
Blatt	
Form	eiförmig, Basis herz- bis spießförmig, 4–9 cm lang, Rand mehr oder weniger gewellt, wechselständig
Farbe	hellgrün, im Austrieb rötlich, im Herbst gelblich
Blüte	
Form	aufrechte Rispen, 15–50 cm lang
Farbe	weiß
Blütezeit	Juli–Oktober, bereits ab dem 2. Standjahr
Spezielles	am jungen Holz, leicht duftend, Bienenweide
Frucht	
Form	geflügeltes Nüßchen, dreikantig
Farbe	weißlich
Nutzung	Vogelfutter
Spezielles	fruchtet bei uns selten
Verwendung	
Spaliere und Zäune	sehr gut geeignet, aber nur größere Objekte
Pergolen und Lauben	sehr gut geeignet, werden rasch überwuchert
Fassaden und Wände	sehr gut geeignet, braucht große Flächen
Sonstiges	auch gut in Bäumen, an Böschungen, an Lärmschutzwänden, Containerhaltung möglich
Kletterhilfen	Spanndraht, Rankgerüst
Standort	
Lage	anspruchslos, bis 800 m Höhe
Exposition	Halbschatten, Sonne
Boden	frisch, sonst ohne besondere Ansprüche
Spezielles	braucht viel Platz, im Schatten weniger üppig wachsend und blühend
Pflanzung und Pflege	
Bezugsquelle	überall im Handel erhältlich, untere Preiskategorie
Pflanzung	im Frühjahr und im Herbst
Wasserbedarf	bei Trockenheit wässern vorteilhaft
Nährstoffbedarf	ohne besondere Ansprüche
Winterschutz	trotz gelegentlicher Frostschäden nicht erforderlich
Schnitt	regelmäßiger Rückschnitt hilft Aufkahlen von unten zu vermeiden und fördert Blüte, auch starker Rückschnitt, am besten im Frühjahr
Vermehrung	Stecklinge
Tips	treibt nach gelegentlichen Frostschäden gut durch, Abkneifen junger Triebspitzen fördert Verzweigung
Die Art »Fallopia baldschuanica« weicht in folgenden Punkten ab:	
Sproßsystem	Zweige grüngestreift, verholzt stärker als Fallopia aubertii
Blütenfarbe	weiß, sich allmählich rötend

298

299

300

30

30

3

4

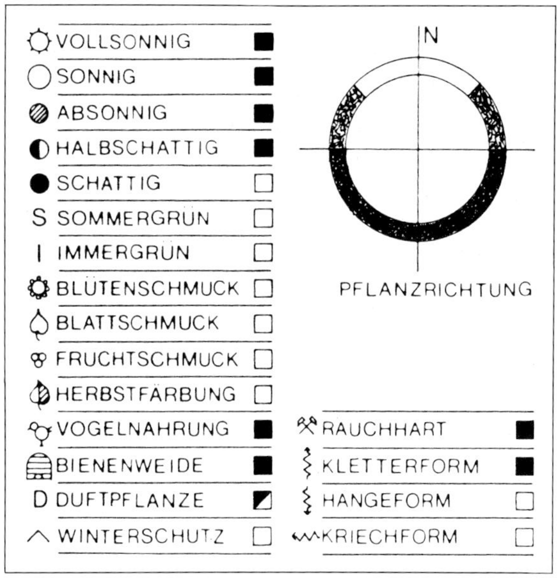
VOLLSONNIG
SONNIG
ABSONNIG
HALBSCHATTIG
SCHATTIG
S SOMMERGRÜN
I IMMERGRÜN
BLÜTENSCHMUCK
BLATTSCHMUCK
FRUCHTSCHMUCK
HERBSTFÄRBUNG
VOGELNAHRUNG
BIENENWEIDE
D DUFTPFLANZE
WINTERSCHUTZ
N
PFLANZRICHTUNG
RAUCHHART
KLETTERFORM
HANGEFORM
KRIECHFORM

5

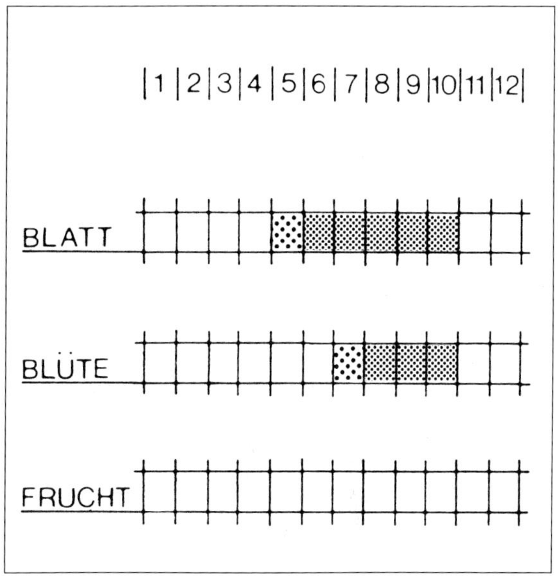
1 2 3 4 5 6 7 8 9 10 11 12
BLATT
BLÜTE
FRUCHT

6

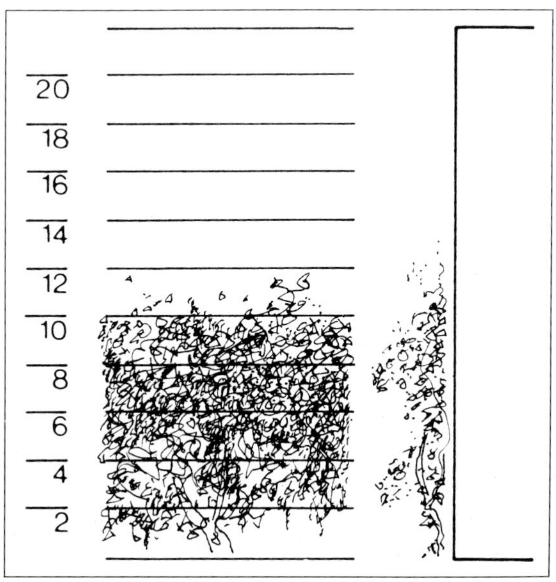
20
18
16
14
12
10
8
6
4
2

Botanischer Name: Hedera helix
Deutscher Name: Efeu
Familie: Araliaceae

Eine der beliebtesten und am weitesten verbreiteten Kletterpflanzen ist der Efeu. Schon im Altertum oft Gegenstand sakraler Verehrung, bezieht sich sein aus dem Griechischen stammender Name darauf, daß die Pflanze mit Haftwurzeln klettert. Efeu ist immergrün und in Europa, Asien und Nordafrika verbreitet.

Die aus der Gattung am meisten verwendete Art ist der in Europa heimische Efeu. Zwar wächst er eher langsam, kann dafür aber mehrere Jahrhunderte alt und bis zu 30 m hoch werden. Das macht ihm keine andere Kletterpflanze nach.

Efeu ist robust, anspruchslos und gedeiht sogar in tiefschattigen Lagen. Er vermag Gebäude selbst noch im Winter in einen dichten, energiesparenden Pflanzenpullover zu hüllen. Eine mit Efeu bewachsene Mauer, Laube oder Hauswand bleibt das gesamte Jahr hindurch gleichermaßen attraktiv und wirkungsvoll.

307 *Hedera helix*

HEDERA

307

308

3

309

3

Zu Seite 166, 167:

312–314 *Verwendungsbeispiele*
315 *Dickes Efeupolster*
316 *An einer Backsteinmauer*
317 *Früchte*
318 *Jugendblätter und Luftwurzeln an Putz*
319 *Blüten und Altersblätter*
320 *Efeu im Winter*

308–311 *Verwendungsbeispiele*

Beschreibung der Pflanze	**Hedera helix** Gehölz, kann mehrere Jahrhunderte alt werden
Wuchsmerkmale	
Höhe und Breite	20–30 m hoch, 3–10 m breit und mehr
Wachstum	langsamwachsend, 0,5–1 m/Jahr
Art des Kletterns	Wurzelkletterer, haftet mit Luftwurzeln
Laub und Habitus	immergrün, gleichmäßig dicht, im Alter raumbildend
Sproßsystem	Triebe grünlich-braun, später graubraun, Stamm im Alter mit ∅ bis 10 cm
Wurzelsystem	dichtverzweigt und oberflächennah, in Stammnähe bleibend
Blatt	
Form	Jugendblätter gelappt, Altersblätter rhombisch, 5–10 cm lang, wechselständig
Farbe	Jugendblätter dunkelgrün, Blattnerven oft weißlich, Altersblätter heller, in strengen Wintern purpurn
Spezielles	Blatt wird etwa 3 Jahre alt
Blüte	
Form	halbkugelige Dolden
Farbe	grün-gelb, wenig auffallend
Blütezeit	September–Oktober, frühestens ab 10. Standjahr
Spezielles	schwach nach Honig duftend, Bienenweide
Frucht	
Form	kugelige Beere, erbsengroß
Farbe	blauschwarz, bereift
Nutzung	Vogelfutter, für Menschen giftig
Spezielles	reifen erst im Jahr nach der Blüte
Verwendung	
Spaliere und Zäune	sehr gut geeignet, z. B. Sichtschutz
Pergolen und Lauben	sehr gut geeignet, im Alter kompakter Überzug
Fassaden und Wände	sehr gut geeignet, flächendeckend
Sonstiges	sehr gut auch an Bäumen, als Bodendecker, über Steine und Felsen, an Lärmschutzwänden, als Festons, bildet auch lange Schleppen aus, Containerhaltung möglich
Kletterhilfen	nicht notwendig
Standort	
Lage	liebt maritimes Klima, bis 800 m Höhe
Exposition	Schatten, Halbschatten
Boden	frisch bis feucht, sonst anspruchslos, kalktolerant bis pH 8
Spezielles	auch sonnige Standorte, hier Gefahr der Frosttrocknis: Braunfärbung der Blätter und Absterben
Pflanzung und Pflege	
Bezugsquelle	überall im Handel erhältlich, untere Preiskategorie
Pflanzung	im Frühjahr und im Herbst, über Boden zur Mauer leiten
Wasserbedarf	bei Trockenheit und im Herbst gut wässern
Nährstoffbedarf	ohne besondere Ansprüche
Winterschutz	nicht notwendig
Schnitt	wird gut vertragen, Formenschnitt möglich
Vermehrung	am besten Stecklinge, auch Aussaat
Tips	vorteilhaft ist Festbinden der jungen Pflanze, braucht einige Zeit, bis Triebe haften; viele Sorten im Handel, z. B. »Baltica« (sehr frosthart) oder »Hibernica« (besonders große Blätter).

312

3

313

3

314

3

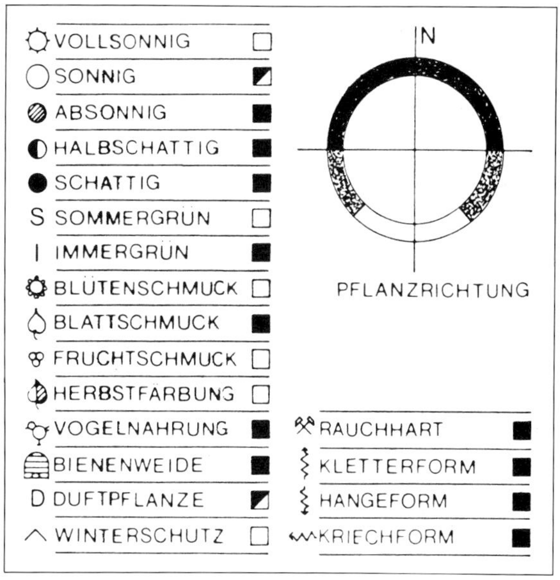
VOLLSONNIG
SONNIG
ABSONNIG
HALBSCHATTIG
SCHATTIG
S SOMMERGRÜN
I IMMERGRÜN
BLÜTENSCHMUCK
BLATTSCHMUCK
FRUCHTSCHMUCK
HERBSTFÄRBUNG
VOGELNAHRUNG
BIENENWEIDE
D DUFTPFLANZE
WINTERSCHUTZ
N
PFLANZRICHTUNG
RAUCHHART
KLETTERFORM
HANGEFORM
KRIECHFORM

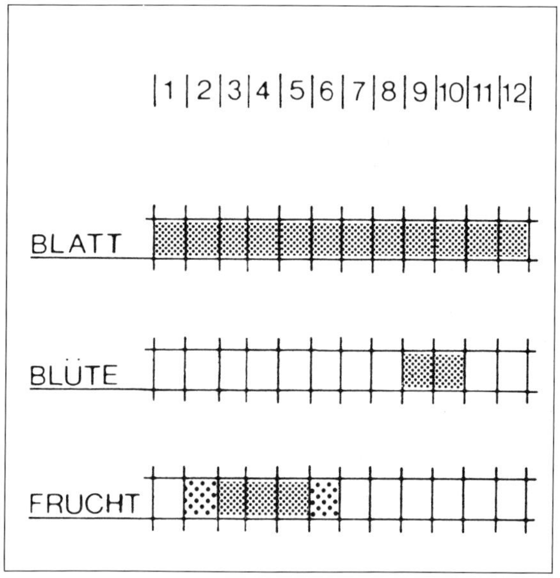
1 2 3 4 5 6 7 8 9 10 11 12
BLATT
BLÜTE
FRUCHT

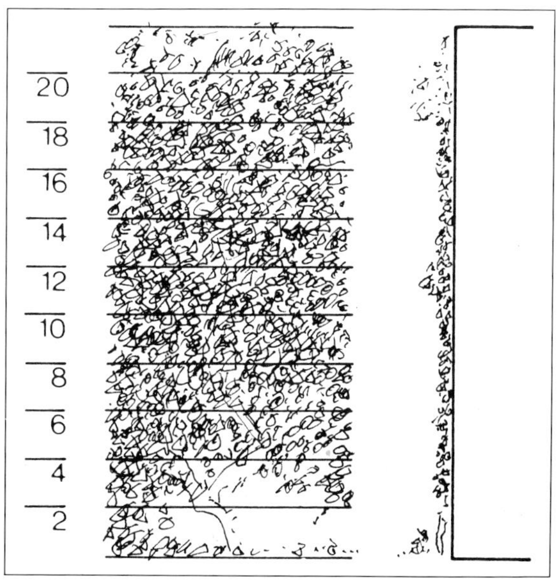
20
18
16
14
12
10
8
6
4
2

Botanischer Name: Humulus lupulus
Deutscher Name: Hopfen
Familie: Moraceae

Die Gattung Hopfen umfaßt nur zwei Arten, von denen allein Humulus lupulus, der Hopfen der Bierbrauer, ausdauernd ist. Doch im Gegensatz zu allen anderen für unser Klima geeigneten ausdauernden Kletterpflanzen ist er kein Gehölz, sondern eine Staude.

Dies bedeutet, daß die oberirdischen Triebe des Hopfens nicht verholzen, sondern in jedem Herbst absterben. Sie werden dann abgeschnitten. Die Pflanze überwintert mit ihren unterirdischen Organen und treibt von dort jeden Frühling aufs neue wieder aus.

Dank seines üppigen Wachstums wird der Hopfen an ihm zusagenden Standorten trotzdem zu einer dichten, mehrere Meter hohen und breiten Pflanze. Sind Kletterhilfen vorhanden, so vermag er rasch Zäune, Mauern, Bäume und ganze Bauteile einzugrünen.

321 *Humulus lupulus*

HUMULUS

321

322 3

323 3

322–324 *Verwendungsbeispiele*
325 *Hopfengarten*

Beschreibung der Pflanze	**Humulus lupulus** Staude, wird Jahrzehnte alt
Wuchsmerkmale	
Höhe und Breite	4–6 m hoch, 2–3 m breit
Wachstum	langsames Anwachsen, später raschwachsend, 4–6 m/Jahr
Art des Kletterns	Schlinger, rechtswindend
Laub und Habitus	sommergrün, unregelmäßig und üppig, oft auch Schleppen bildend
Sproßsystem	Sproßteile nicht verholzend, jung brüchig
Wurzelsystem	fleischig und tiefgehend, auch Ausläufer
Blatt	
Form	herzförmig, 3–5lappig, 7–15 cm groß, rauh behaart
Farbe	sattgrün
Blüte	
Form	zweihäusig: weibliche in auffallenden Kätzchen, männliche in unscheinbaren Rispen
Farbe	grünlich
Blütezeit	Juli–August
Spezielles	zweihäusig: männliche und weibliche Pflanzen
Frucht	
Form	zapfenartig hängende Schließfrucht
Farbe	gelblichgrün
Nutzung	Grundstoff zur Bierherstellung
Verwendung	
Spaliere und Zäune	sehr gut geeignet, z. B. als Sichtschutz
Pergolen und Lauben	sehr gut geeignet, z. T. überwuchernd
Fassaden und Wände	gut geeignet, mehr oder weniger flächendeckend
Sonstiges	auch gut an alten Bäumen, Masten usw.
Kletterhilfen	Spanndraht, Stab, Rankgerüst
Standort	
Lage	ohne besondere Ansprüche, bis 800 m Höhe
Exposition	Halbschatten, auch Sonne
Boden	sandig-lehmig, frisch bis feucht, gut drainiert
Spezielles	verträgt auch Windzug
Pflanzung und Pflege	
Bezugsquelle	vereinzelt im Handel erhältlich, untere Preiskategorie
Pflanzung	im Frühjahr, junge Triebe anheften
Wasserbedarf	in Trockenzeiten gut wässern
Nährstoffbedarf	jährliches Düngen vorteilhaft
Winterschutz	nicht erforderlich
Schnitt	Rückschnitt im Herbst bis dicht über den Boden
Vermehrung	Ableger, Ausläufer
Tips	falls Ausläufer lästig, diese im Sommer abstechen, auch Form mit weiß-grünen Blättern im Handel, in Hopfenkulturen werden seit alters nur weibliche Pflanzen angebaut.

326 *Blätter*
327 *Blüten*
328, 330 *Früchte*
329 *Trieb*
331 *Schlingen um einen Draht*

3

3

3

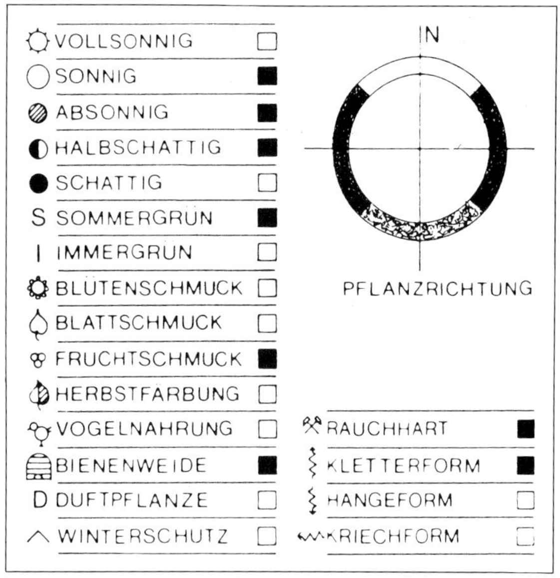
VOLLSONNIG
SONNIG
ABSONNIG
HALBSCHATTIG
SCHATTIG
S SOMMERGRÜN
I IMMERGRÜN
BLÜTENSCHMUCK
BLATTSCHMUCK
FRUCHTSCHMUCK
HERBSTFÄRBUNG
VOGELNAHRUNG
BIENENWEIDE
D DUFTPFLANZE
WINTERSCHUTZ
N
PFLANZRICHTUNG
RAUCHHART
KLETTERFORM
HANGEFORM
KRIECHFORM

9

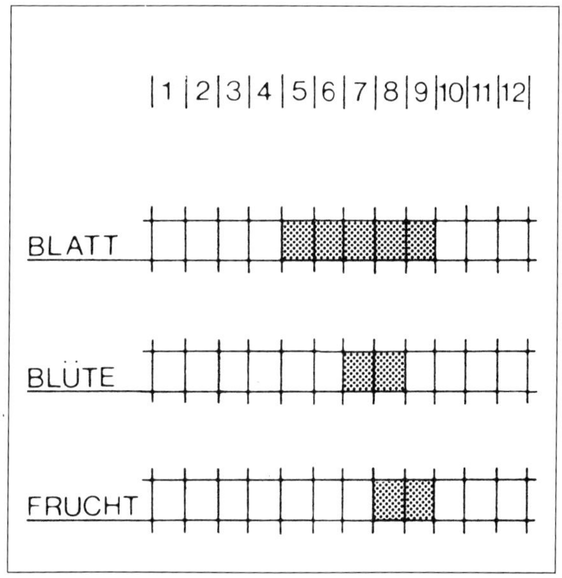
1 2 3 4 5 6 7 8 9 10 11 12
BLATT
BLÜTE
FRUCHT

0

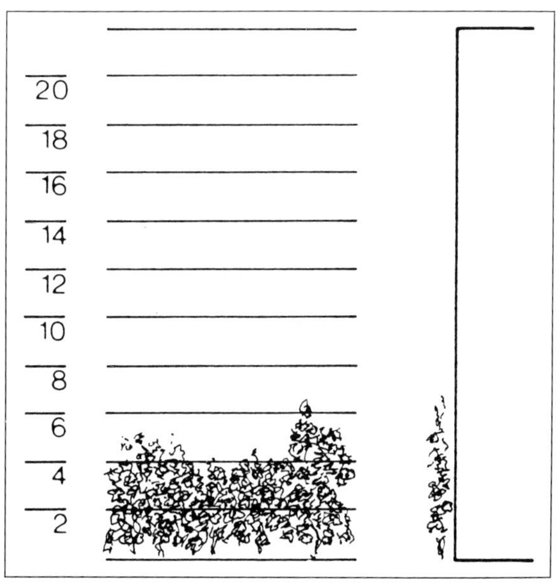
20
18
16
14
12
10
8
6
4
2

1

Botanischer Name: Hydrangea petiolaris
Deutscher Name: Kletterhortensie
Familie: Saxifragaceae

Eine der schönsten, aber bislang leider nur wenig bekannten und dementsprechend selten verwendeten Kletterpflanzen ist die Kletterhortensie. Ähnlich dem Efeu klettert sie mit Hilfe von Haftwurzeln, ist aber im Gegensatz zu diesem sommergrün. Im Winter kommt ihre auffallend rot- bis zimtbraune Rinde stark zur Geltung.

Die in Japan, Korea und Taiwan beheimatete Pflanze fällt besonders zur Blütezeit im Juni und Juli auf. Ihre breiten, weißen Blütendolden erscheinen dann oft in so großer Zahl, daß sie stellenweise das Grün der Blätter vollständig verdecken.

Kletterhortensien wachsen gut an Mauern, an Hauswänden und großen Bäumen und brauchen halbschattige Lagen. Ihr aus dem Griechischen stammender Name verweist auf die Vorliebe der Pflanze für einen feuchten Standort. Da die Pflanze im Alter oft recht schwer werden kann, ist es meist vorteilhaft, ihre Haftwurzeln durch Anbringen zusätzlicher Kletterhilfen zu unterstützen.

332 *Hydrangea petiolaris*

HYDRANGEA

332

333 

334 

333–336 *Verwendungsbeispiele*

Beschreibung der Pflanze	**Hydrangea petiolaris** Gehölz, wird viele Jahrzehnte alt
Wuchsmerkmale	
Höhe und Breite	6–10 m hoch, 3–6 m breit
Wachstum	nach dem Verpflanzen zögernd, dann gut wachsend, bis 1 m/Jahr
Art des Kletterns	Wurzelkletterer: haftet mit Luftwurzeln, zusätzlich leicht windend
Laub und Habitus	sommergrün, dicht und buschig, gut raumbildend
Sproßsystem	Rinde rotbraun, an älteren Stämmen abblätternd
Wurzelsystem	tief und dicht verzweigt, oberflächennah oft verfilzend
Blatt	
Form	herzförmig, 5–15 cm lang, gegenständig
Farbe	dunkelgrün, unterseits heller, im Herbst gelb
Spezielles	treibt sehr früh aus, lange grünbleibend und haftend
Blüte	
Form	flache Doldenrispen, ∅ 15–25 cm
Farbe	grünlich, umgeben von einem Kranz weißer, steriler Randblüten
Blütezeit	Juni–Juli, erstmals nach 5–8 Standjahren
Spezielles	auffällig und reichblühend, am einjährigen Holz
Frucht	
Form	unscheinbare, geflügelte Kapsel
Nutzung	Vogelfutter
Verwendung	
Spaliere und Zäune	kaum geeignet, da zu schwer werdend
Pergolen und Lauben	geeignet, nur größere und stabile Objekte
Fassaden und Wände	sehr gut geeignet, flächendeckend
Sonstiges	sehr gut an großen Bäumen, auch Bodendecker, Containerhaltung möglich
Kletterhilfen	Spanndrähte vorteilhaft trotz Haftwurzeln, Triebe anfangs anbinden
Standort	
Lage	warm und geschützt, bis 800 m Höhe
Exposition	Schatten, Halbschatten
Boden	sandig-humos, frisch bis feucht, gut drainiert
Spezielles	liebt hohe Luftfeuchte, keinen kalten Winden aussetzen
Pflanzung und Pflege	
Bezugsquelle	gelegentlich im Handel, mittlere Preiskategorie
Pflanzung	im Frühjahr und im Herbst, vor Wänden Triebe über Boden zur Wand leiten, Haupttrieb anheften
Wasserbedarf	in trockenen Sommern gut wässern, da trockenheitsempfindlich
Nährstoffbedarf	jährliche Düngung vorteilhaft
Winterschutz	nicht erforderlich
Schnitt	wird vertragen, Formschnitt möglich, am besten nach der Blüte
Vermehrung	Absenker, auch Steckholz
Tips	Unterstützung mit Kletterhilfen sinnvoll.

337 *Triebe mit Luftwurzeln*
338 *Blütenknospen*
339 *Blüten*
340 *Luftwurzeln an Mauerwerk*
341, 342 *Sproßsystem im Winter*

0

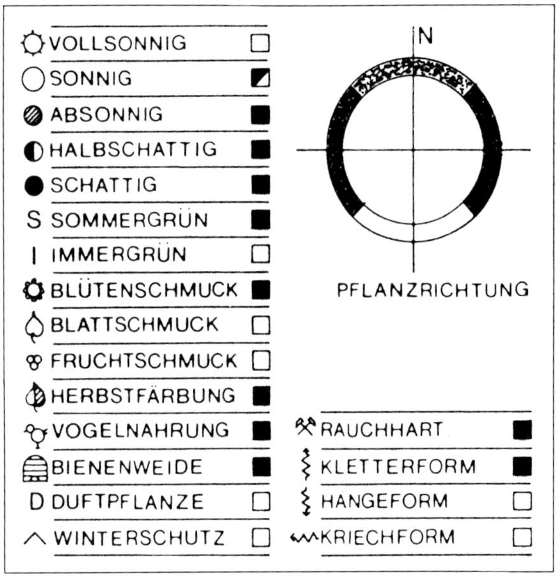
VOLLSONNIG
SONNIG
ABSONNIG
HALBSCHATTIG
SCHATTIG
S SOMMERGRÜN
I IMMERGRÜN
BLÜTENSCHMUCK
BLATTSCHMUCK
FRUCHTSCHMUCK
HERBSTFÄRBUNG
VOGELNAHRUNG
BIENENWEIDE
D DUFTPFLANZE
WINTERSCHUTZ
N
PFLANZRICHTUNG
RAUCHHART
KLETTERFORM
HANGEFORM
KRIECHFORM

1

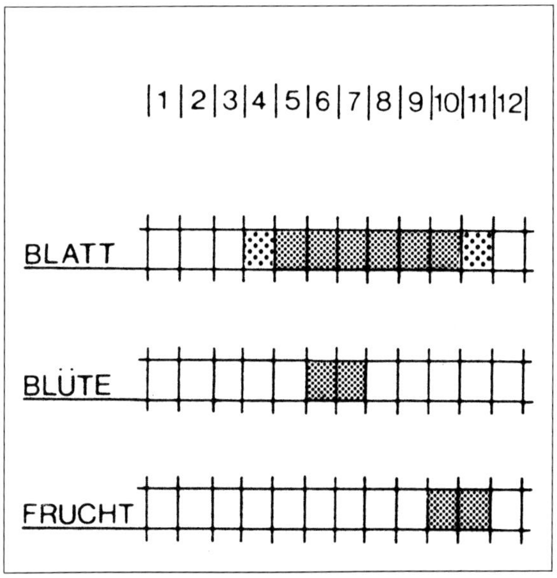
1 2 3 4 5 6 7 8 9 10 11 12
BLATT
BLÜTE
FRUCHT

2

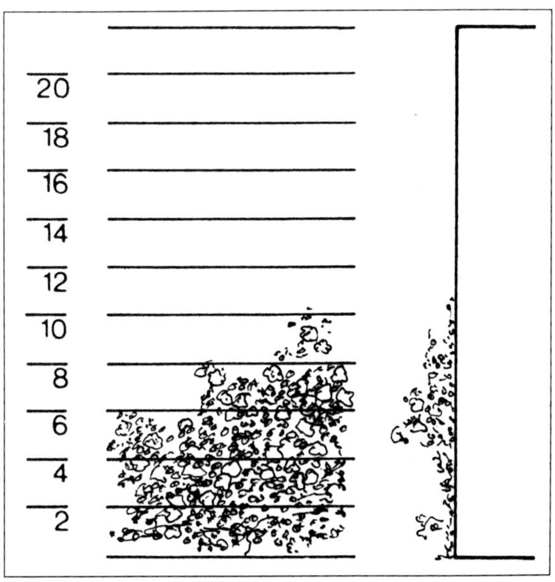
20
18
16
14
12
10
8
6
4
2

Botanischer Name: Jasminum nudiflorum
Deutscher Name: Winterjasmin
Familie: Oleaceae

Der Winterjasmin ist eigentlich keine richtige Kletterpflanze, aber mit seinen langen und rutenförmigen Trieben dennoch gut zur Bekleidung von Mauerflächen geeignet.

Die Pflanze stammt aus Nordchina und ist ein ausgesprochener Frühblüher. Bei mildem Wetter entwickeln sich bereits ab Dezember aus den rötlichen Knospen die ersten kleinen gelben Blüten. Zwar werden diese durch die Januarkälte oft wieder vernichtet, doch erscheinen bei entsprechender Witterung von nun an fortlaufend neue Blüten bis zum März.

Der Winterjasmin liebt warme und sonnige Plätze, ist in normalen Wintern ausreichend winterhart und läßt sich gut spalieren. Wird er auf Mauerkronen oder in Behälter am Haus gepflanzt, so hängen seine grünen Triebe weit und dekorativ nach unten.

343 *Jasminum nudiflorum*

JASMINUM

343

344

34

345

3

344 – 347 *Verwendungsbeispiele*

Beschreibung der Pflanze	**Jasminum nudiflorum** Gehölz, wird einige Jahrzehnte alt
Wuchsmerkmale	
Höhe und Breite	2–3 m hoch, ebenso breit
Wachstum	langsam wachsend, bis 1 m lange Triebe/Jahr
Art des Kletterns	Spreizklimmer
Laub und Habitus	sommergrün, vielzweigig übereinandergeschichtet, Triebe bogig überhängend
Sproßsystem	Triebe schlank, kantig, jung grün, später grau
Wurzelsystem	dünn, oberflächennah
Blatt	
Form	3zählig gefingert, etwa 3 cm groß, gegenständig
Farbe	beiderseits sattgrün, oberseits etwas glänzend
Blüte	
Form	sternförmiger Kelch, ∅ etwa 2,5 cm
Farbe	gelb
Blütezeit	je nach Standort ab Dezember bis März, etwa ab dem 5. Standjahr
Spezielles	am vorjährigen Holz; nur offene Blüten erfrieren gelegentlich
Frucht	
Form	unscheinbare Beere
Farbe	schwärzlich
Verwendung	
Spaliere und Zäune	kaum geeignet
Pergolen und Lauben	bedingt geeignet
Fassaden und Wände	sehr gut geeignet, läßt sich gut spalieren
Sonstiges	sehr gut geeignet an Böschungen und Mauern, hängt weit herab, Containerhaltung möglich
Kletterhilfen	Spanndraht, Rankgerüst; junge Triebe anbinden
Standort	
Lage	warm und geschützt, bis 600 m Höhe
Exposition	Sonne, auch Halbschatten
Boden	frisch, gut drainiert, sonst anspruchslos
Pflanzung und Pflege	
Bezugsquelle	im Handel erhältlich, untere Preiskategorie
Pflanzung	im Frühjahr, Boden eventuell vorher drainieren
Wasserbedarf	bei Trockenheit und im Herbst gut wässern
Nährstoffbedarf	ohne besondere Ansprüche
Winterschutz	ausreichend winterhart, nur in sehr kalten Wintern treten Schäden auf
Schnitt	wird vertragen, gelegentlicher Verjüngungsschnitt fördert Wachstum, am besten nach der Blüte
Vermehrung	Stecklinge
Tips	Zweige lassen sich auch zum Treiben verwenden, blühen nach 2–3 Wochen; den Boden berührende Triebspitzen können Wurzeln entwickeln und als Jungpflanzen abgetrennt werden.

348 *Blüten*
349 *Knospen und Blüten*
350 *An einem Holzspalier, Frühjahr*
351 *Blüten*
352 *Überhängender Sproß*
353 *Blätter*

34

34

3

51

VOLLSONNIG	■
SONNIG	■
ABSONNIG	■
HALBSCHATTIG	◪
SCHATTIG	□
S SOMMERGRÜN	■
I IMMERGRÜN	□
BLÜTENSCHMUCK	■
BLATTSCHMUCK	□
FRUCHTSCHMUCK	□
HERBSTFÄRBUNG	□
VOGELNAHRUNG	□
BIENENWEIDE	□
D DUFTPFLANZE	□
WINTERSCHUTZ	◪
RAUCHHART	■
KLETTERFORM	■
HANGEFORM	■
KRIECHFORM	□

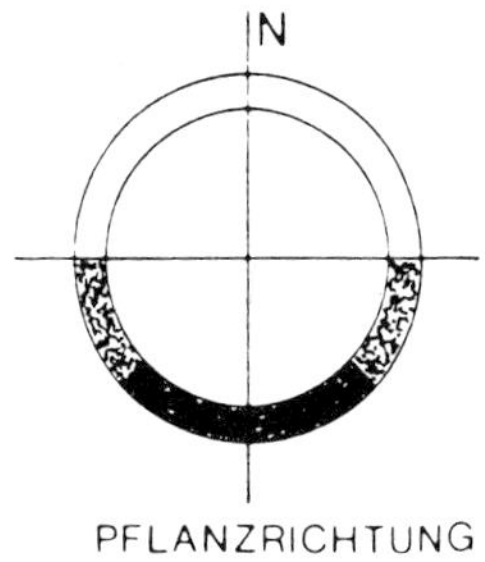

52

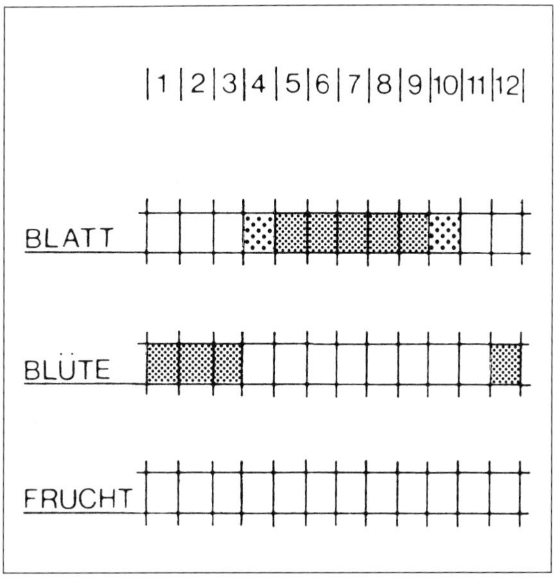

53

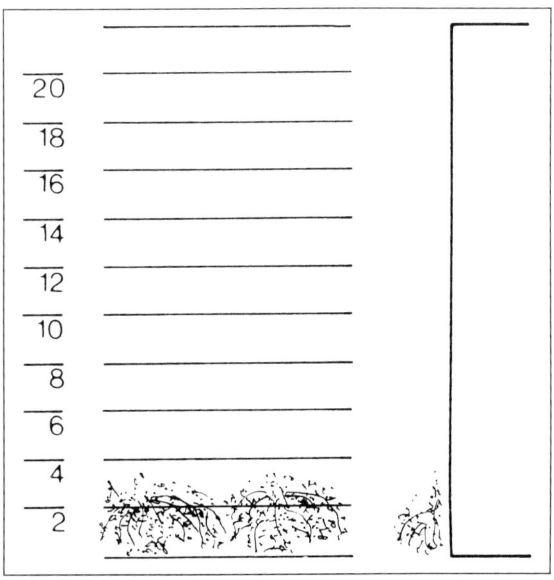

Botanischer Name: Lonicera
Deutscher Name: Geißblatt
Familie: Caprifoliaceae

Die umfangreiche Gattung der Geißblätter enthält zahlreiche Schlinggehölze, die im Volksmund unter dem Namen »Jelängerjelieber« meist besser bekannt sind. Das Geißblatt war eine der klassischen Laubenpflanzen des 19. Jahrhunderts.

Gemeinsames Merkmal aller Geißblätter sind die meist in großer Zahl erscheinenden, dekorativen Blüten, die zudem oft einen auffallend starken Duft entwickeln. Neben den entweder in Europa heimischen oder auch züchterisch entstandenen sommergrünen Arten findet sich mit Lonicera henryi auch eine immergrüne Art. Diese stammt aus der chinesischen Provinz Hupeh.

Alle Geißblätter stellen wenig Ansprüche an den Boden und gedeihen am besten in halbschattiger Lage. Sie brauchen Kletterhilfen und eignen sich besonders gut zur Begrünung von Lauben, Pergolen, Mauern und Zäunen.

354 *Lonicera tellmanniana*

LONICERA

354

355

3

356

3

355–357 *Verwendungsbeispiele*
358 *Lonicera periclymenum, Früchte*

Zu Seite 190, 191:
359, 360 *Lonicera henryi im Winter, Blätter eingerollt*
361 *Lonicera periclymenum, Blüte*
362 *Schlingen an Nylonschnüren*
363 *Lonicera henryi, Früchte*

Beschreibung der Pflanze	**Lonicera-Arten** Gehölze, werden Jahrzehnte alt
Wuchsmerkmale	
Höhe und Breite	je nach Art 3–6 m hoch, 2–4 m breit
Wachstum	je nach Art unterschiedlich, meist bis 1 m/Jahr
Art des Kletterns	Schlinger, rechtswindend
Laub und Habitus	meist sommergrün, locker buschig, raumbildend
Sproßsystem	Triebe dünn und zäh, bräunlich, bei manchen Arten löst sich Rinde in ringelnden Streifen
Wurzelsystem	stark verzweigt, oberflächennah wie auch tiefgehend
Blatt	
Form	meist elliptisch, 6–10 cm groß, oberstes Blattpaar bei vielen Arten zu einer Blattscheibe verwachsen, gegenständig
Farbe	satt- bis dunkelgrün, unterseits blaugrün oder heller
Spezielles	früher Austrieb
Blüte	
Form	röhrenförmig, in Paaren oder Quirlen, Einzelblüte 3–5 cm
Farbe	je nach Art verschieden: gelblich-weiß, gelb, orange, rötlich oder rot
Blütezeit	je nach Art ab Mai–September, erstmals nach 3–5 Standjahren
Spezielles	am mehrjährigen Holz, einige Arten stark duftend, vor allem abends
Frucht	
Form	je nach Art Beeren oder Doppelbeeren
Farbe	rot oder schwarz
Nutzung	Vogelfutter, für Menschen giftig
Verwendung	
Spaliere und Zäune	gut geeignet, werden überwuchert
Pergolen und Lauben	sehr gut geeignet, z. B. Geißblattlauben
Fassaden und Wände	sehr gut geeignet, mehr oder weniger flächendeckend
Sonstiges	auch an und über Mauern, an älteren Bäumen
Kletterhilfen	Spanndraht, Rankgerüst
Standort	
Lage	geschützt, bis 600 m Höhe
Exposition	je nach Art verschieden: meist Halbschatten, auch Sonne oder Schatten
Boden	frisch, keine Staunässe, sonst anspruchslos
Pflanzung und Pflege	
Bezugsquelle	verbreitet im Handel, untere bis mittlere Preiskategorie
Pflanzung	im Frühjahr und im Herbst, junge Triebe anheften
Wasserbedarf	im Pflanzjahr und bei längerer Trockenheit gut wässern
Nährstoffbedarf	jährliche Düngung vorteilhaft
Winterschutz	nicht erforderlich
Schnitt	wird gut vertragen, am besten nach der Blüte, regelmäßiger Verjüngungsschnitt vorteilhaft
Vermehrung	am besten Stecklinge, auch Ableger
Tips	alle Arten zeigen Tendenz zum Aufkahlen von unten, Schnitt als Gegenmittel; bei zu warmem und trockenem Stand leicht Läusebefall.

359 

 3

	Wuchs	Blüte	Frucht	Besondere Hinweise
Lonicera brownii »Dropmore Scarlet«	bis 3 m hoch, bis 2 m breit, anfangs zögernd, dann gut wüchsig, oberes Blattpaar verwachsen	Juli–September, orange bis granatrot, am einjährigen Holz, ab 3–5 Standjahren	orangefarbene Beere	anspruchslose Züchtung, liebt sonnige Lage, robusteste Form, früher Austrieb
Lonicera caprifolium Jelängerjelieber	3–5 m hoch, 3–4 m breit, gut wüchsig und windend, oberes Blattpaar verwachsen	Mai–Juni, Nachblüte im Herbst möglich, gelblich-weiß, außen rötlich, stark duftend	korallenrote Beere, ab September	duftet besonders stark in der Dämmerung und Nacht, bei zu trockenem Stand oft Schädlingsbefall
Lonicera heckrottii	3–4 m hoch, 2–3 m breit, gut wüchsig und schwachwindend, Blattpaare nicht verwachsen	Juni–September, innen gelblich, außen rötlich, am jungen Holz, ab 5 Standjahren, stark duftend	purpurrote Beere	eine der schönsten Hybriden, setzt reichlich Früchte an, Austrieb ab April
Lonicera henryi Immergrünes Geißblatt	3–4 m hoch, 3m breit und mehr, auch kriechend, schwach windend	Juni–August, rötlich bis gelblichrot, nach 5–8 Standjahren	schwarze Beere, ab August	auch an Nordseiten Anheften notwendig, in strengen Wintern oft Laubabwurf
Lonicera periclymenum Waldgeißblatt	3–5 m hoch, bis 3 m breit, obere Blattpaare nicht verwachsen	Mai–Juni, gelblich-weiß, außen rötlich, stark duftend	korallenrote Beere, ab September	anspruchslos, heimisch in Mitteleuropa, seltener im Handel erhältlich
Lonicera tellmanniana Goldgeißblatt	4–6 m hoch, bis 4 m breit, gut windend, raschwüchsig, oberes Blattpaar verwachsen	Mai–Juni, Nachblüte im Herbst möglich, orangegelb, am einjährigen Holz, ab 5 Standjahren	korallenrote Beere	schönste der gelben Formen, verlangt etwas geschützten Standort

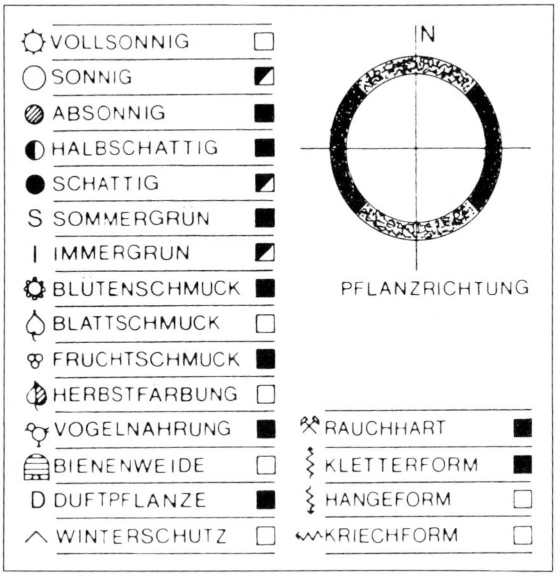
VOLLSONNIG
SONNIG
ABSONNIG
HALBSCHATTIG
SCHATTIG
S SOMMERGRÜN
I IMMERGRÜN
BLÜTENSCHMUCK
BLATTSCHMUCK
FRUCHTSCHMUCK
HERBSTFÄRBUNG
VOGELNAHRUNG
BIENENWEIDE
D DUFTPFLANZE
WINTERSCHUTZ
N
PFLANZRICHTUNG
RAUCHHART
KLETTERFORM
HÄNGEFORM
KRIECHFORM

61

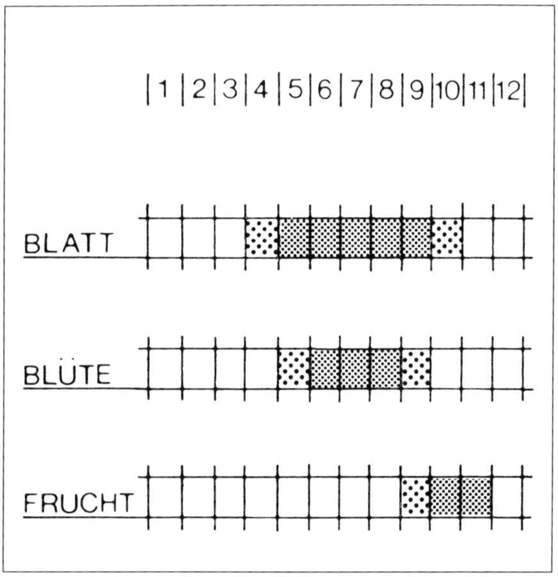
1 2 3 4 5 6 7 8 9 10 11 12
BLATT
BLÜTE
FRUCHT

62

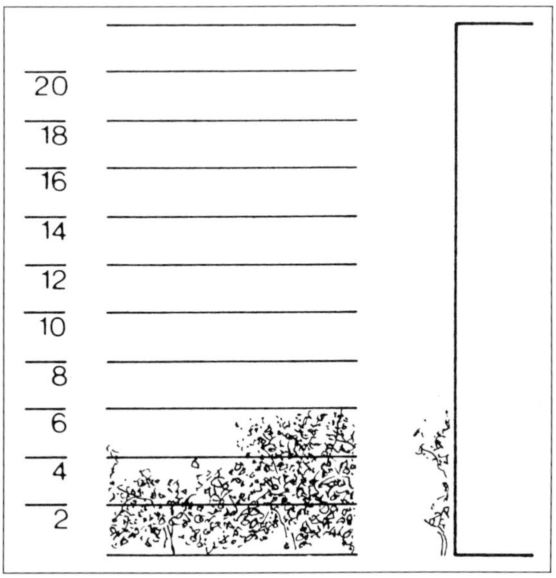
20
18
16
14
12
10
8
6
4
2

63

Botanischer Name: Parthenocissus
Deutscher Name: Wilder Wein
Familie: Vitaceae

Die durch ihre weite Verbreitung wohl bekannteste Schlingpflanze ist Wilder Wein, gelegentlich auch als Jungfernrebe bezeichnet. Die Gattung umfaßt hochwachsende, sommergrüne Schlinggehölze, von denen einige Formen sogar mit Hilfe von Haftscheiben ausgezeichnet zu klettern vermögen. Die Früchte der Pflanzen sind nicht eßbar.

Zur Verwendung am besten geeignet sind zwei Arten: der aus Nordamerika stammende Parthenocissus quinquefolia sowie der aus Japan stammende Parthenocissus tricuspidata, der in Österreich treffend auch als »Mauerkatze« bezeichnet wird.

Beide Arten sind sehr robuste Pflanzen, die geringe Ansprüche an Boden und Lage stellen und sich speziell zur flächendeckenden Begrünung hervorragend eignen. Oft werden auch diese Arten wegen ihrer prachtvoll orange bis karminroten Herbstfärbung, die sich am besten an sonnigen Standorten entwickelt, gepflanzt.

364 *Parthenocissus tricuspidata*

PARTHENOCISSUS

364

365

3

366

3

365–367 *Verwendungsbeispiele*
368 *Rotfärbung im Herbst*

Beschreibung der Pflanze	**Parthenocissus quinquefolia** Gehölz, wird viele Jahrzehnte alt
Wuchsmerkmale	
Höhe und Breite	8–12 m hoch, ebenso breit
Wachstum	raschwachsend, etwa 1–2 m/Jahr
Art des Kletterns	Ranker, klettert mit Sproßranken, auch Haftscheiben
Laub und Habitus	sommergrün, locker flächendeckend, einzelne Triebe locker abstehend und überhängend
Sproßsystem	junge Triebe rötlich, später hellbraun, Triebe und Zweige rund
Wurzelsystem	fleischig und grobfaserig, tief- und weitstreichend
Blatt	
Form	5fingerteilig, 6–12 cm ∅, wechselständig
Farbe	dunkelgrün, unterseits heller, Austrieb rötlich, im Herbst karminrot
Spezielles	Herbstfärbung sehr früh bereits ab September, intensiv und kurz, nur ca. 1 Woche
Blüte	
Form	endständige Rispen, unter dem Laub
Farbe	weiß-grünlich, unscheinbar
Blütezeit	Juni–August, ca. 2–3 Wochen
Spezielles	schwach aromatisch duftend, Bienenweide
Frucht	
Form	kugelige Beere, erbsengroß, erst nach dem Laubfall sichtbar werdend
Farbe	blauschwarz, bereift
Nutzung	Vogelfutter
Verwendung	
Spaliere und Zäune	sehr gut geeignet, guter Sichtschutz
Pergolen und Lauben	sehr gut geeignet, werden gut eingewachsen
Fassaden und Wände	gut geeignet, locker flächendeckend
Sonstiges	sehr gut auch in Bäumen, an Böschungen, an Säulen und Mauern, Containerhaltung möglich
Kletterhilfen	Spanndraht, Rankgerüst; Triebe anheften
Standort	
Lage	anspruchslos, bis 800 m Höhe
Exposition	Sonne bis Halbschatten
Boden	frisch, sonst ohne besondere Ansprüche, kalktolerant
Spezielles	je sonniger der Standort, um so intensiver die Herbstfärbung
Pflanzung und Pflege	
Bezugsquelle	überall im Handel erhältlich, untere Preiskategorie
Pflanzung	im Frühjahr und im Herbst, zur Fassadeneingrünung Pflanzabstand ca. 2 m
Wasserbedarf	bei Trockenheit ist wässern vorteilhaft
Nährstoffbedarf	ohne besondere Ansprüche
Winterschutz	nicht erforderlich
Schnitt	wird gut vertragen, auch starker Rückschnitt
Vermehrung	am besten Stecklinge, auch Aussaat
Die Form »Engelmannii« weicht in folgenden Punkten von der Art ab:	
Wuchshöhe	10–12 m
Art des Kletterns	Ranker, Sproßranken enden oft mit 5–8 Haftscheiben
Blattform	Blättchen schmaler als bei der Art
Verwendung	sehr gut geeignet für Fassaden und Wände, gut flächendeckend

369–371 *Verwendungsbeispiele*

36

37

37

Beschreibung der Pflanze	**Parthenocissus tricuspidata** Gehölz, wird viele Jahrzehnte alt
Wuchsmerkmale	
Höhe und Breite	10–15 m hoch, 5–8 m breit
Wachstum	nach 1–2 Jahren raschwachsend, etwa 1–2 m/Jahr
Art des Kletterns	Rankenkletterer: Sproßranken enden in Haftscheiben, diese »verkleben« Pflanze mit der Unterlage
Laub und Habitus	sommergrün, gleichmäßig dichter grüner Teppich, den Flächen dicht anliegend
Sproßsystem	Triebe dünn und kahl, jung braunrot, später braungrau, fächerartig verzweigt
Wurzelsystem	fleischig, tief- und flachstreichend
Blatt	
Form	3lappig, an jungen Trieben auch ungelappt, 10–20 cm groß, mit langen Stielen, wechselständig
Farbe	sattgrün und glänzend, im Herbst gelb, orange und rot, im Austrieb bronzefarben
Blüte	
Form	endständige Rispen, unter dem Laub
Farbe	gelbgrün, unscheinbar
Blütezeit	Juni–Juli
Spezielles	schwach aromatisch duftend, Bienenweide
Frucht	
Form	kugelige Beere, erbsengroß, erst nach Laubfall sichtbar werdend
Farbe	blauschwarz, bereift, mit rotem Stiel
Nutzung	Vogelfutter
Verwendung	
Spaliere und Zäune	gut geeignet
Pergolen und Lauben	gut geeignet, besonders größere Objekte
Fassaden und Wände	sehr gut geeignet, grüner Wandteppich
Sonstiges	sehr gut auch an Säulen, Pfeilern usw., auch an Bäumen, an Lärmschutzwänden, Containerhaltung möglich
Kletterhilfen	nicht notwendig, auch auf vollkommen glatten Wänden
Standort	
Lage	ohne besondere Ansprüche, bis 800 m Höhe
Exposition	Sonne, Halbschatten
Boden	frisch, sonst ohne besondere Ansprüche, kalktolerant, verträgt auch vorübergehende Trockenheit
Spezielles	je sonniger der Standort, um so intensiver ist die Herbstfärbung
Pflanzung und Pflege	
Bezugsquelle	im Handel erhältlich, untere Preiskategorie
Pflanzung	im Frühjahr und im Herbst, an Fassaden Pflanzabstand ca. 3 m
Wasserbedarf	bei Trockenheit wässern vorteilhaft
Nährstoffbedarf	ohne besondere Ansprüche
Winterschutz	etwas empfindlicher als P. quinquefolia
Schnitt	wird vertragen, auch harter Rückschnitt
Vermehrung	Veredelung
Tips	Triebe mit Hilfe von Stäben an Mauern und Fassaden leiten
Die Form »Veitchii« weicht in folgendem Punkt von der Stammform ab:	
Blattform	7–10 cm groß, eiförmig bis 3lappig, am Außenrand schwach gezähnt.

372

37

3

3

376

372 *Blattwerk von Parthenocissus tricuspidata*
373 *Flächiger Bewuchs an einer Gebäudeecke*
374, 375 *Fassade mit und ohne Bewuchs*
376 *Giebel mit Wildem Wein bewachsen*

377–379 *Erscheinungsbild im Winter*
380 *Trieb an einem Maschendrahtzaun*
381 *Haftscheiben von Parthenocissus tricuspidata »Veitchii«*
382 *Sproßranken von Parthenocissus quinquefolia*

37

37

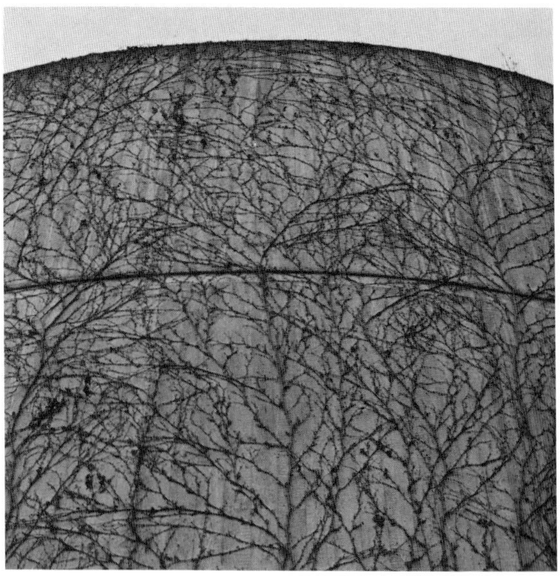

3

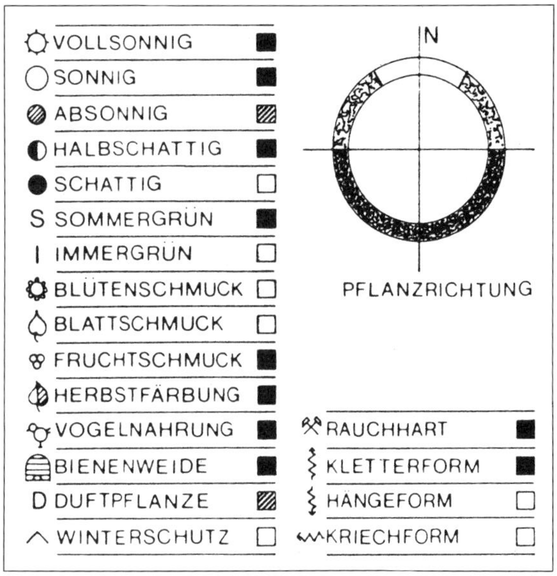
VOLLSONNIG
SONNIG
ABSONNIG
HALBSCHATTIG
SCHATTIG
S SOMMERGRÜN
I IMMERGRÜN
BLÜTENSCHMUCK
BLATTSCHMUCK
FRUCHTSCHMUCK
HERBSTFÄRBUNG
VOGELNAHRUNG
BIENENWEIDE
D DUFTPFLANZE
WINTERSCHUTZ
N
PFLANZRICHTUNG
RAUCHHART
KLETTERFORM
HÄNGEFORM
KRIECHFORM

80

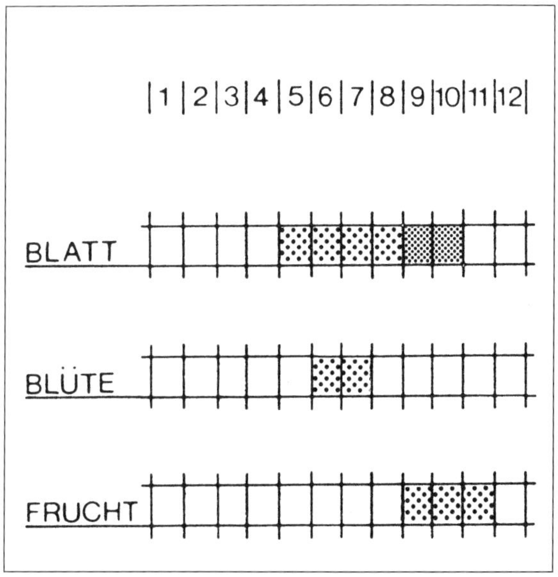
1 2 3 4 5 6 7 8 9 10 11 12
BLATT
BLÜTE
FRUCHT

81

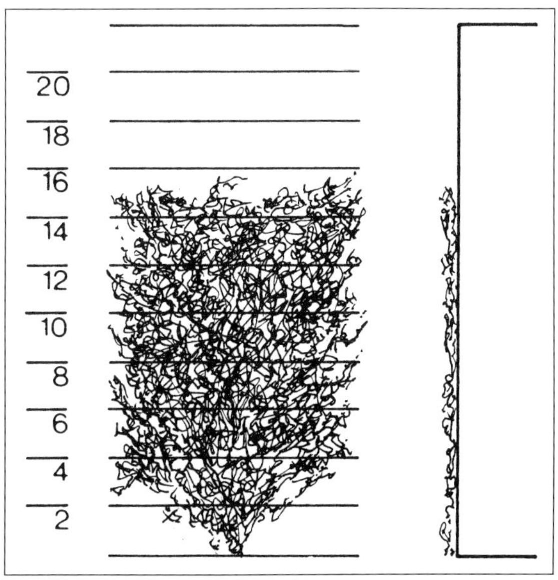
20
18
16
14
12
10
8
6
4
2

82

Botanischer Name: Rosa
Deutscher Name: Kletterrose
Familie: Rosaceae

Zu den bekanntesten Kletterpflanzen zählen ohne Zweifel die Kletterrosen. Dabei klettern Rosen eigentlich gar nicht, sondern gehören zur Gruppe der Spreizklimmer. Mit ihren langen und mehr oder minder leicht biegsamen Trieben lassen sie sich gut spalieren.

Kletterrosen sind entweder Abkömmlinge verschiedener Wildarten oder langtriebige Mutanten von Edel- und Floribundarosen. Als besonders robust und winterhart gelten die unter dem Begriff Rosa kordesii zusammengefaßten Sorten. Die zahlreichen, heute im Handel befindlichen Sorten sind recht widerstandsfähig, gut frosthart und unterschiedlich wuchskräftig. Allen gemeinsam sind die meist gefüllten Blüten, viele duften sogar.

Kletterrosen brauchen neben entsprechender Pflege immer einen vollsonnigen Stand und kräftigen Boden zur Entwicklung ihrer Blüten. Die oft bogig überhängenden Triebe müssen an ein Rankgerüst angebunden werden.

383 *Rosa »Paul's Scarlet Climber«*

ROSA

383

384

3

385

3

384–387 *Verwendungsbeispiele*

Zu Seite 206, 207:

388–390 *Verwendungsbeispiele*

391 *Blüten*

392 *Sproß an Baustahlmatte*

393 *Früchte »Hagebutten«*

394 *Sproß an Lattenspalier*

Beschreibung der Pflanze	**Rosa-Sorten** Gehölze, werden Jahrzehnte alt
Wuchsmerkmale	
Höhe und Breite	je nach Sorte 2–5 m hoch, ebenso breit
Wachstum	starkwüchsig, je nach Sorte 1–3 m/Jahr
Art des Kletterns	Spreizklimmer, lange, meist biegsame Triebe mit Stacheln
Laub und Habitus	sommergrün, raumbildend, einzelne Triebe oft bogig überhängend
Sproßsystem	Triebe je nach Sorte 1,5–4 m lang, mit hakenförmigen Stacheln
Wurzelsystem	tiefreichend und weitstreichend
Blatt	
Form	fiederteilig, wechselständig
Farbe	satt- bis dunkelgrün, teils glänzend, unterseits heller
Spezielles	oft lange grünbleibend
Blüte	
Form	je nach Sorte verschieden, in Büscheln, meist gefüllt
Farbe	je nach Sorte weiß, gelb, rosa oder rot
Blütezeit	je nach Sorte verschieden: Einmalblüher Mai–Juni, Dauerblüher Juni–Herbst, ab dem 2. Standjahr
Spezielles	meist am einjährigen Holz, einige Sorten duften, Bienenweide
Frucht	
Form	beerenartig, fleischig, als Hagebutte bekannt
Farbe	rot
Nutzung	eßbar als Marmelade, Vogelfutter
Verwendung	
Spaliere und Zäune	gut geeignet, werden ausladend breit bewachsen
Pergolen und Lauben	sehr gut geeignet, brauchen Platz
Fassaden und Wände	sehr gut geeignet, nur bedingt flächendeckend
Sonstiges	sehr gut an Portalen, Bögen, Masten, Pfosten, Böschungen, alten Bäumen
Kletterhilfen	Spanndraht, Rankgerüst; Triebe anbinden
Standort	
Lage	windgeschützt und warm, bis 800 m Höhe
Exposition	Sonne
Boden	sandig-lehmig, frisch, kalktolerant
Spezielles	völlig windstille Stellen ungünstig, erhöhen Krankheitsanfälligkeit
Pflanzung und Pflege	
Bezugsquelle	verbreitet im Handel, untere Preiskategorie
Pflanzung	im Frühjahr und im Herbst, Pflanzabstand je nach Sorte 1–3 m, vor dem Pflanzen gut wässern, Wurzeln um 1/3 und Triebe auf 8–10 Augen einkürzen, Veredelungsstelle 5 cm unter Bodenoberfläche, 15–20 cm anhäufeln, gut angießen, erst nach dem Austrieb abhäufeln
Wasserbedarf	regelmäßig wässern, besonders im 1. Jahr und bei Trockenheit, Wasser nicht auf Blätter gießen
Nährstoffbedarf	ab 2. Standjahr vom Frühling bis August düngen
Winterschutz	Triebe abdecken, Pflanze mit Erde oder Torfmull anhäufeln
Schnitt	wird vertragen, Herausschneiden älterer Triebe im mehrjährigen Rhythmus fördert Blüte (Spezialliteratur), Wurzelschößlinge entfernen
Vermehrung	Veredelung
Tips	frieren in extremen Wintern oft aus, treiben nach Rückschnitt gut durch; Entfernen verwelkter Blüten verlängert Blütezeit; gute Pflege hilft Schädlingsbefall vermeiden (z. B. Entfernen toten Laubes und Holzes).

388

3

389

3

	Wuchs	Blüte	Besondere Hinweise
»Flammentanz«	3–5 m hoch, 2–3 m breit, Triebe überhängend	dunkelrot, ∅ 6–8 cm, in Büscheln bis zu 15, gefüllt, einmal blühend	gut winterhart
»Goldstern«	2–3 m hoch, bis 2 m breit, buschig	gelb, gefüllt, Dauerblüher bis Herbst	robust
»New Dawn«	2–4 m hoch, 2–5 m breit, lange Triebe	hellrosa, ∅ 6–10 cm, in Büscheln bis zu 10, gefüllt, Dauerblüher	gut winterhart, braucht ausreichend Platz, auch hängend verwendbar
»Paul's Scarlet Climber«	3–4 m hoch, 2–3 m breit, gut verzweigt	tiefrot, ∅ 6–8 cm, in Büscheln bis zu 20, einmal blühend	gut winterhart, alte Sorte, auch hängend verwendbar
»Sympathie«	3–4 m hoch, 2–3 m breit, gut verzweigt	dunkelrot, ∅ 8–12 cm, in Büscheln zu 5–10, halbgefüllt, duftend	gut winterhart

92

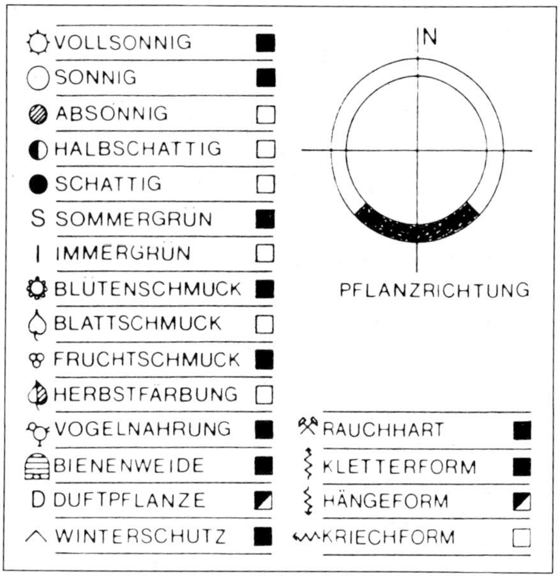
VOLLSONNIG ■
SONNIG ■
ABSONNIG □
HALBSCHATTIG □
SCHATTIG □
S SOMMERGRÜN ■
I IMMERGRÜN □
BLÜTENSCHMUCK ■
BLATTSCHMUCK □
FRUCHTSCHMUCK ■
HERBSTFÄRBUNG □
VOGELNAHRUNG ■
BIENENWEIDE ■
D DUFTPFLANZE ◩
WINTERSCHUTZ ■
N
PFLANZRICHTUNG
RAUCHHART ■
KLETTERFORM ■
HÄNGEFORM ◩
KRIECHFORM □

93

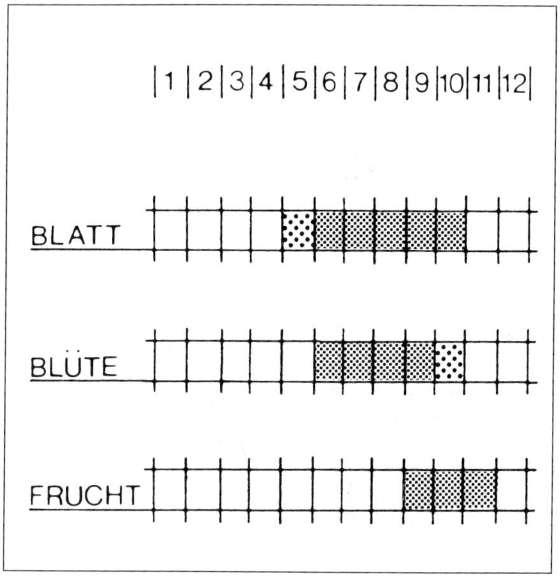
1 2 3 4 5 6 7 8 9 10 11 12
BLATT
BLÜTE
FRUCHT

4

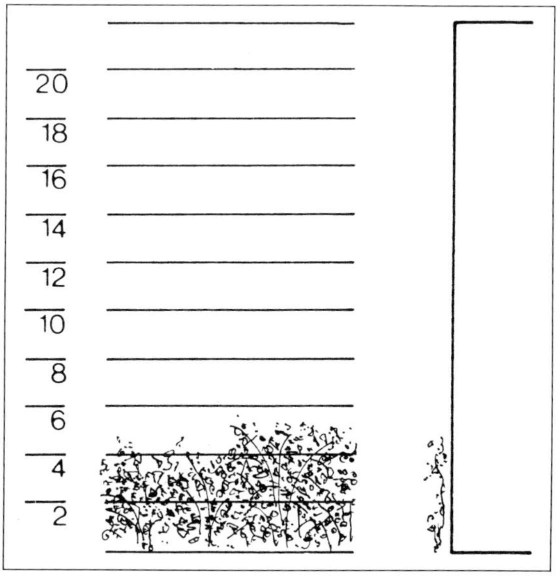
20
18
16
14
12
10
8
6
4
2

Botanischer Name: Vitis
Deutscher Name: Rebe
Familie: Vitaceae

Die Reben sind sommergrüne, mit Ranken kletternde Gehölze und leben in den nördlich gemäßigten Breiten. Die wohl bekannteste Art ist die vermutlich im Kaukasus beheimatete echte Weinrebe. Sie ist seit altersher zur Weinherstellung in Kultur und verlangt hierfür eine sachgemäße Pflege. Sie ist auch für Begrünungen geeignet.

Neben der Weinrebe gibt es noch eine Reihe weiterer Rebenarten, die sich vor allem aufgrund ihres dekorativen Laubes sehr gut als Kletterpflanzen eignen. Leider sind diese Arten nur selten im Handel.

Reben sind robuste und raschwachsende Pflanzen, deren Verwendung sich vor allem an sonnigen Plätzen empfiehlt. Sie sind gut winterhart und sollten viel mehr verwendet werden. Allerdings muß in Weinbaugebieten auf sie verzichtet werden. Dort können sie insbesondere der Reblaus als auch anderer Schadinsekten wegen zu Schwierigkeiten führen.

395 *Vitis vinifera*

VITIS

395

396

397

396–399 *Verwendungsbeispiele*

Zu Seite 212, 213:
400, 401 *Weinspalier im Sommer und Winter*
402 *Früchte »Trauben«*
403 *Sproß am Spalier, Winter*
404 *Wein innerhalb eines Wintergartens*

Beschreibung der Pflanze	**Vitis-Arten** Gehölze, werden viele Jahrzehnte alt
Wuchsmerkmale	
Höhe und Breite	je nach Art 5–15 m hoch, 3–6 m breit
Wachstum	starkwüchsig, je nach Art 1–4 m/Jahr
Art des Kletterns	Ranker, mit Sproßranken kletternd
Laub und Habitus	sommergrün, üppig und dicht, raumbildend
Sproßsystem	Borke graubraun, in bandartigen Streifen abblätternd, Stamm bei alten Exemplaren knorrig verholzt, 10–25 cm stark
Wurzelsystem	kräftig und tiefreichend
Blatt	
Form	je nach Art rundlich bis gelappt, ∅ 10–30 cm, wechselständig, sehr formenreich
Farbe	hell- bis sattgrün, im Herbst je nach Art gelb bis rot
Blüte	
Form	Rispen, meist von Blättern verdeckt
Farbe	gelblich-grün, wenig auffallend
Blütezeit	je nach Art Mai–Juni
Spezielles	oft leicht aromatisch duftend
Frucht	
Form	2–4samige Beere, als Traube bekannt
Farbe	gelbgrün oder bläulichrot oder purpurschwarz
Nutzung	bei manchen Arten eßbar, Wein, Vogelfutter
Verwendung	
Spaliere und Zäune	gut geeignet, z. B. als Sichtschutz
Pergolen und Lauben	sehr gut geeignet, werden oft eingewachsen
Fassaden und Wände	sehr gut geeignet, braucht große Flächen
Sonstiges	auch an Säulen, Masten usw.
Kletterhilfen	Spanndraht, Stäbe, stabiles Rankgerüst; Festbinden erforderlich
Standort	
Lage	warm und geschützt, je nach Art 500–700 m Höhe
Exposition	Sonne, Halbschatten
Boden	lehmig-humos, frisch, gut drainiert
Pflanzung und Pflege	
Bezugsquelle	je nach Art verschieden: selten im Handel, mittlere Preiskategorie
Pflanzung	im Frühjahr, Triebe festbinden, an Wänden Pflanzabstand von 2,5 m und mehr
Wasserbedarf	ohne übermäßige Ansprüche
Nährstoffbedarf	vor allem nach der Pflanzung regelmäßiges Düngen empfehlenswert bis erforderlich
Winterschutz	je nach Art verschieden, meist gut winterhart
Schnitt	wird gut vertragen, Rückschnitt im Spätherbst und Winter fördert die Traubenbildung (Spezialliteratur)
Vermehrung	Steckholz, Ableger, Veredelung
Tips	zur sicheren Bestäubung am besten zwei Exemplare pflanzen.

400

40

	Wuchs	Blatt	Frucht	Besondere Hinweise
Vitis amurensis Amur-Rebe	starkwüchsig, bis 2,5 m/Jahr, junge Triebe rötlich	12–15 cm, rundlich-herzförmig, meist 3–5lappig, im Herbst karminrot bis purpur	schwarz, 8 mm ∅, eßbar, säuerlicher Geschmack, geringer Ertrag	gelegentlich im Handel, sehr winterhart
Vitis coignetiae Rostrote Rebe	starkwüchsig, 6–10 m hoch und mehr, bis 4 m/Jahr und mehr	10–25 cm, rundlich, Basis herzförmig, unterseits braunfilzig, im Herbst scharlach bis karmin	schwarzpurpurn, 8 mm ∅, nicht eßbar!	noch am meisten im Handel, gut winterhart
Vitis labrusca Fuchsrebe	starkwüchsig, 10–15 m hoch, junge Triebe wollig behaart	7–18 cm, rundlich, schwach gelappt, unterseits weißfilzig, später dunkler	purpurschwarz, 1,5–2 cm ∅, dickschalig, eßbar, leichter Muskatgeschmack	selten im Handel, winterhart, hiervon stammen die meisten amerikanischen Weinsorten ab
Vitis riparia Duftrebe	starkwüchsig, 10–12 m hoch, 2 m/Jahr und mehr	8–20 cm, breiteiförmig, Basis herzförmig, meist dreilappig, hellgrün, im Herbst gelb	purpurschwarz, bereift, eßbar, herber Geschmack	selten im Handel, winterhart, Blüten duften nach Reseda (Bowlenzusatz)
Vitis vinifera echte Weinrebe	starkwüchsig, 10–15 m hoch, bis 6 m breit, 1–2 m/Jahr	7–15 cm, rundlich mit herzförmiger Basis, 3–5lappig, langgestielt	gelbgrün oder rotblau, oft bereift, 1,5–2 cm ∅, gut eßbar	alte Kulturpflanze, viele Sorten, verlangt zur Traubengewinnung sachgemäße Pflege, nur in milden Gebieten

02

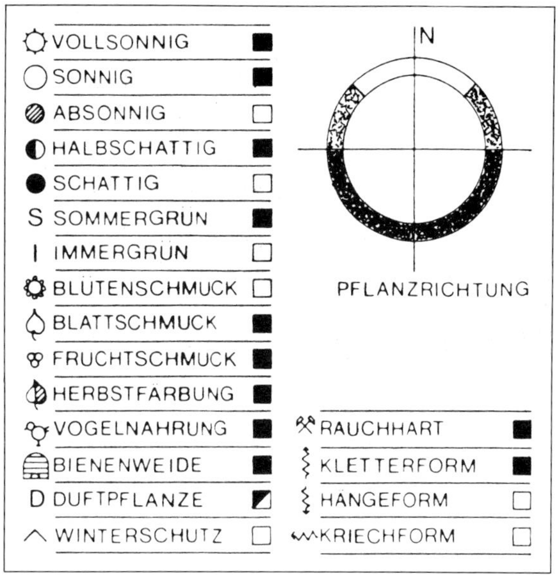
VOLLSONNIG
SONNIG
ABSONNIG
HALBSCHATTIG
SCHATTIG
S SOMMERGRÜN
I IMMERGRÜN
BLÜTENSCHMUCK
BLATTSCHMUCK
FRUCHTSCHMUCK
HERBSTFÄRBUNG
VOGELNAHRUNG
BIENENWEIDE
D DUFTPFLANZE
WINTERSCHUTZ
N
PFLANZRICHTUNG
RAUCHHART
KLETTERFORM
HÄNGEFORM
KRIECHFORM

03

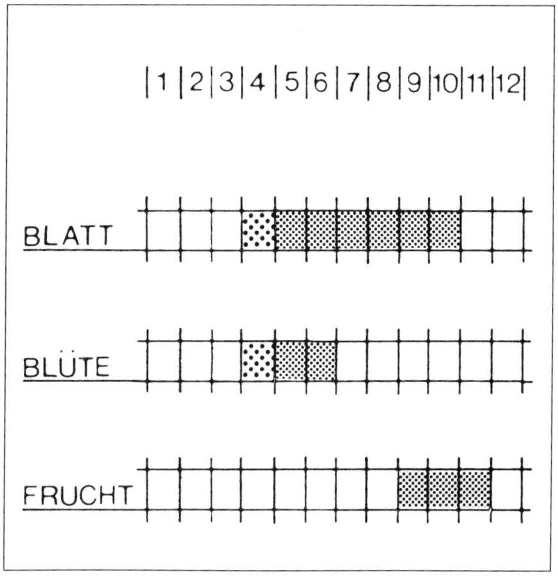
1 2 3 4 5 6 7 8 9 10 11 12
BLATT
BLÜTE
FRUCHT

04

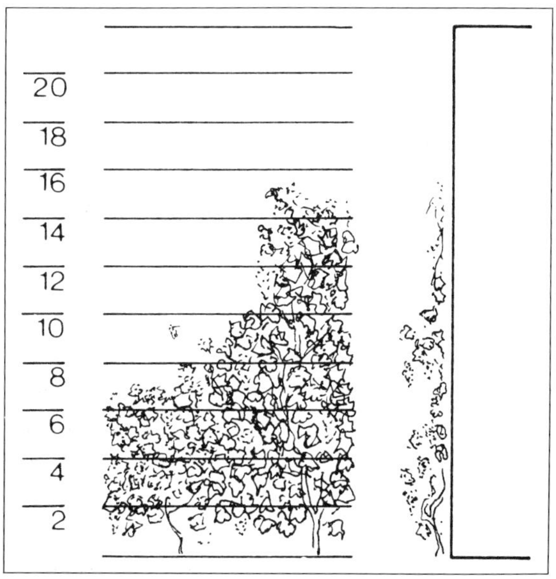
20
18
16
14
12
10
8
6
4
2

Botanischer Name: Wisteria
Deutscher Name: Blauregen
Familie: Leguminosae

Wisterien oder Blauregen sind prächtig blühende, sommergrüne Schlinger und werden oft als die schönsten aller winterharten Blütengehölze bezeichnet. Ihren deutschen Namen verdanken sie den lang herabhängenden, blauen Blütentrauben, die vor und mit dem Laubaustrieb erscheinen.

Für unsere Breiten eignen sich nur zwei Arten gut: die aus Japan stammende Wisteria floribunda sowie die aus China stammende Wisteria sinensis. Die Stammform beider Arten blüht blau bis violett, doch gibt es mittlerweile auch Sorten mit weißen oder rötlich-blauen Blüten.

Blauregen sind seit Jahrhunderten beliebte Gartenpflanzen, die insbesonders warme und sonnige Lagen lieben. Sie entwickeln im Alter knorrige Stämme und brauchen ausreichend stabile Kletterhilfen. Bei guter Wasserversorgung setzt eine derart üppige Entwicklung ein, daß die Pflanzen in ihrem Wachstum gelegentlich eingedämmt werden müssen.

405 *Wisteria sinensis*

WISTERIA

405

406

40

407

4

406–409 *Verwendungsbeispiele*

Zu Seite 218:
410–415 *Verwendungsbeispiele*

Beschreibung der Pflanze	**Wisteria floribunda** Gehölz, wird bis 100 Jahre alt
Wuchsmerkmale	
Höhe und Breite	6–10 m hoch, je nach Kletterhilfe 1,5–3 m breit
Wachstum	langsames Anwachsen, nach 3–5 Jahren gut wüchsig, etwa 1 m/Jahr
Art des Kletterns	Schlinger, linkswindend
Laub und Habitus	sommergrün, buschig und locker, raumbildend
Sproßsystem	junge Triebe biegsam und behaart, später kahl, alte Stämme knorrig verholzt, hart und zäh, graubraun
Wurzelsystem	fleischig, tiefreichende Wurzeln
Blatt	
Form	fiederteilig, 25–35 cm lang, wechselständig, dünn
Farbe	hellgrün
Spezielles	später Austrieb, später Laubfall
Blüte	
Form	achselständige Trauben, 20–50 cm lang hängend, von oben nach unten aufblühend
Farbe	violettblau, auch weiße, rötliche und dunkelblaue Sorten
Blütezeit	Mai–Juni, mit dem Laubaustrieb erscheinend, vor dem 5.–10. Standjahr keine Blütenbildung
Spezielles	am alten Holz, süßlich-duftend, Sorte »Macrobotrys« mit 40–90 cm langen Trauben
Frucht	
Form	10–15 cm lange Hülse, nach dem Aufspringen sich oft spiralig verdrehend
Farbe	unscheinbar braun
Verwendung	
Spaliere und Zäune	weniger geeignet, da zu starkwüchsig
Pergolen und Lauben	sehr gut geeignet, vor allem Laubengänge
Fassaden und Wände	gut geeignet, durch Aufleitung locker flächendeckend
Sonstiges	auch an älteren Bäumen, Containerhaltung möglich
Kletterhilfen	Spanndraht, stabiles Rankgerüst (kein Holz)
Standort	
Lage	warm und geschützt, bis 600 m Höhe
Exposition	Sonne, auch Halbschatten
Boden	sandig-lehmig, frisch, gut drainiert
Pflanzung und Pflege	
Bezugsquelle	teilweise im Handel erhältlich, obere Preiskategorie
Pflanzung	im Frühjahr, wächst oft schlecht an, Pflanzschnitt auf 30–50 cm, von Stützen etwa 30 cm entfernt setzen, treibt oft erst im Juni aus, Jungpflanzen schattieren
Wasserbedarf	im Sommer ausreichend wässern, speziell vor Fassaden und Wänden
Nährstoffbedarf	jährliche Düngung vorteilhaft
Winterschutz	nur im Jugendstadium
Schnitt	Rückschnitt eingewurzelter Exemplare fördert Blüte (Spezialliteratur)
Vermehrung	am besten Veredelung, auch Ableger, Stecklinge
Tips	Sämlingspflanzen blühen schlecht, Pflanzen mit Topfballen wachsen besser an, Triebe im ersten Jahr anbinden, Frucht und Zweige für Menschen giftig.

410

4

411

4

412

Beschreibung der Pflanze	**Wisteria sinensis** Gehölz, wird oft bis 100 Jahre alt und mehr
Wuchsmerkmale	
Höhe und Breite	6–15 m hoch, je nach Kletterhilfe 1,5 m und mehr breit
Wachstum	langsames Anwachsen, nach 3–4 Jahren starkwüchsig, etwa 1–2 m/Jahr
Art des Kletterns	Schlinger, rechtswindend
Laub und Habitus	sommergrün, locker bis dicht buschig, raumbildend
Sproßsystem	junge Triebe biegsam und behaart, später kahl, nur mit Kurztrieben verzweigt, alte Stämme knorrig verholzt, hart und zäh
Wurzelsystem	fleischig, tiefreichend, weitstreichende Laufwurzeln möglich
Blatt	
Form	fiederteilig, 25–30 cm lang, wechselständig
Farbe	hellgrün
Spezielles	später Austrieb, später Laubfall
Blüte	
Form	achselständige Traube, 15–30 cm lang hängend
Farbe	blauviolett, Form »Alba« weiß
Blütezeit	April–Mai, vor und mit dem Blattaustrieb, nicht vor dem 5. Standjahr
Spezielles	am alten Holz, alle Blüten gleichzeitig geöffnet, leicht duftend, Bienenweide
Frucht	
Form	10–15 cm lange Hülsen, samtig behaart, nach ihrem Aufspringen oft spiralig verdreht
Farbe	grün, unscheinbar
Verwendung	
Spaliere und Zäune	weniger gut, da zu starkwüchsig
Pergolen und Lauben	sehr gut geeignet
Fassaden und Wände	sehr gut geeignet, durch Aufleitung flächendeckend
Sonstiges	auch an alten Bäumen, Containerhaltung möglich
Kletterhilfen	Spanndraht, stabiles Rankgerüst (kein Holz), dieses wenigstens 15 cm von der Wand entfernt
Standort	
Lage	warm, geschützt, bis 600 m Höhe
Exposition	Sonne, auch Halbschatten
Boden	sandig-lehmig, sandig-humos, frisch, gut drainiert
Spezielles	braucht genügend Platz zum Ausbreiten
Pflanzung und Pflege	
Bezugsquelle	meist im Handel erhältlich, obere Preiskategorie
Pflanzung	im Frühjahr, wächst oft schlecht an, Pflanzschnitt auf 30–50 cm, von Stützen etwa 30 cm entfernt setzen, Jungpflanzen schattieren
Wasserbedarf	im Sommer ausreichend wässern, speziell vor Fassaden und Wänden
Nährstoffbedarf	jährliche Düngung vorteilhaft
Winterschutz	nur im Jugendstadium erforderlich
Schnitt	Rückschnitt eingewurzelter Exemplare fördert die Blüte (Spezialliteratur)
Vermehrung	am besten Veredelung, auch Ableger, Stecklinge
Tips	Sämlingspflanzen blühen schlecht, Pflanzen mit Topfballen wachsen besser an, Triebe im ersten Jahr anheften, Frucht und Zweige für Menschen giftig.

416–418 *Blüten*
419 *Junger Trieb*
420 *Alter verholzter Sproß*
421 *Schlingen an Lochprofil*

41

4

4

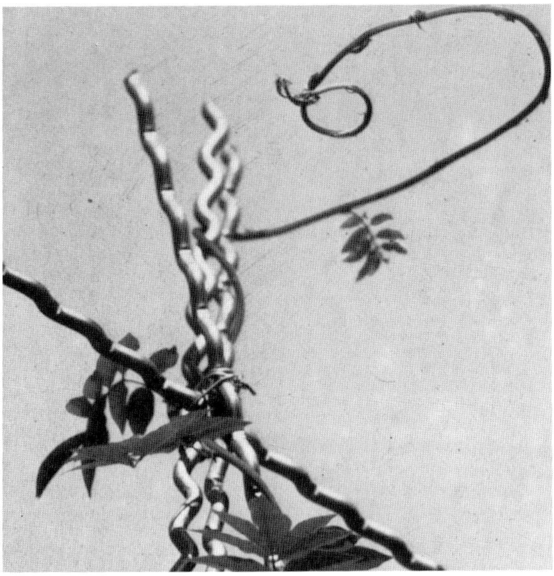

19

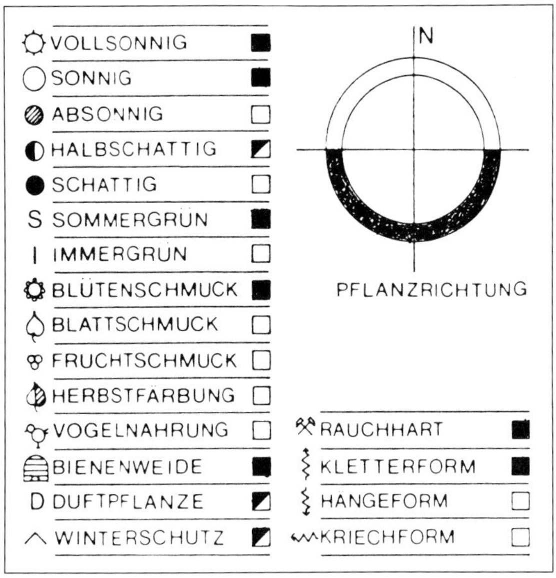
VOLLSONNIG
SONNIG
ABSONNIG
HALBSCHATTIG
SCHATTIG
S SOMMERGRÜN
I IMMERGRÜN
BLÜTENSCHMUCK
BLATTSCHMUCK
FRUCHTSCHMUCK
HERBSTFÄRBUNG
VOGELNAHRUNG
BIENENWEIDE
D DUFTPFLANZE
WINTERSCHUTZ
N
PFLANZRICHTUNG
RAUCHHART
KLETTERFORM
HANGEFORM
KRIECHFORM

20

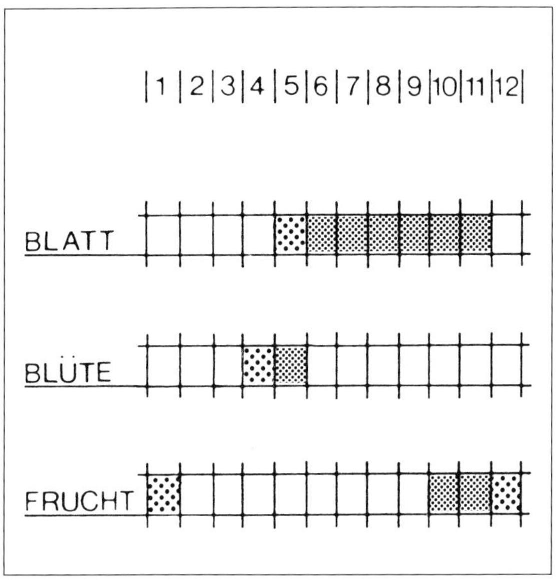
1 2 3 4 5 6 7 8 9 10 11 12
BLATT
BLÜTE
FRUCHT

421

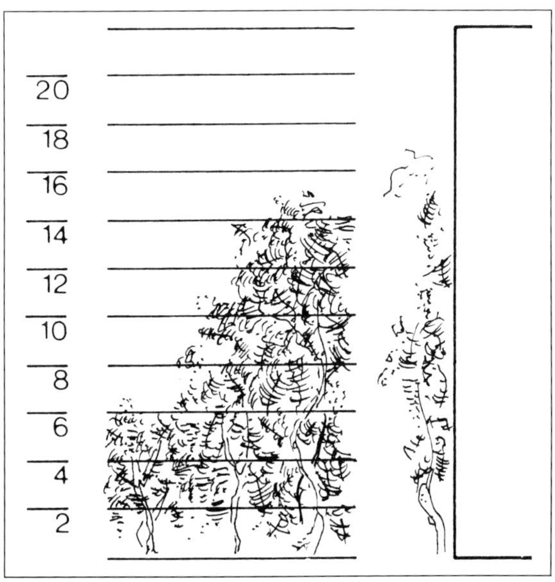
20
18
16
14
12
10
8
6
4
2

Einjährige Arten

Botanischer Name: Cobaea scandens
Deutscher Name: Glockenrebe
Familie: Polemoniaceae

Die in Mexiko beheimatete Glockenrebe ist eine zuverlässige und allgemein beliebte Kletterpflanze. Sie hat dekoratives Laub und zahlreich erscheinende Blüten. Diese sind anfangs weiß und verfärben sich dann violett.

Binnen weniger Wochen vermag die Glockenrebe hohe und dichte grüne Wände zu bilden. Sie eignet sich damit besonders als Wind-, Sicht- und Sonnenschutz.

Beschreibung der Pflanze	**Cobaea**
Wuchsmerkmale	
Wachstum und Höhe	raschwüchsig, bis 4 m hoch und mehr
Art des Kletterns	Ranker, klettert mit Blattranken
Habitus	bildet dichte grüne Wände
Blatt	fiederteilig, jung oft rötlich
Blüte	glockig, einzeln und langgestielt, ∅ 5 cm, weiß, dann violett verfärbend
Blütezeit	August–Oktober
Sorten	auch weiße und weinrote Blüten
Verwendung	
Anzucht	Aussaat im März bei 18–20° C, Sämlinge anhäufeln und stäben, ab Ende Mai ins Freie mit 45–60 cm Pflanzabstand, Pflanzen oft im Handel
Lage	warm und geschützt, Sonne, auch absonnig
Boden	Gartenboden, nicht zu trocken
Wasserbedarf	bei Trockenheit reichlich wässern
Nährstoffbedarf	wöchentlich düngen
Spezielles	wächst noch im Halbschatten, dort weniger dichtes Laub und weniger Blüten, Abkneifen der Triebspitzen fördert Verzweigung
Begrünungsobjekt	am Haus: Balkone, Fensterumrahmung, Wandflächen, sonst Lauben, Pergolen, Spaliere, Zäune
Kletterhilfen	Schnur, Draht, Stab, Rankgerüst.

COBAEA

422

Botanischer Name: Cucurbita pepo var. Ovifera
Deutscher Name: Zierkürbis
Familie: Cucurbitaceae

Der Kürbis stammt aus Amerika und wird seit dem 17. Jahrhundert bei uns als Nutzpflanze kultiviert. Mit der Varietät Ovifera gibt es auch einen kletternden Vertreter.

Der Zierkürbis ist raschwüchsig und eignet sich mit seinen großen Blättern gut für dichte, sommerliche Begrünungen. Besonders auffallend sind seine zahlreich erscheinenden, sehr vielgestaltigen und farbenprächtigen Früchte.

Beschreibung der Pflanze	**Cucurbita**
Wuchsmerkmale	
Wachstum und Höhe	raschwüchsig, 6–8 m hoch
Art des Kletterns	Ranker, klettert mit Blattranken
Habitus	bildet dichte grüne Wände
Blatt	herzförmig, 5–7lappig, 10–20 cm groß
Blüte	trichterförmig, gelb
Blütezeit	Juli–September
Spezielles	sehr auffallende, verschiedenfarbige und -geformte Früchte, bis 10 cm groß, haltbarer Zimmerschmuck
Verwendung	
Anzucht	am besten Aussaat im April unter Glas, 10–15° C, Keimlinge pikieren und stäben, ab Ende Mai ins Freie mit 50–75 cm Pflanzabstand, auch Aussaat ab Mitte Mai ins Freie möglich
Lage	warm und sonnig
Boden	nahrhafter Gartenboden
Wasserbedarf	bei Trockenheit reichlich wässern
Nährstoffbedarf	im Sommer mehrmals düngen
Begrünungsobjekt	am Haus: nur an größeren Wandflächen, sonst Lauben, Pergolen, Mauern, Zäune
Kletterhilfen	feste Schnur, stabile Stangen, kräftiges Rankgerüst.

CUCURBITA

423

Botanischer Name: Humulus scandens
Deutscher Name: Japan-Hopfen
Familie: Moraceae

Ein Verwandter des zur Bierherstellung genutzten heimischen Hopfens ist der Japanische Hopfen. Wie dieser entwickelt er gleichfalls große Blätter und zapfenförmige Früchte.

Der Japan-Hopfen ist ein raschwüchsiger Schlinger, der ohne großen Pflegeaufwand dichte grüne Wände bildet. Er fühlt sich im Halbschatten am wohlsten; allein seine Form mit weißbunten Blättern braucht zum Gedeihen volle Sonne.

Beschreibung der Pflanze	**Humulus**
Wuchsmerkmale	
Wachstum und Höhe	raschwüchsig, 3–6 m hoch
Art des Kletterns	Schlinger, rechtswindend
Habitus	bildet dichte grüne Wände
Blatt	3–5lappig, rundlich und langgestielt, rauh behaart, lange grünbleibend
Blüte	rispenförmig, zweihäusig: männliche unscheinbar, weibliche in gelbgrünen Kätzchen
Blütezeit	August
Spezielles	grüne zapfenartige Früchte Form »Variegatus« mit weißbunten Blättern
Verwendung	
Anzucht	Aussaat im März unter Glas, 18–20° C, Sämlinge stäben, ab Mitte Mai ins Freie, mit 50–60 cm Pflanzabstand, auch Direktaussaat im April möglich, versamt sich selbständig
Lage	geschützt, Sonne bis Halbschatten, Form »Variegatus« nur Sonne
Boden	Gartenboden
Wasserbedarf	ausreichend wässern
Nährstoffbedarf	mehrmals im Jahr düngen
Begrünungsobjekt	am Haus: Balkone, Wandflächen, sonst Lauben, Pfeiler, Pergolen, Mauern, Spaliere, Zäune
Kletterhilfen	Draht, Stangen, Rankgerüst.

HUMULUS

424

Botanischer Name: Ipomoea tricolor
Deutscher Name: Prunkwinde
Familie: Convolvulaceae

Prunkwinden sind mit vielen Arten in den Tropen zu Hause. Es sind eher locker schlingende Pflanzen, deren Kultur in unseren Breiten besonders in warmen Sommern gut möglich ist.

Mit ihren sehr auffallenden, meist zart gefärbten Blüten machen sie ihrem Namen alle Ehre. Die Blüten erscheinen in sehr großer Zahl und sind nur jeweils während der Morgenstunden geöffnet.

Beschreibung der Pflanze	**Ipomoea**
Wuchsmerkmale	
Wachstum und Höhe	gut wüchsig, 3–5 m hoch
Art des Kletterns	Schlinger
Habitus	locker verteilt
Blatt	herzförmig, oft dreilappig, 10–12 cm groß
Blüte	trichterförmig, ∅ 10 cm, Einzelblüte nur kurz, reichblühend, weiß mit hellblauem Saum
Blütezeit	Juli–September
Sorten	verschiedene im Handel
Spezielles	sehr ähnliche Pflanze ist »Pharbitis purpurea«, hieß lange »I. purpurea«: bis 3 m hoch, Blüte purpurrot, zahlreiche Sorten im Handel
Verwendung	
Anzucht	Aussaat im März unter Glas, 18–20° C, Sämlinge pikieren, kühler stellen und abhärten, ab Ende Mai ins Freie mit Pflanzabstand 40 cm, P. purpurea ab Mitte Mai auch Direktaussaat
Lage	warm und geschützt, sonnig, keine Zugluft
Boden	nahrhafter Gartenboden
Wasserbedarf	Boden darf nicht austrocknen, gut wässern
Nährstoffbedarf	wöchentlich düngen, sonst schlechte Blüte
Spezielles	empfindlich gegen kalte und nasse Sommer
Begrünungsobjekt	am Haus: Balkone, Fensterumrahmung, sonst Mauern, Wände, Zäune
Kletterhilfen	Schnur, Stangen, leichtes Rankgerüst.

IPOMOEA

425

Botanischer Name: Lagenaria siceraria
Deutscher Name: Flaschenkürbis
Familie: Cucurbitaceae

Der Flaschenkürbis kommt ursprünglich aus dem tropischen Afrika. Seit dem Altertum ist er bereits in Kultur, und seine Früchte sind als Kalebassen bekannt.

An geschützten Standorten ist der Flaschenkürbis eine raschwüchsige Pflanze, die viel Platz braucht und mit ihren großen Blättern guten Sichtschutz gibt. Besonders auffällig sind die großen Früchte, die in milden und warmen Jahren ab Oktober zur Reife gelangen.

Beschreibung der Pflanze	**Lagenaria**
Wuchsmerkmale	
Wachstum und Höhe	raschwüchsig, bis 5 m hoch
Art des Kletterns	Ranker, klettert mit zweispaltigen Ranken
Habitus	bildet grüne Wände
Blatt	rund, nieren- oder herzförmig, weichhaarig
Blüte	glockig, männliche langgestielt, weibliche kürzer, weiß
Blütezeit	Juni–September
Spezielles	große flaschenförmige Früchte, jung eßbar, anfangs meist grünlich, dann weißlich-gelb, reift nur in milden Lagen, viele Sorten, z. B. »Clavata«: Herkuleskeule, »Rotunda«: Kanonenkugel
Verwendung	
Anzucht	Aussaat Ende März bei 20–25° C, ab Mitte Mai ins Freie mit Pflanzabstand 200–300 cm
Lage	warm und windgeschützt, sonnig
Boden	Gartenboden
Wasserbedarf	regelmäßig wässern
Nährstoffbedarf	gut und regelmäßig düngen
Begrünungsobjekt	am Haus: an Wandflächen, sonst am besten vor Mauern, fördert Fruchtbildung
Kletterhilfen	stabile Rankgerüste.

LAGENARIA

426

Botanischer Name: Lathyrus odoratus
Deutscher Name: Duftwicke
Familie: Leguminosae

Die in Südeuropa heimischen Duftwicken sind beliebte Schnittblumen. Hauptmerkmal der Pflanze sind die in vielen Farben und Formen erscheinenden, duftenden Blüten.

Duftwicken lassen sich an sonnigen Standorten auch gut als Kletterpflanzen verwenden. Sie sind anspruchsvoll an Boden und Lage und sollten vor Mittagssonne und Zugluft gut geschützt sein.

Beschreibung der Pflanze	**Lathyrus**
Wuchsmerkmale	
Wachstum und Höhe	gut wüchsig, 1–2 m hoch, unter Glas bis 2,5 m
Art des Kletterns	Ranker, klettert mit Blattranken
Habitus	locker bleibend
Blatt	paariges Fiederblatt
Blüte	je nach Sorte viele Farben, ∅ 2–5 cm, stark duftend
Blütezeit	Juni–September
Spezielles	regelmäßiger Blütenschnitt fördert Blühwilligkeit, guter Vasenschmuck, am besten morgens schneiden
Verwendung	
Anzucht	Aussaat ins Freie ab Ende März im Abstand von 30 cm, 10–15° C, Jungpflanzen anhäufeln, Folgesaaten durchführen, jährliches Wechseln der Anbauflächen vorteilhaft
Lage	warm und windgeschützt, sonnig, keine Mittagssonne
Boden	durchlässiger Gartenboden
Wasserbedarf	trockenheitsempfindlich, gut wässern
Nährstoffbedarf	wöchentlich düngen
Begrünungsobjekt	am Haus: Balkone, sonst Säulen, Wände, Zäune
Kletterhilfen	Schnur, Reisig, leichtes Rankgerüst, Maschendraht.

LATHYRUS

427

Botanischer Name: Phaseolus coccineus
Deutscher Name: Feuerbohne
Familie: Leguminosae

Die mit der Gartenbohne verwandte Feuerbohne stammt aus Südamerika und ist bereits seit Jahrhunderten bei uns in Kultur. Ihre Früchte sind im jungen Zustand gekocht gut eßbar, roh giftig.

Die Feuerbohne ist ein rasch wachsender, gern gepflanzter Schlinger, der sich gut zum Begrünen von Lauben, Zäunen usw. eignet. Ihre scharlachroten Blüten heben sich vor dem grünen Hintergrund ihres dichten Laubwerks wirkungsvoll ab.

Beschreibung der Pflanze	**Phaseolus**
Wuchsmerkmale	
Wachstum und Höhe	raschwüchsig, 2–4 m hoch
Art des Kletterns	Schlinger, linkswindend
Habitus	bildet gleichmäßig dichte grüne Wände
Blatt	dreizählig, tagsüber horizontal, nachts leicht abgesenkt
Blüte	vielblütige Traube, langgestielt, scharlachrot, auch weiße und weißrote Sorten
Blütezeit	Juli–September
Spezielles	junge Bohnen gekocht eßbar, Samen rosafarben und schwarzgesprenkelt
Verwendung	
Anzucht	Aussaat ab Anfang Mai ins Freie, 10–15° C, 4–6 Samen um Stange legen, Keimlinge vor Nachtfrost schützen, auch Vorkultur ab April in Töpfen möglich
Lage	warm und sonnig
Boden	Gartenboden
Wasserbedarf	bei Trockenheit gut wässern, keine Staunässe
Nährstoffbedarf	gelegentlich düngen
Spezielles	bekommen bei nicht zusagendem Standort leicht gelbe Blätter
Begrünungsobjekt	am Haus: Fensterumrahmung, Wandflächen, sonst grüne Wände, Pergolen, Lauben, Zäune
Kletterhilfen	Schnur, Bohnenstangen, Rankgerüst; junge Triebe anheften.

PHASEOLUS

428

Botanischer Name: Thunbergia alata
Deutscher Name: Schwarzäugige Susanne
Familie: Acanthaceae

Im südöstlichen Afrika ist die Schwarzäugige Susanne zu Hause. Sie ist eine zierliche Pflanze, die je nach Aussaatzeit fast das gesamte Jahr hindurch auffallend blüht.

Ihre Triebe schlingen zwar an Klettergerüsten hoch, doch bilden sie keine geschlossenen grünen Wände. Sie eignet sich am besten zur Begrünung von Balkons und läßt sich auch gut als Hängepflanze in Blumenampeln verwenden.

Beschreibung der Pflanze	**Thunbergia**
Wuchsmerkmale	
Wachstum und Höhe	gut wüchsig, 1–2 m hoch
Art des Kletterns	Schlinger
Habitus	locker bleibend
Blatt	herzförmig, langgestielt
Blüte	trichterförmig, einzelnstehend, gelb bis orange mit dunklem Schlund, langgestielt, ∅ bis 5 cm
Blütezeit	Juli–Oktober
Spezielles	auch orange und weißblühende Formen erhältlich
Verwendung	
Anzucht	Aussaat im März unter Glas bei 18–20° C, Sämlinge pikieren und stäben, ab Ende Mai ins Freie mit Pflanzabstand 30–40 cm
Lage	warm und windgeschützt, keine Zugluft, sonnig
Boden	durchlässiger Gartenboden
Wasserbedarf	regelmäßiges, nicht zu reichliches Wässern
Nährstoffbedarf	im zweiwöchentlichen Turnus düngen
Spezielles	kühle und nasse Sommer beeinträchtigen die Entwicklung der Pflanze, einmaliges Stutzen regt Pflanzen zu stärkerer Verzweigung an
Begrünungsobjekt	am Haus: Balkone, in Veranden, unter Glasvordächern, sonst Ampelpflanze, Bodendecker
Kletterhilfen	Schnur, Stab, leichtes Rankgerüst; Anbinden erforderlich.

THUNBERGIA

429

Botanischer Name: Tropaeolum
Deutscher Name: Kapuzinerkresse
Familie: Tropaeolaceae

Zu den ältesten und bekanntesten Gartenpflanzen zählt die Kapuzinerkresse. Die bei uns verwendeten Formen sind meist durch Kreuzung verschiedener südamerikanischer Arten entstanden.

Bei zusagendem Standort gibt das Laub der raschwachsenden Pflanzen einen guten Sichtschutz. Die reichlich erscheinenden Blüten sind aufgrund ihrer meist leuchtenden Farben sehr auffallend.

Beschreibung der Pflanze	**Tropaeolum**
Wuchsmerkmale	
Wachstum und Höhe	raschwüchsig, je nach Art und Sorte 2–4 m hoch
Art des Kletterns	Ranker, klettert mit Blatt- und z. T. auch mit Blütenstielen
Habitus	entwickelt dichtes Laub
Blatt	schildförmig rund, langgestielt, ∅ 6–8 cm
Blüte	hahnförmig, ∅ 5 cm, einfach oder gefüllt, leuchtend gelb bis rot
Blütezeit	Juni–Oktober
Spezielles	Blütenknospen eßbar, eingelegt als unechte Kapern im Handel, junge Blätter vitaminhaltig und als Salat eßbar
Arten und Sorten	Hybriden: 2–3 m hoch, Blüte nach Sorte verschieden, sehr verbreitet T. majus: bis 3 m hoch, Blüte orangegelb, auch andere Farben T. peregrinum: bis 4 m hoch, Blüte gelb, auch im leichten Schatten!
Verwendung	
Anzucht	Aussaat ab Anfang Mai ins Freie im Abstand von 20 cm, Samen keimen nach 14 Tagen, auch Vorkultur in Töpfen, besonders T. peregrinum
Lage	warm und windgeschützt, Sonne
Boden	durchlässig und mager, fördert Blütenwachstum
Wasserbedarf	regelmäßig wässern
Nährstoffbedarf	erst mit Einsetzen der Blüte regelmäßig düngen
Spezielles	soll, auf Baumscheiben von Apfel gepflanzt, Blattlausbefall verhindern
Begrünungsobjekt	am Haus: Balkon, auch hängend, sonst Lauben, Pergolen, Mauern, Böschungen, auch über Mauern hängend
Kletterhilfen	leichte Rankgerüste; Anbinden erforderlich.

TROPAEOLUM

430

Literatur

Andritzky, M. und K. Spitzer (Hrsg.): Grün in der Stadt, Hamburg 1981

Bärtels, A.: Gartengehölze, Stuttgart 1981[2]

Bambach, G.: Der Garten, Niedernhausen 1977

Baumann, R.: Pflanzliche Verschattungselemente an der Gebäudeoberfläche zur Reduzierung der Strahlungsbelastung unter sommerlichen Bedingungen, Dissertation GH Kassel 1980

Baumann, R., Herzog, Th., und P. Latz: Projekt Pullover – Vegetationsfassaden als Klimahüllen, in: Siedlungsökologie, Karlsruhe 1982

Borchard, K.: Wohnungsnahes Grün in der Stadt, in: DBZ, Bd. 3, S. 361–368, 1982

Bundesarchitektenkammer (Hrsg.): In dubio pro vita, Bonn 1980

Bundesminister für Raumordnung, Bauwesen und Städtebau (Hrsg.): Bauliche Maßnahmen zur Begrünung städtischer Wohnbauten, in: Schriftenreihe Bau- und Wohnungsforschung, Heft 04.071, Bonn 1982

Burda, F. (Hrsg.): Mein schöner Garten, Jg. 1, 5/72; Jg. 7, 11/78, Offenburg

Buresch, E.: Über die Begrünung von Gebäuden. Ein Beitrag zur bürgerlichen Baukunst, in: Bauwissenschaftliche Mittheilungen. Zeitschrift des Architekten- und Ingenieurvereins zu Hannover, Bd. 12, Nr. 4, S. 401–415, Hannover 1866

Christiansen, A.: Taschenbuch einheimischer Pflanzen, Esslingen und München 1927

Cowell, F.: Gartenkunst – Von der Antike bis zur Gegenwart, Stuttgart 1979

Cravens, R.: Kletterpflanzen, Amsterdam 1980

Dirr, M.: Manual of Woody Landscape Plants, Champaigne 1977[2]

Doernach, R., und G. Heid: Das Naturhaus, Frankfurt 1982

Drum, M., und K. Ludwig: Aktion Grüne Wände, in: Urbanes Wohnen – Bürger gestalten ihre Stadt, München 1983

Encke, F.: Der Hausgarten, Jena 1907

Encke, F.: Kletterpflanzen für Haus und Garten, Stuttgart 1980

Encke, F., Buchheim, G., und S. Seybold: Zander – Handwörterbuch der Pflanzennamen, Stuttgart 1980[12]

Eschweiler Baumschulen: Hauptkatalog 1981/82, Münster-Hiltrup

Gernert, P.: Kletterpflanzen, Stuttgart 1969

Gertis, K., und U. Wolfseher: Veränderung der Landschaftstemperatur durch Bebauung,

in: IBP Mitteilung 15, Heft 4, Holzkirchen 1976
Gienapp, E.: Schlingpflanzenberankungen im Städtebild, in: Kommunale Rundschau, Nr. 14, S. 410–413, Berlin 1910
Gienapp, E.: Dekorative Berankungspflanzen, in: Die Gartenkunst, Bd. 15, S. 94–98, 1913
Gienapp, E.: Die Feuchtigkeitsbeeinflussung von Gebäudewänden durch Kletterpflanzen, in: Die Umschau, Nr. 24, S. 492–495, 1914
Gothein, M. L.: Geschichte der Gartenkunst, Hildesheim und New York 1977
Gruner + Jahr (Hrsg.): Schöner Wohnen, Heft 8–10, Hamburg 1980
Grunert, Ch.: Kletterpflanzen, Melsungen 1966
Hager, D.: Einfluß des Efeus auf Bauwerke, in: Die Gartenkunst, Bd. 13, S. 70–74 und 85–87, 1911
Hillier Baumschulen: Hillier's Manual of Trees and Shrubs, Winchester 1973[3]
Hubenthal, H., und M. Wilkens: Leberecht Migge 1881–1935 – Gartenkultur des 20. Jahrhunderts, Ausstellungskatalog, hrsgg. vom FB Stadt- und Landschaftsplanung GH Kassel 1982
Keller, H.: Kleine Geschichte der Gartenkunst, Berlin 1976
Kreuzer, J.: Gartenpflanzenlexikon Bd. 1, Tittmoning 1980[2]
Krüssmann, G.: Handbuch der Laubgehölze, Bd. I–III, Berlin und Hamburg 1976–1978[2]
Krusche, P., Althaus, M., und D. Gabriel: Ökologisches Bauen, Wiesbaden 1982
Lange, W.: Gartengestaltung der Neuzeit, Leipzig 1904[4]
Lassus, B.: Architecture végétale, in: L'Architecture d'aujourd'hui, S. 47–62, Paris 1976
Latz, A. u. P., und P. v. Pattay: Hafeninsel – Alternativen zur Gestaltung eines citynahen Parks, hrsgg. von der Stadt Saarbrücken, Saarbrücken 1981
Ludwig, K., und F. Trillitzsch: Möglichkeiten der Fassadenbegrünung, in: Das begrünte Haus, Karlsruhe 1983
Migge, L.: Die Gartenkultur des 20. Jahrhunderts, Jena 1913
Minke, G., und G. Witter: Häuser mit grünem Pelz, Frankfurt 1982
Müssel, H.: Hansen's Gartenkarten – Ausdauernde Kletterpflanzen, München o. J.
Olbrich, S.: Über die besten ausdauernden Kletterpflanzen, in: Die Gartenkunst, Bd. 3, S. 167, 194–197, 1901
Ordoñez, F. u. a.: Colegio Guadalaviar & Zona Residencial Luz, in: ac Internationale Asbestzement-Revue, Bd. 4, S. 38–40, Zürich 1976
Rehder, A.: Manual of Cultivated Trees and Shrubs, New York 1947[2]
Romstorfer, K.: Schlingpflanzen an Wänden, in: Wiener Landwirtschaftliche Zeitung, 65. Jg., Nr. 5065, Wien 1915
Schmeil, O., und J. Fitschen: Flora von Deutschland und seinen angrenzenden Gebieten, Heidelberg 1968[84]
Senator für Stadtentwicklung und Umweltschutz Berlin (Hrsg.): Mut zu Grünen Wänden – Pflanzen an Fassaden, Berlin 1983[3]
Strasburger, E., Noll, F., Schenck, H., und A. Schimper: Lehrbuch der Botanik, Stuttgart und New York 1978[31]
Strebel, O. (Hrsg.): Der große Gartenkatalog, Fellbach bei Stuttgart o. J.
Thacker, C.: Die Geschichte der Gärten, Zürich 1979
Timm + Co. Baumschulen: Hauptkatalog 1979/80, Elmshorn
Ulmer Versandbaumschulen: Katalog Herbst 1977 / Frühjahr 1978, Weilheim
Ungers, O. M., und H. Klotz: Der Fall Oswald Matthias Ungers, in: DBZ, Bd. 10, S. 15–46, Berlin 1979
Wyman, D.: Shrubs and Vines for American Gardens, New York 1961[6]
Zink, W. (Hrsg.): Vom Flachdach zum Dachgarten, Stuttgart 1976

Abbildungsnachweis

Bundesarchitektenkammer (Hrsg.): In dubio pro vita, Bonn 1980 30, 31, 70
Gothein, M. L.: Geschichte der Gartenkunst, Hildesheim und New York 1977 1, 2, 3, 4, 5, 6, 7, 8, 9, 10, 11
Gruner + Jahr (Hrsg.): Schöner Wohnen, Heft 8–10, Hamburg 1980 105, 107, 109, 110, 111, 112, 113, 114, 115, 116, 123, 124, 175
Hubenthal, H., und M. Wilkens: Leberecht Migge 1881–1935 – Gartenkultur des 20. Jahrhunderts, Ausstellungskatalog, hrsg. vom FB Stadt- und Landschaftsplanung GH Kassel 1982 29, 71, 108, 125, 128, 130, 163, 164, 165, 168, 171, 172, 173, 194, 197, 198, 199, 200, 202
Lange, W.: Gartengestaltung der Neuzeit, Leipzig 1904 96, 106, 153, 154, 155, 156, 157, 158, 166, 184, 187, 190, 192, 193, 204
Lassus, B.: Architecture végétale, in: L'Architecture d'aujourd'hui, S. 47–62, Paris 1976 129, 131, 145, 207, 208, 209
Migge, L.: Die Gartenkultur des 20. Jahrhunderts, Jena 1913 206
Ordoñez, F., u. a.: Colegio Guadalaviar & Zona Residencial Luz, in: ac Internationale Asbestzement-Revue, Bd. 4, S. 38–40, Zürich 1976 144
Apel 343
Bildarchiv A. Bärtels 236
Botanisches Museum Berlin 224, 225 279, 335, 361
Verena Herzog-Loibl 76
Dr. Simon 220
Trillitzsch, F. 318, 374, 375, 376
Alle anderen Vorlagen stammen aus dem Archiv der Autoren.